政治概念の歴史的展開

第7巻

押 村　高　編著

晃　洋　書　房

序　文

はじめに

政治の理論と実践において、「概念」は重要な役割を果たしてきた。概念はまず、政治の体系や構造、あるいは個々の営みを論理的に説明するための用具である。政治の情報を伝達するさいに、現実に対応した用語をその都度鋳造することは困難を伴うし、意味の通約性を損なうおそれもある。そのかわりに政治学者たちは、「人間は権力を奪取し保持するために戦略を巡らせている」という一般的な概念に照らして、「政治家の権力闘争によって引き起こされた事件」などという結論を導くため、出来事の背景、アクターの動機や行動、そして経過を説明するのである。

より複雑で多元的な様相を呈する国際政治においても、史実や事象を説明するために種々の概念が動員されてきた。概念に頼る度合いは、対象が膨大で多岐に亘る国際政治学において、他の社会科学よりいっそう大きいといってもよいだろう。例えば無政府状態、国益追求、勢力均衡などの概念は、一九世紀の「ヨーロッパ協調」、第二次世界大戦の勃発と拡大、冷戦期の米ソの軍事均衡、冷戦崩壊後の国際関係の多極化の意味を解読するために不可欠な道具となっている。

概念のいま一つの作用は、言葉によって物事を特定の方向に導き、また、望ましい結果や状態を産出することである。政治学者がある理念のもとに鋳造した抽象的な概念が、意図通りに、場合によっては意図されない仕方で、現状変革に大きな力を発揮することもある。例えば、アカウンタビリティーという概念は、説明概念であるまえに評価概念であり、より望ましいデモクラシーをもたらす推進力の役目を果たしてきた。

国際政治においては、秩序、平和、安定、人権などがそのような機能を有していたと考えられる。実際に、一九六〇年代に人権という概念が普及するまでは、人間の尊厳について達成すべき国際的な基準は存在し得なかったのであり、それが国際政治の争点となることも少なかったといえる。さらに今日、「相互依存」「人間の安全保障」「保護する責任」などの新しい概念セットは、平和や安全において改良をもたらすための理念、目標としても用いられている。

このような概念の用例を紹介したのは、研究者が全貌を把握することが不可能に近い国際政治においては、概念の果たす二種の役割が国内政治よりはるかに重要だと思われるからである。さらにいえば、国際政治学者の議論の方向性が、選択する概念セットによってあらかじめ規定されてしまう、という事態も起こり得るからである。

次にそのことを、ホッブズの自然状態という概念の軌跡を追うことで明らかにしてみたい。

概念の生成

国際政治において、一つの概念がどのように継受され、批判され、廃棄されるのか、また概念は理論や実践においてどのような役柄を果たすのか、このいわば「概念の運命」を探るために、「自然状態」の系譜をみておくことは有用であろう。

ホッブズによると、社会設立以前の人間は悲惨な生存競争の下に暮らしていた。法と道徳、そして正邪の概念すらも、自然状態を脱して社会を設立し、ルールを制定するまでは存在しないとみなされる。しかるに、ルールを生み稼動させるものは、それに先立つ力であり、それを強制できる権力者である。なぜならば、執行の裏付けを書く約束事はみな言葉の空虚な遊びに過ぎないからだ。

このような法則を政治的実践に当てはめるとどうなるか。国内政治では、リヴァイアサンの樹立すなわち政府の誕生によって、ルールの制定とその強制が可能になるだろう。それに反して、ワールド・リヴァイアサンを設立することが困難であるがゆえに、国際政治で立法、制度、道徳の構想は永遠に失敗を運命付けられている。そもそも、相手方がルールを遵守するという確証を得ることが不可能だからである。国内政治と国際政治では本質が異なっており、前者において人間は道義的に生きることが叶うのに対し、後者において各国家は道徳的に空白な状態に置かれたままとされる。

ホッブズは、このような「自然状態」を巡る概念セットを鋳造するさいに、自らが写実的であり、経験的であり、心理的である点を誇っていた。「善人も身を護りたければ、実力と瞞着という戦闘的な徳へと、つまり野獣の強欲へと立ち帰らなければなりません」(1)と述べて、自然状態を宿命にも似た「現実」として呈示することを目指し、また生存という実践的価値が生む「必然」の如く描くことを意図していた。かれはまた、己がこのような真理を発見し得たのは、「個々の事実の観察から普遍的規則への道」を辿ったからだと説明していた。(2)

ホッブズが国際政治へ強い含意を持つこの概念を公にしてしばらく、思想家の中で好意的な反応を示したものがほとんどいなかった点は重要であろう。ホッブズの不人気は、この自然状態論に対してロックが批判を試みている事実からも窺える。ロックによれば、ホッブズは自然状態と戦争状態を混同していた。(3)ロックの解釈において自然状態は、上位者や共通裁判官を持たないが、成員がそれなりに理性に従って生活している状態を指すべきで、他者の身体に対する実力行使やその意図が存在し、なおかつそれを妨げる上位者がいない戦争状態とは峻別されねばならない。

上位者の不在にもかかわらず、それなりに平穏が保たれる「穏健な自然状態」というロックの構図は、やがて国際政治学においてホッブズ・モデルの有力な代替の一つになる。のちにそれを国際関係に応用したのが、アナーキカル・ソサエティー（政府がなくても存続し得る社会）という概念を軸に国際政治モデルを構築し、一思潮を成した英国学派であった。例えばH・ブルによると、「ヨーロッパで成長し、世界中へ広がった主権国家システム」では、国際行動における「合法性・違法性の観念がつねに重要な位置を占めてきた」(4)がゆえに、ホッブズのいう「合法性・違法性の観念が欠けている」自然状態が、主権国家システムの無政府状態に妥当することはない。

概念の批判と継承

社会契約論者のルソーもまた、ホッブズ的な自然状態へ批判的に応答した思想家の一人である。ルソーは、ホッブズの戦争概念がいかに自然的な人間の姿に似つかわしくないか、その根拠として「人間が本来の性質から平和を好み、臆病であること、ほんのわずかな危険に出会った場合でも、最初の反応は逃げ出すこと」を掲げている。ルソーによれば、「人間と人間との全般的な戦争はまったく存在しない」[5]。

自然と社会ばかりでなく、自然と文明の対比も課題の一つであったルソーのみるところ、「憎悪にかられて、敵の不意を襲うのに絶好な瞬間をひたすら待ち望む」戦争状態は、高等感情のもつれによって惹き起こされる代物であって、自然の反映というより文明の結果にほかならない。したがってそれは、「戦争そのものより危険である」[6]ということになる。ホッブズの戦争状態とは、「独裁政治と盲目的服従とを確立したいという欲求」[7]が生んだ副産物とみなされる。

自然状態の人間とて、正義、道徳、共通利益などの「有用性」に気付かぬわけはなく、また戦争を遂行している間にも人間は、何らかの正義とその遵守の有用性を発見するがゆえに、ホッブズ的な自然状態は持続し得ないと論じたのがヒュームである。かれはいう。「人間の本性は、個人相互の結合なしには、決してやってゆけないようになっている」。しかもそのような結合に、平等、正義などを謳った法律への尊重が伴わないならば、「相互に、殺し合うことさえできない」[8]。

さらに、ヒュームによると「有用性」の論理は、国際政治の理解にも適用が可能であった。多数の政治的社会の接触である国家間関係では、「新しい一連の規則の有益性が、すぐに発見される」。したがって「戦争にも規則がある」というのである。各国家にはそれを捨て去るインセンティヴが湧かないがゆえに、その規則は「国際法という名称のもとに法律として成立する」。ヒュームはその証拠として、大使の人格の不可侵、捕虜の助命、戦時万民法などの定着と各国によるそれなりの遵守を掲げている[9]。

ルソーの「人民の一般意思による戦争の統制」という発想に着想を得て、平和に対する共和制や法治主義の役割を強調したカントもまた、ホッブズの戦争状態に正面から挑んだ一人といえる。もっともカントは、ルソーとは異なって、個人間の自然状態と国家間の自然状態をともに悲惨で非人間的ととらえるホッブズの前提を、いったんは採用する。

そのうえでカントは、「諸人民の自然状態とは、個々人の人間の自然状態と同じく、法的状態に入るために抜け出すべき状態である」[10]と論じた。そこから脱するための有効な方策とは何かを追求したカントは、ホッブズの論理において各人が「信約」[11]へ歩みを進めるがごとく、諸国家が「一個の国家主権のもとに統括せられた世界公民的共同体」には及ばないが、それでも共同で制定した国際法に従うような「連合という法的状態」に赴くよう提唱する。

いずれにしても、ホッブズの戦争状態論は、かれの「唯物論的な無心論者」というマイナス・イメージも災いしてか、啓蒙期にはむしろ克服の対象とされていた。このような事情は、国際関係思想においてもほぼ同様であったといえる。実際にアーミテージも指摘するように、「戦争状態として国際関係を描いた先駆者」という現代のホッブズの位置付とは裏腹に、一九世紀に至るまでホッブズによる国際関係についての断片的な記述は、「全くと言ってよいほど国際政治学者の関心の対象とはならなかった」[12]。

それではなぜ、国際政治学者がホッブズの戦争状態という概念を「国際政治の本質」であると考えるに至ったのか。ここでも、国際的な無政府論者というホッブズの位置付けは、ホッブズ自身が国際関係をそのように描いたことに由来するよりも、国際関係の自然状態を戦争として認識したかった「一九世紀以降の国際政治学者がホッブズをさかんに援用するようになった結果である」というアーミテージの指摘が示唆に富む[13]。

国際関係を自然状態として描きたかった思想家を探すとすれば、ヘーゲル、そしてビスマルク時代の現実政治（Realpolitik）学派を措いてほかにないだろう。ヘーゲルは『法哲学講義』において、ホッブズの名を引き合いに出し「自然状態にある人間にとっての正義」を問うことがいかに愚かであるかを指摘したうえで[14]、諸国家の関係を次のように描写してみせる。すなわち国家間関係においては、「それぞれの国家が特殊な個としてふるまうから、感情、利益、才能、徳性、暴力、不法、悪徳といった国内の特殊性のみならず、最大限の広がりをもつ対外的な偶然性までが、最高度に勝手な動きを示す」[15]。

ドイツ国法学の伝統の中でC・シュミットも、ホッブズのリヴァイアサンを「一〇〇年以上の長きにわたって、近代的な国家に関する思考を規定した」書物と位置づけた。シュミットは、ホッブズ的自然状態を「アナーキカルではあるが、まったく拘束のない状態ではない」と論ずるなど、それを必ずしも克服すべき対象とはみていない。逆にシュミットにいわせれば、ヨーロッパのみがホッブズ的状態と正面から向き合い、なお土地を領土で区画し、諸国家が均衡を保つなどの方法でそれを緩和することに腐心したがゆえに、秩序を勝ち取ることができた[16]。ヨーロッパ公法の事例は、それぞれが最高決定者であるような主権国家の間にも、一定の秩序とそれに伴う慣習をもたらすことが可能な点を証明している。

このようなヘーゲルやシュミットによる国家間関係の性格付けが、亡命の国際政治家モーゲンソー、そしてイギリスの現実主義外交や外交官E・H・カーなどを媒介して、冷戦期のアメリカの現代政治学にまで影響を与えていることは論を俟たないであろう。こうして、ホッブジアン・パラダイムは国際政治の本質を表わすモデルとしての自らの地位を確立した。アメリカ現実主義国際政治学の主流化とともに、ついには政治学者がホッブズの戦争状態という概念に言及せずに国家間関係を論ずることは不可能になったのである。

現実による概念の検証

国際関係のリアリストの中にも、やがて現実との乖離を理由に挙げて、ホッブズのモデルに疑義を呈するものが現れた。構造主義者K・ウォルツによると、ホッブズ流の国内政治と国際政治の逆類推、すなわちリヴァイアサン樹立（政府の存在）によって平和のもたらされる国内と、「混沌、破壊、死」と隣り合わせ（政府の不在）のままでいる国外という比喩は、人々の眼を政治の本質から逸らす恐れがあった。なぜならば、ヒトラーによる六〇〇万人の虐殺、スターリンの五〇〇万人の粛清、また、アミン抑圧政権下ウガンダにおける「みじめで、残酷で、短い」生活の例を挙げるまでもなく、政府の存在するはずの国家にも、政府の不在による自然状態を上回るほどの暴力や恐怖が認められるからである。(17)

戦争状態が実際にはイリアルであるというホッブズ批判を最も先鋭な形で提起したのが、ポストモダンの立場から権力政治を解剖したM・フーコーであった。かれは、ホッブズの原初戦争には、「戦闘も血も死体もない。あるのは表象、意志表明、記号であり、誇張された策略にみちた虚偽の表現なのだ」という。そこには「見せかけの計略と、正反対に偽装された意志、確信のカムフラージュを施された不安があるだけです」と述べて、ホッブズの概念を非歴史的なものと推断する。さらにフーコーによると、ホッブズの戦争状態とは、「表象が交換される舞台であって、時間的に無限定な関係性としての恐怖の関係のなかにおかれている」。人々は「じっさいに戦争の中にいるわけではない」(18)。

冷戦末期にはいよいよ、「グローバル化という現実」によって人間がホッブズ的な戦争状態からすでに離脱している、と解釈する国際関係論者もあらわれた。Ch・ベイツの『国際秩序と正義』によると、国際関係とホッブズ的な自然状態との類推が成り立つには、①国際関係の行為主体が国家である、②国家の力は相対的に等しく、最弱国も最強国を打ち破ることができる、③国家は、国内問題を他国から独立して処理できる、④高次の権力が存在せず、他の行為主体が規律に服するという確かな期待を抱くことができない、などの条件を満たすことが必要であった(19)。

しかしながらベイツによると、今日の国際関係における主要な現実である、国家以外の主体の台頭、大国の防衛・報復能力の突出、各国の利益の相互依存、各国によるルールの自発的遵守の慣行などは、この類推がもはや現実には対応していないことを証明している。

本書の基本的構成

ホッブズの自然状態の継受としての概念の系譜をみてきた。そこからも明らかになったように、国際政治をどう捉えるかは、どの概念を採用するか、あるいはどの概念を採用しないか、という問題と切り離すことができない。それゆえわれわれには、国際政治の現実を理解し、叙述し、成り行きを予測するまえに、用いてきた概念について歴史的、思想的、認識論的に検証する作業が不可欠なのである。本書は、諸概念の生成、展開、行方を検討することによって、その作業を果たそうとしている。

「国家主権」については押村高が、それを至高の権限と読み替えて、古代ローマのインペリウムよりM・フーコーの規律訓練権力までその持続と変容を跡付けた。木村俊道の「外交」は、それを交渉の技術ととらえて、ポリス間の外交慣行、ルネサンス期イタリア諸国家の交渉、君主国相互の交渉、デモクラシー国家の外交政策まで、時代の特徴を描き出している。「グローバル正義」については、神島裕子がローカルな正義を越えるモーメントとして、キケロ、キリスト教、カント、インターナショナル運動、人権、現代コスモポリタニズムを紹介している。

用語自体が現実主義に対する批判を意味し、理念的含意を持つ「国際法」については、松森奈津子がローマ法において洗練をみた万民法、正義の戦争の議論、キリスト教と異教徒との条約、近代ヨーロッパ公法、国際連盟・国際連合体制などを題材にして、グローバル史の立場から論じた。高橋良輔の「国際秩序」は、組織化された実力体間の秩序だった関係という視点から、ポリス間秩序、ローマの覇権的秩序、中世世界の楕円的構造、近代の諸君主による秩序、諸国民間の秩序、冷戦期の統合と分裂、冷戦後の権力と規範の対抗を分析し、地域的秩序に目を配ることの今日的な重要性を指摘する。一方、西村邦行の「現実主義」は、現実主義の用語の曖昧さや流動性に充分な注意を払ったうえで、トゥキュディデスの道徳の冷淡視、両義的なアウグスティヌス主義、道徳からの逸脱を説くマキアヴェリ、権力闘争を前提にしてその統制を考えるホッブズ主義、などに共通するエッセンスを探っている。

内田智は「安全保障」において、暴力縮減のための人類の努力を、安全という視点から、また恐怖心との関連から概観し、さらに安全と安心の分節化をもこころみて、時々の暴力概念や安全という目標が、時代の政治組織の容態をも規定していた点を分析する。前田幸男は「帝国主義」で、西洋中心主義を支えてきた暴力性を帯びた「聖性」と「俗性」の交錯に注目し、とくにラヤと友誼線による二つの境界画定およびペストの蔓延とヨーロッパの興隆との関わりに注意を向けるなど、従来とは異なった視点から帝国主義を描き出している。

青木裕子は「自由貿易」において、その思想が、道徳の頽廃、文化への脅威などを理由とする反対論に遭遇し、さらには保護主義と戦いながらも、近代において繁栄や発展の、さらには文明や平和のシンボルとなって行く過程を考察している。時代を横断する理論であり実践である「勢力均衡」については、岸野浩一がギリシア・ポリスの歴史、ルネサンス期イタリアの覇権への対抗や力の相互抑制、近代の科学の均衡理論に基礎付けを得た諸王国の均衡、さらにはカントの均衡論批判、冷戦期の恐怖の均衡まで辿った。

最後に寺島俊穂が、コスモポリタン思想の一つである「国際語」の運動に焦点を定め、ラテン語の国際語としての適性、フランス語の文化優越による支配、ライプニッツに至る近代における普遍言語の追求、エスペラント語運動、英語を巡る言語帝国主義と言語民主主義の論争などを紹介している。

本書が扱った国際政治の概念は、いずれもグローバル化の進展や国際政治の地殻変動の中で見直しを迫られているものばかりである。各章では「現代の論争」について必ず触れてもらうこととしたが、それも、基本的な概念の行方について、あるいはグローバル化の中での当該概念の有用性について、読者自身に考えてもらうためであった。いずれにしても寄稿者一同、旧秩序の崩壊と新秩序の建設との間の、過渡的な時代というこのタイミングで本書を編んだことには、大きな意義があると確信している。

本書は、好評を博している古賀敬太編『政治概念の歴史的展開』シリーズの一冊として刊行される。本企画にお誘いくださった古賀先生には、寄稿者を代表してお礼を申し述べたい。諸事情により押村が編者を引き受けることになったが、刊行が叶ったいま、本書がシリーズ既刊の愛読者の期待に応えられる書に仕上がっていることを願うばかりである。最後に、本書を担当された晃洋書房の西村喜夫氏と山本博子さんには大変お世話になった。心より感謝を申し上げたい。

編者　押村　高

注

(1) ホッブズ、『市民論』(本田裕志訳、京都大学学術出版会、二〇〇八年)四頁。
(2) 前掲書、五頁。
(3) ロック『統治二論』(加藤節訳、岩波書店、二〇〇七年)、二〇四頁。
(4) H・ブル『国際社会論――アナーキカル・ソサイエティ――』(臼杵英一訳、岩波書店、二〇〇〇年)五七―五八頁。
(5) ルソー「戦争状態は社会状態から生まれるということ」(宮治弘之訳、『ルソー全集』第四巻、白水社、一九七八年)三七二頁。
(6) ルソー「戦争についての断章」(宮治弘之訳、前掲書)三九六頁。
(7) ルソー「戦争状態は社会状態から生まれるということ」(宮治弘之訳、前掲書)三八三頁。
(8) ヒューム「政治的社会について」(『市民の国について』小松茂夫訳、岩波書店、一九五二年)二三三、二三九頁。
(9) 前掲書、二三三頁。
(10) カント「国際法――法論の第二部公法――」「法論の形而上学的基礎」(『人倫の形而上学』、『カント全集』樽井正義訳、一一、岩波書店、二〇〇二年)、二〇二頁。

（11）カント「理論と実践」（『啓蒙とは何か、他四篇』篠田英雄訳、岩波書店、一九五〇年）一八三頁。

（12）David Armitage, “Hobbes and the foundations of modern international thought”, Annabel Brett and James Tully (eds), *Rethinking the Foundations of Modern Political Thought* (Cambridge University Press, 2006), pp. 219-235.

（13）Ibid..

（14）ヘーゲル『法哲学講義』（長谷川宏訳、作品社、二〇〇〇年）一二八頁。

（15）前掲書。

（16）C・シュミット『大地のノモス——ヨーロッパ公法という国際法における——』（新田邦夫訳、慈学社、二〇〇七年）。

（17）K・ウォルツ『国際政治の理論』（河野勝・岡垣知子訳、勁草書房、二〇一〇年）一三六頁。

（18）M・フーコー『社会は防衛しなければならない——コレージュ・ド・フランス講義——』（石田英敬ほか訳、筑摩書房、二〇〇七年）九二頁。

（19）Ch・ベイツ『国際秩序と正義』（進藤榮一訳、岩波書店、一九八九年）五二—六八頁。

政治概念の歴史的展開　第七巻——目　次

国家主権

押村　高

はじめに

主権（sovereignty）は、それをもし「至高の権力」に置き換えるならば古典古代に由来を辿ることができる。アテナイやローマでは、政体が変更されるかあるいは支配者が交替するごとに、最上位者の権限や任期を確定し、かれが僭主に堕するのを防止する必要性が生れた。それらが正当で至高な権力という概念をもたらしたのである。さらに、東ローマにおいて法編纂作業が進められる中で皇帝をどう位置付けるかという問題が発生したことが、至高の権力を巡る論争を活発にした。

以後、中世を越えて初期近代に至るまで、無限の空間で至高の権力を身に纏おうとする支配者も、逆にそのような権力に対抗し、領域内で外から干渉を受けない権限を手に入れようとする支配者も、ローマの理論や実践に権力の基礎付けを求めてゆく。ローマの主権論争は形を変えて一八世紀にまで受け継がれ、フランス啓蒙期にモンテスキューは人民権力の揮発性を指摘するさいにローマの衰退という事例を掲げ、一方ルソーは人民主権の可能性を追求するために古代ローマの民会の議決方法を検証したのである。

この意味で、古代ローマの伝統に縛られない国家主権の思想が標準化したのは、一九世紀以降であるといってよい。帝国や封建共同体に代わって領土国家が頭角を現し、ヨーロッパが国境によって区画された近代盛期に、「主権者の権限」は「国家の主権」に組み替えられた。その過程で至高の権力の内実は、所有、譲渡、命令、支配する権限から、外部からの干渉を遮断し、領域内で排他的に課税と立法を行う権限に変わった。

これまで、とかく近代の政治思想家のみに言及して済まされがちであった主権概念の系譜だが、本章では検討対象を拡げて、主権概念の由来をまず古代に辿り、つぎに中世におけるその変遷を跡付け、なぜ中世の主権概念に代わって領域を伴った絶対権力という概念が生成したのか、それはまたどのようにして非西洋地域へ移入されたのか、さらにグローバル化の進むなか、主権に対してどのような疑義が提出されるに至ったのかを、主権パラダイムの持続と変容という観点から検討してみたい。

一　古典古代の遺産

統治にまつわる諸概念の由来を古代ローマの権限論争に辿ることには、歴史学的、法学的にも根拠がある。特にローマの権力（potestas）、権威（auctoritas）、至高の権限（imperium）は、その概念ののちへの継受によって、主権の由来とみなすのに充分であろう。

元首、権威、法律

最高司令官や凱旋将軍の名称インペラトル（imperator）に発する命令権であるインペリウムは、ローマの元首制（principatus）時代に皇帝が保持する権限の総体を表わすものとなった。オクタヴィアヌスが元首を名乗る発端は、元老院による全ローマ軍の最高司令官職への任命だが、やがてかれは終身護民官、執政官など共和制期に創設された主要公職の多くを兼務し、さらには法の効力を持つ布告を行う権限をも獲得した。インペリウムはのちに、「かつてローマ人民はすべての公権力を持っていたが、その権力を支配者に委託した」という、初期ローマの王法（lex regia）のロジックによっても基礎付けされたのである(1)。

とはいえ、主権概念をインペリウムに読み込むにあたっては、その政治的背景にも充分な注意を払っておく必要があろう。すなわち古代ローマ人は政体を国家ではなく、人民すべてと元老院の公共物（res publica）と呼んでおり、なお拡大や領土変更を繰り返したローマには、法で結ばれた市民の全体を表わすキウィタス（civitas）という概念が存在したが、永続的な領土国家という概念は存在しなかった。言い換えると、皇帝が執政、軍事指揮、属州総督（proconsul）などいかに多くを兼務していたとしても、その権限は国家という制度と場所に付与される主権、その永続性が保障される主権には遠かった。

古代ローマの主権論へのいま一つ貢献は、権力の由来や成り立ちについての二元論である。権限が分有されるべきであるという発想は、一方における権威を代表する元老院と、他方における権力の由来を自負する人民、また法の承認権を有する人民との身分的な対抗を、ローマの力の源泉と位置付け、それを理論的に肯定したものと捉えることもできる。この理論は、共和制の擁護者であるキケロによって、権力は人民にあるとしても権威は元老院にある（Cum potestas in populo auctoritas in senatu sit）という形で定式化され、権力の多元的な分離論、あるいは身分的な分有論としてのちの時代へ影響を行使した。(2)

しかしながら、古代ローマの歴史において、二元論の精神と権力の実践の間に絶えざる乖離が存在していたことも忘れてはならない。直接民衆の支持を得た軍事指導者による支配へと移行するにつれ共和派は少数となり、元首制の時代に尊厳者（アウグストゥス）たる皇帝こそが至上の権威（auctoritas principis）を持つとの解釈が支配的となった。ティベリウス帝、カリグラ帝、ネロ帝により元老院の権威は軽んじられ、四帝乱立を収拾したウェスパシアヌス帝の時代（六九―七九年）までに皇帝の権限は、元老院の招集、元老院への決議の要請、同盟関係の締結、公職への特定人物の推挙、その他国家に有益な物事の実行、かれの命令により行われたことへの法的な免責性などを包含し、抑制するもののなきほど強大になっていた。(3)

五賢帝の時代は、皇帝の勅令が恒久的に登記されるのに元老院の議決が必要であるとされた。このことは、この時代にいたっても皇帝の尊厳はかれ以外のものに由来するという建前が堅持され、また二元論の精神や元老院の権威がそれなりに尊重されていた証とみられる。しかしながら、三世紀にディオクレティアヌス帝が官僚制の整備、軍制の改革、課税の強化などによって専制（dominatus）を敷いてから、伝統的な二元論はほとんど意味を失う。それが別の形で復活するのは、五世紀末ゲラシウスⅠ世が沸き起こした、教皇の権威と皇帝の王としての権力（regia potestas）の競合を巡る論争においてであった。

専制体制が維持された東ローマにおいて六世紀に編纂された『学説彙纂』（Digesta）には、第一の実力者である皇帝の権限についての規定があり、皇帝は法律によっては拘束されない（princeps legibus solutus est）と記されている。[4] ウルピアヌスの説を採用したとされるこの定式によると、皇帝の言葉はいわば活ける法律であり、かれが欲するところのものはすなわち法的な拘束力を有する（Quod principi placuit, legis habet vigorem）。[5] このような記述は、自ら従うことを宣誓した場合を除くと、皇帝が法律の適用を免れる存在になったことを示している。ここにいよいよ、中世を越えて近代へと受け継がれる、至高の権力と法律との関係についての一つの公式が完成するのである。

二 中世の貢献

八〇〇年にカール（シャルルマーニュ）がローマ皇帝の冠を教皇レオⅢ世により与えられたことで、ローマの権威とゲルマンの実力、そしてキリスト教はいったん結合される。カールは典礼、祭祀のローマ化を進めて、古代ローマとの連続性を重視した。けれども、東ローマ帝国からの独立を果たしたとはいうものの、このゲルマン国家はほどなく三つに分割され、のちに東の地域においてはオットー大帝の即位によって帝国と呼びうる新しい連合体が成立する（九六二年）。その勢力範囲が当初イタリアにまでも及んだオットー大帝は、ローマを継承する唯一の権威、ヨーロッパ唯一の皇帝に位置付けられ、同時に教会と教皇の守護者にも叙任された。

教権、帝権、王権

中央ヨーロッパでは、皇帝が帝国教会と聖界諸侯を通じて、精神的（信仰）生活にまで干渉し得る体制が敷かれた。継承ローマ帝国初期の解釈によると、皇帝は領主や部族を束ねる各王のそれより上位にあるばかりでなく、その権限は各領地の教会財産にも及ぶ。これらの仕組みが、継承ローマ帝国の「神聖」（この呼称は一三世紀になって付加されたものであるが）の部分、すなわち宗教的統一性を担保していたといえる。

皇帝の世俗的権限のうち特徴的なものは、帝国議会の干渉を受けることなく行使できる、皇帝のみが保留する権限（jura caesar-ae reservata）であろう。諸侯に帝国封の再授封をとり行うこの権限は、皇帝の最高封主という地位に由来するもので、継承ローマ帝国が封建的な性格を持ち、支配が封主と封臣との個人的関係で成り立っていたことを物語る。(6)この限りにおいては、先に見た古代ローマの権限と同じく、至高の権限といえども保持者の人格の付随物を越えるものではなかった。しかも中世も半ばを過ぎると、領邦国家の台頭とその内部での慣習法の成熟により、この権限関係にも揺らぎが生じる。その揺らぎこそが、近代主権概念の揺籃をもたらすのである。

まず東ヨーロッパにおいては、皇帝の権限が、特に一四世紀初めから各諸侯とその支配地域の自立性の主張によって様々なチャレンジを受けた。教皇鼎立という異常事態とコンスタンスの公会議（一四一四—一四一八年）ののちに「神聖」は次第に名目ばかりのものとなり、一五〇八年のマクシミリアンI世がローマ王として「教皇による戴冠式を経ずとも皇帝の称号を名乗り得る」という解釈を打ち出したとき、教皇の権威とともに神聖ローマ帝国の東ヨーロッパにおける主導性は著しく低下したのである。教皇の権威は同じ時期に、西ヨーロッパ地域においても衰微を余儀なくされる。一四世紀の初めにフランス国王フィリップ四世が教皇の許可なしに国内聖職者に対する課税をやってのけ、教皇による教会への支配を掘り崩していた。

フランスなどの大国、そしてまた神聖ローマ帝国の領邦君主は、教皇や皇帝に対して自らの地位を護る必要から、ローマ法、特にユスティニアヌス法典への参照を敬遠する。かれらが代わりに頼りとしたのは、地方慣習法、そしてローマ由来の理論を一三世紀に法学者Ph・ド・ボーマノワールが転釈した「国王は自己の王国では皇帝である」（rex in regno suo est imperator）(7)という定式であった。こうして一六世紀末に、神聖ローマ帝国においては、各地域の支配者が地域内の至高の権限と地位を主張し始め、西ヨーロッパにおいても、スペイン、フランス、イングランドなど大国の国王が持つ権限は、いよいよ抑制し難いものとなっていた。

ところで、中世の主権論ならびにその影響について語る際に、イングランド内の論争を無視するわけにはいかない。なぜならば、フランスほど神政政治の要素をもたず、また神聖ローマ帝国ほどローマ法を王権基礎付けに用いることのなかったイングランドは、「法律は国王の上にあり」（lex supra regem）で表わされる法主権という観念を発酵させ、主権を制限するディスコースをもたらしたからである。

一二世紀イングランドにおいては、国王さえも恣意的に立法を行う自由を持たないという学説が語られていた。原理的にいえば国王は神と法の下にあり、さらに法律は神とは独立した「普遍法則」でもあって、神でさえその法に基づいて統治すると理解された。「大憲章」（一二一五年）が普遍的権利を謳った立法とは異なり、むしろヘンリーII世治下の慣習の再確認であり、「法律は変更されるべきでない」という格率を呼び覚ますためのものであった点は象徴的だろう。実際に、国王の権限は慣習に加えて伯(comtes)やバロン(barons)により側面から制約されており、一三二七年（エドワードII世）や一三九九年（リチャードII世）の「無能な国王を廃位する」という強硬策も別段革命的なものとはいえなかった。

一三世紀中葉、判例法を整序し、統治権限の解釈を精緻化した王国判事のH・de・ブラクトンは、ローマ法の解釈に基づいて統治(gubenaculum)と司法(jurisdictio)を分け、なおローマの皇帝が保有した両者を別の原理で統率することを考えた。(8) 分類を施すにあたってブラクトンは、統治が布告、王例、その他国王の実務に係わる権限であるのに対し、司法の土台としての権利の確定根拠は「古来よりの慣習」にあるとみなし、この慣習はひとたび国王の誓約により認証されれば変更も廃棄もすることもできないと説いた。こうして、国王の権限は慣習により制限されているという解釈がイングランドで定着をみたのである。

さらに、ヘンリー四世治下の「王座裁判所」主席裁判官のJ・フォーテスキューが、王権に対する慣習の優位という定説に、イングランドの国制は、統治を行う君主、枢密院(privy council)を砦に国王に助言する貴族、議会にも席を占める民衆、それぞれの精神の慣習的な混合物であるという解釈を付け加えた。(9) このような学説が、主権の身分的分有を実践する「イングランド混合政体」として一八世紀まで国制論争を枠付け、イングランドの権力分立を模範としたドロルム、モンテスキューにまで影響を及ぼすことになる。

三　近代における再創造

みてきたように、ローマの権力、権限、権威を巡る論争を由来とし、中世の大陸ヨーロッパないしイングランドで発展を遂げたという意味で、主権概念を近代の発見とみなすことはできないだろう。さらにC・シュミットによれば、近代の主権概念には神学の要素が多く流れ込んでおり、主権の理論もまた中世の神の主権との連続性の上に成り立っている。[10] とはいえ、近代以前の主権論が、執政官、皇帝、元老院、民衆（民会）、神の代理人、諸侯など、権力保持者の権限範囲、ないしかれと慣習、法律との関係を主題としていたのに対して、近代以降の主権論は、何よりも先ず「領土の独立や安定」をもたらすための理念、ないしその理念を地域の実効支配者が実現するための道具に変わってゆく。

無政府状態か、主権的秩序か

もとより、一六世紀の領邦のネットワークを拠点としたルター派の反乱は神聖ローマ帝国の権威に風穴を開けており、また皇帝と諸侯の権限論争においては、実力を蓄えた後者の優勢はもはや疑うことのできない状況になっていた。そのような流れを背景にルター派は、領邦内の教会、領民の信仰、宗教に関する法律にも諸侯が関与し得ると主張し、改革権（ius reformandi）を唱えて神聖ローマ帝国の影響力の排除を目指す。

宗教セクトとしてのプロテスタントは、ついに領邦内の信者に対する統治権を掌握し、さらには教会財産や修道院財産を接収するなどして事実上の領邦教会の設立を宣言する。「アウグスブルクの和議」は、このような現実に押されて教会財産の所有権の移行を追認せざるを得なかった。[11] この和議において保留されていたカルヴァン派やユダヤ人の信仰自治権が、三〇年戦争の講和としてのウエストファリア条約において承認されたとき、いよいよヨーロッパから宗教的なものを含めほぼすべての求心的な権威が奪われたのである。

宗教内乱が頻発し、全般的な無秩序という雰囲気の漂うなか、平和の執行や監視という役割を果たせなくなった神聖ローマ皇帝や教皇ではなく、国王すなわち地域の主権者がその実効支配力によって戦争状態から隔絶された部分的な空間を創出し、その地域の治安を達成してくれるに違いない、という期待が膨らんだ。法学者たちはこのような期待から王権（regnum）に注目を向け始め、国王の権限強化のための新しい理論の樹立を目指している。国王の諸権限のうちかれらが特に注目したのは、対外的な独立権やその保障としての「交戦権」であった。

例えばP・ベリ、A・ジェンティーリ、B・de・アヤラは、交戦者を実効支配者に限定し、主権者が中心となって演ずる「公戦」のみを「正しい戦争」とみなすべきという学説を打ち出した。時代の要請に適っていたことからこの解釈は支持をひろげ、戦争の主体は主権者としての君主であるべきという学説が一七世紀までに支配的になってゆく[12]。こうして、封建領主や宗教セクトから開戦決定権を奪い、それを国王のみに帰属させる作業が始まった。ここにおいて主権は、「自然＝戦争状態」を終結させるための理念となり、しかるのちに国王が外部からの干渉を受けずに、立法を用いて実効支配を強化する武器に変わった。このような新しい権限の開拓こそが、近代的な主権概念とそれをもとにした新しい実践を導いたのである。

中世の多様なるものの連合体とは異なるこの意思の統一としての国家は、国外においては戦争や武力行使の主体つまり「人格」を構成する。したがってホッブズに従えば、戦争という自然状態から平和をもたらすには、主権者以外の「誰かある市民を、またそれらを一緒にした全員をも、国家とみなすべきではない[13]」。ここでは、交戦主体が市民法に縛られることのない、絶対権力を託された君主に帰属するという解釈が展開されている。この人格化された主体が、ホッブズにおいて国家内部の権利義務関係ともいえる「市民法」（lex civilis）ではなく、戦争状態において機能する「自然法」（lex naturalis）によって導出されていた点を、いくら強調してもし過ぎることはないだろう。

ホッブズの理論の革新性を見抜いたライプニッツが、「大使、戦争、講和、同盟などの要素から成り立っている万民法においては、戦争によってのみ制約を被り、逆に武力によって他者を制約することのできる、いや少なくとも他者に重大な障害を及ぼすことのできるような者のみが、完全な主体と成り得るのである」と論じて、主権者を唯一の交戦権者、そして万民法のみに従う存在として定式化したとき、主権者の「国際社会の主体」という地位が不動なものとなったのである[14]。

戦争の状況変化とともに生れた主権概念を、国家の政治組織原理に昇華させた哲学者をひとり挙げるとすれば、スピノザをおいてほかにない。ホッブズとともに近代政治学を生んだ一人と目されるスピノザは、「人間は理性によって導かれることが多ければ多いだけ、言いかえれば自由であればあるだけ、一層確固と国家の法律を守り、また自分がその臣民であるような最高権力の諸命令を実行するであろう」とまで述べて、理性が人間に「最高権力への服従を命ずる」と考えていた[15]。

近代人にとって、「神への従属」の対極にある「人間の自律（自由）」を達成するため、さらには理性的人間が戦争状態を統御するには、まず「統御できるもの」と「統御できないもの」（国外の戦争状態もその中に含まれる）を区分けして、制御できるものへの管理を集団的に強化する必要があった。人為による環境の改変、そして社会という環境の管理という時代の願望を受け、スピノザは自然と万物をコントロールするための司令塔を求めて主権という概念に行き着いたのである。

スピノザが最高権力（summae potestates）[16]と名付ける主権は、それなしには人間集団が理性的な何事をも為しえないような道具、伝統や歴史に根を持つ不統一を意思の結合に変えるための装置にほかならない。スピノザ『国家論』の「理性に導かれる人間でも、自然状態においては、果たそうとしても果たしえないことがある。国家状態は、それを果たすことこそ、もっとも意図している」という一節は、近代の思想家が「主権国家」をして（戦争状態から脱するという意味で）理性的、すなわち自由に生きるための唯一の空間とみなし、さらにかれらが主権とその命令に従う市民を動員して、ともに歴史や真理の主人公になるという夢を叶えようとしていた点を示している[17]。

人民主権論の隘路

国王（主権者）の絶対性を弁証するために構想され、J・ボダンの定式化以来「立法」をその第一の属性とする近代の主権理論は、やがて近代共和主義が芽を吹き、特権階級の廃止論が台頭する一七世紀以降、「権力の源泉が団体としての人民に存するべき」という理念にも思想的な基盤を提供してゆく。

人民主権論の由来、それを巡る論争の起源は、やはり古代ローマに遡る。キケロの「人民の権力が最上であるような国以外では、自由は居場所を持たない」という一節は、元老院に指導されるという条件のもと、人民の集合体がローマ政体を保有し、その決定権の一翼を担うべきであるという思想を表していた[18]。さらに一四世紀には、少数派とはいえ、パリ大学学長マルシリウスが、「いかなる支配者も、人間的立法者（市民の全体ないしはその有力部分）の決定なくしては絶対的命令権もしくは全権を有しない」と述べ、世俗の共同体の意義とそこにおける人民の役割を肯定していた[19]。

一方近代に入ると、フランス啓蒙期にディドロは『百科全書』において、主権の所在を政体分類の基準とみなし、「主権が人民自身の手中にある」政治を民主制、それが「人民を代表する一団体または一議会によって行使される」ような政治を共和制と呼んでいた[20]。しかし、ディドロと同時代人のルソーが全く別の発想から、主権者は「人民が集会したときのほかは、主権者として行動しえない」、また集合的存在としての主権者は「自らによってしか代表され得ない」と論じて、人民集会が正当性を供給し続ける共和国ユートピアを『社会契約論』で構想したとき、人民主権論は体制変革を導くイデオロギーに鋳直されたのである[21]。

そのさいにルソーは、主権者を人民集会で表明される「一般意思」に読み替えてゆく。意思は「一般的」であるべきで、譲り渡すことも分割することもできないが、特定の人間や事物を対象とする具体的な政務は人民の一部や政府に委託することが可能である。このような考えのもとルソーは、主権者と政府の区別を導いた[22]。言い方を換えるとルソーは、正当で共和的な政治を維持しつつ、つまり人民集会による定期的な精査に服するという条件のもとで、存続を許された君主が日常の政務を執行するという、穏健かつ現実的な体制にも道を開いたことになる。

もっともルソーの死後、フランス革命の一連の過程において、ルソーの人民主権論ならびに「ジャコバン（一七九三年）憲法」に表明された「主権は人民に存する」という理念が、ジャコバン派の恐怖政治にエネルギーを注ぎ、人民主権論はその揮発性や暴発性を明るみに出す[23]。フランス革命は結局、ルソーも予測しなかった事態すなわち、急進派が暴徒化するような終りなき混乱と、運動家や独裁者が法や人権の蹂躙を「人民の名の下に」正当化するような状況をもたらし、フランス内外に人民主権の否定的なイメージを植え付ける結果に終わった。

ジャコバンの恐怖からようやく解放されたフランスは、その「一七九五年憲法」第一七条において、主権の保有者を「人民の総体」に置き換える。[24] なお一九世紀に入ると、B・コンスタン等のフレンチ・リベラルが革命時代の教訓をもとに、ルソー流の無制限な権力を創造することと、また人民であれ、皇帝であれ、執行府であれ政治主体に権力を集中させることが、いかに主権を巡る争いを招き寄せるか、それゆえに体制の安定性を奪うかを、繰り返し説くことになる。[25]

一九世紀以降、西欧の個人主義的リベラルが人民主権論をむしろ警戒の対象とみなしたのとは対照的に、その理論を国造りのために積極的に活用したのは、脱植民化を目指す西欧周辺部や非西洋の指導者であった。そこにおいては主権が集団的決定権と読み変えられ、宗主国の頸木を振り解き、自治を達成するための武器とみなされた。二〇世紀初めそのような時代の流れを摑み取ったW・ウイルソンが、平和の切り札として民族自決原則を唱えたとき、人民主権論はオスマン帝国、ハプスブルク帝国の清算手段、また従属に服していた少数民族のための分離独立論に生まれ変わったのである。

この自決という発想は、一九六〇年の国連総会による「植民地の独立付与宣言」第二条において「すべての人々には自決権があり、その権利によって、自由に自らの政治的な地位を決める」という形で書き表され、二〇世紀後半を通じて伝統社会を民族共同体に変換させる力の源泉ともなった。「主権平等」という思想とともにそれが帝国主義の清算に与かって力があったことは、リベラルな思想家でさえ認めざるをえないだろう。

とはいえ、一九七〇年代以降、ナイジェリア、ビアフラ、カメルーン、チャドなどのアフリカ諸国において、国家独立後もなお内乱、内戦、部族紛争の継続が目撃されるに及んで、民族自決や主権平等の原則が紛争の根本的な解決策には成り得ないことも次第に明らかとなってゆく。境界が外部者（旧宗主国）により設定されることの多かった非西洋、すなわち民族、部族、氏族などと国境とが一致しない地域においては、独立後に「主権の担い手は国民、民族、領土民のうちのいったい誰か」という決着の付けようのない問題が先鋭化し、主権概念の地域への適用を不可能にしたからである。[26]

自由主義者による主権制限論

近代主権概念を梃子にした国内統一が軌道に乗り、勢力均衡とヨーロッパ公法が秩序を生み出し始めたその時すでに、主権に異議を申し立てる思想家が少なからずいた。国家主権の概念史を語るさいに、このことも忘れてはならないであろう。

例えばモンテスキューは、主権のもとに立法権を集中することのリスクを指摘して、それを予防すべくローマの身分的均衡に基づく権力分割、ゲルマン由来の分権的社会、ロックやボーリングブルックの権力制限モデル、イングランドの権力の機能的分立、などの自由に対するメリットを賞賛した。[27] そして一八世紀に、このような権力制限論を実験し、制度化するチャンスが訪れたのが、封建制を知らずなお君主制とも無縁な北アメリカであった。

アメリカでは、ロックやモンテスキューの思想の強い影響のもと、建国以前より一元的な主権という発想に違和感を持ち続ける人々がおり、かれらが中央権力に依存しない国民統合の方法を模索したからである。一八世紀にA・ハミルトンは、ヨーロッパにおける国家の乱立とそれら相互の確執という教訓を念頭に措いて主権論を迂回することを思い付き、複数のユニットが独立を失わずに紐帯を保ち続けるような制度を構想していた。これが、連邦的共和制という形で実験に移された。[28]

この独特な政治制度の成功のお蔭でアメリカ合衆国は、ヨーロッパ君主各国と異なり、国民統合を推し進めるにあたって主権に頼り過ぎることはなかった。むしろアメリカでは、決定権限を一つに置くべき領域、すなわち外交、国防、通貨発行などを「例外」として連邦政府に託し、それ以外の権限を州政府や州議会に保留するという仕組み、さらに市民社会の領域を中央政府から自立させるという仕組みが軌道に乗ったのである。当時のアメリカ合衆国のように、国民がフロンティアの気概に溢れかつ領土が未確定である場合、中央政府の権限を必要以上に強化すれば、それに反撥する人々が国家を分離や解体に導く恐れがある。一九世紀半ばの南北戦争は、その危険を裏付けたといってよい。したがって、過度な権限集中を阻止する仕組みが二〇〇年以上も維持されている。

ヨーロッパの政治ディスコースにいまいちど眼を向けるならば、例えば二〇世紀初頭にイギリスのH・ラスキ、E・バーカー、G・D・H・コールの展開した「国家多元主義」は、大陸の政治理論の描いた単一主権、またルソーが唱導した人民主権がフィクションに過ぎない点を強調している。ラスキに従えば、デモクラシーや議会は、国民が主権を集合的に運用する体制としてではなく、政党、官僚、労働組合、メディア、市民などの中間団体が競合するアリーナとして解釈されるべきなのである。そのために、主権の機能をなるべく限定しておくことが個人の自由の保障に有効だと考えられた(29)。

こうして、アメリカ連邦主義やイギリス多元主義などの影響を受け、先進各国のデモクラシーのなかにもスイス、カナダ、ベルギー、オランダなどのように、集権的なデモクラシーを諦め、権力分立のもと個人や少数者が政治的決定への平等な参画を保障されるという立憲デモクラシーへ移行する国も生れた。

四　現代の論争

主権概念の矛盾をいっそう明るみに出し、近代主権概念が、その妥当性に疑いを投げ掛けられるきっかけとなったのが、いうまでもなく二〇世紀の後半に加速されたグローバル化である。国家の境界が薄れてゆく中で、単なる制限論、懐疑論に終わることのない新しい主権アプローチもまた胎動を始めている。国家主権概念を扱った本章の締め括りとして、それらのアプローチのうち特にポスト・モダンの側からする主権批判論、地域統合論者による主権機能主義、この二つを検討しておきたい。

対外アイデンティティと国家主権

フランスの哲学者M・フーコーは、主権国家を成り立たせている世界観やディスコースに着目し、その特徴を「現実のすべての個々人を包摂し、市民とはその身体であり、その魂は主権であるというような、自動的で、人造的、統一的であるといった、ひとりの人工的人間のモデル」として描く。その上でフーコーは、支配や統治の真の意味を明らかにするには、そのような神話としての「リヴァイアサン・モデル」を「捨て去らなければならない」というのである(30)。

フーコーの挑戦に触発され、ポスト構造主義的な社会理論を国際関係に応用したA・ウェント、R・アシュリー、J・ダーデリアンは、グローバル化という変化のなかで、主権の正当化や機能には敢えて触れない形で主題にアプローチしてきた。かれらはフーコーに倣って、主権を現実よりむしろ「世界秩序観」ととらえてその近代主義的なバイアスを明らかにし、なおそのような固定観念に呪縛されない秩序を展望しようとところみたのである。[31]

新思考の国際関係論者たちによると、近代の主権主義者や現実主義者たちは、国家が他国や国家間システムとは隔てられた「完全に独立したアクターに成り得る」という誤った幻想を抱いていた。そのような固定観念の浸透は、各国家の主権主義者が「相互に衝突し、反撥するほかないような形で」国家建設を進めてゆく要因となった。かれらによると、現実主義者たちが仮想的な戦争状態でセキュリティーを確保するため、主権を口実に国内の締め付けを強化したことが、他国との協業や win-win 関係を築く可能性を閉ざし、戦争状態を現実において固定してしまったのである。

言い換えると、これまで主権論とセットになっていた「国家が相互にビルヤードボールのように衝突する」というホッブズ的な自然状態は、自然や人間本性によってではなく意識や政策により生み出されたものにほかならない。そのように誤った（無）秩序観に対して、コンストラクティヴィズムやリフレクティヴィズムの側が呈示しようとしているのは、現下の秩序がエージェントと（他国をも含む）構造の相互作用によって生れる、という歴史認識であった。その認識を採用すると、国家がシステムを構成する主体であるより前に、他国やシステムの影響を被る受容体であるという動態的な視点、また国家が他国やシステムによって「生かされている」という相互依存的な視座もまた拓かれる。[32]

コンストラクティヴィスト主権論の正しさは、国家の生成の実際を振り返り、その対外的な意義を読み解くことによって明らかになるという。例えば新興独立国の主権は、「他国による法的ないし事実上の承認」なしには効力を持ち得ない。しかるに承認とは、他者がいて、かつ他者との間柄についての法的なシステムが予め確立されていなければ為し得ない行為である。このことは、国家が集団的自我やアイデンティティのみによってではなく、むしろ他者との法的な関係の中でその存在を獲得し、強化してゆくことを意味している。

主権国家のほぼすべては、独立の尊重、主権平等、領土不可侵、武力不行使などから構成される「国際法システム」が国家の独立や自決を認証するまでは、安定した生存の基盤を手に入れることはできなかったのである。この限りにおいて、主権国家の存在根拠もまた相互主観性（inter-subjectivity）の産物であるところの国際システムと、その規範性の世界的な受容が付与したと考えることができるし、今日の国家の安全とアイデンティティは、一部の超大国を除けば軍事力や抑止力によるよりむしろ「軍事力の行使を禁じた国際制度」によって確保されていると考えることができる。

相互主観的な自我形成のプロセスという仮説は、一七世紀に遡って国家アイデンティティの誕生を説明するさいにも当てはまる。当時のフランス、スペイン、イギリス、およびドイツの諸邦は、近隣他国や法王庁が各国の自立への願望や政策を黙認するのを見届けたのちに国家内部の権限関係を整備していった。言い方を換えると、西洋諸国家のほとんどは、国家の地位が相互承認によって確保されたのちに、外部よりその正当性を勝ち取った主権を梃子にして、臣民を市民に変え、内部を統一することが可能となった。

国家アイデンティティは、国際社会における諸アクター間の交換システムより「先に」存在するのではなく、そのシステムの定着、それについての認識の生成と「ともに」形成される。言い換えると、エージェントとストラクチャーは「相互規定的な間柄」に立っているのであり、その意味で個々の国家主権は独立でも絶対でもありえない。このようにポスト・モダンの主権論は、主権を現実ではなく環境に左右される意識的構成物として捉えなおすことで、人々の意識を主権という常識から解放しようとしている。

ＥＵ統合と主権概念の変容

いま一つの新しい主権パラダイムは、ＥＵを巡る論争の中で新機能主義者たちによって生み出された。そのきっかけは、欧州統合が国家主義者により「主権の委譲を伴う」危険なものとして批判され、その後もＥＣ（ＥＵ）の深化がドゴール、サッチャーなどの主権主義者によって阻まれたことである。このような事態に臨んで統合推進者たちは、むしろ主権の議論を迂回するという戦略を採用し、あるいはＥＣ（ＥＵ）が国家主権を上回る決定主体となることがあり得ず、国家の消失を導くものではないという解釈を打ち出して、懐疑論者の攻撃をかわそうと努めた。この議論から新しい主権解釈が産み落とされたのである。(33)

すなわち統合を推進する実務家たちは、公式の文書その他において、主権の委譲ではなく主権の共同管理（pooling）や共同保有（sharing）というメタファーを用いて、懐疑論の妥当性や説得性を奪い去ろうとした。統合政策の策定者たちも、経済・市場統合から金融・政治統合へと進むにあたり、主権を機能的に分節化するというアイデアを採用した。実際にEUは、経済・金融、安全保障、内務・治安、農業、環境、科学技術、文化教育などの「政策領域」を区分けして、構成各国の拘りの少ないもの、あるいは合意が容易なものから主権の共同管理を強化してゆくという方向をたどった。

新機能主義者によると、実在論者がこれまで論じてきたような自立性の象徴としての主権は、グローバル化という現実のもとで幻想に過ぎないものとなっていた。伝統的な主権が「在るか無いか」「独立か従属か」などといった二者択一の観点から語られたのに対して、新機能主義者は、主権の実質を「欧州全体がグローバル経済に行使し得るコントロールの度合い」と解釈して、グローバル化の中ではむしろ単一市場や金融統合が実質的な各国主権の保持や拡大に有効である点を示そうとした。

欧州統合にまつわる主権論争には、マーストリヒト条約の調印や批准を境に決定的な転機が訪れる。ドイツにおいては、一九九三年にカールスルーエの連邦裁判所が「主権的なままであり続ける国家が存続し、その授権の上に成り立つのが、EUのような国家統合による高権的権限の行使である」という憲法解釈を下している。この判断は、EUの存立根拠やEU関連条約の正当的根拠が「主権国家の同意」にある点を確認することで、「マルクとともに経済主権も喪失するのではないか」と懸念していたドイツ国民の不安感を和らげることに成功した。

今日、EU関連の文書では、主権の所在について以下のように説明されている。すなわち、EUは、構成国が「独立の主権国家のままでいる」という意味で連邦とは区別される。さらに、各国が主権を共同運用している点で、EUは国家連合や政府間組織とも異なった性格を持つものなのである。しかも、必要とあらば各国は、主権的判断に従って共同管理からいつでも脱退することができる。[34] EUは、このような独自な（sui generis）主権概念の定立によって、「保持か喪失か」つまり「あれかこれか」という強迫的な二者選択の回避に成功したといってよいだろう。

二〇〇五年「欧州憲法条約」批准時のような、主権主義者による時折の巻き返しはあるものの、二一世紀に入って、「国家主権を消滅させる」という理由から欧州統合に反対する陣営は急速に勢いを失っている。要するにEUは、各国が主権を委譲するという先例を作ったことではなく、主権から絶対的、排他的な要素を取り払い、多国間主義による「機能主義的な運用」と「決定権限の地域的再編」を可能にしたことによって主権の新しい解釈を開拓し、新しい実践の方向性を切り開いたのである。

おわりに

ヨーロッパ各国は、一七世紀より「主権を凌駕する包括的権限を生み出さないこと」を外交的に申し合わせ、この原則が勢力均衡原則と組み合わさって、まさしく殲滅戦争の予防、帝国の阻止という役割を果たしてきた。各国は、国連憲章や強行規範（jus cogens）に抵触しない範囲で、どのような体制を敷くか、どのような法律を作るかを主権的に決定することができた。さらに小国もまた、内政不干渉や主権平等という原則のお蔭で、大国から干渉を受けることなく国内的な統治を円滑に行うことが叶った。

ところが、冷戦終焉後スレブレニッツァやキガリで目撃された大量虐殺や、それとともに明らかになった破綻国家の存在、さらに内政不干渉の原則が強権政府による人権弾圧の「隠れ蓑」になっているという問題の発生は、主権を中心とした国際システムの限界を明るみに出す。実際、人道危機を座視するに忍びないと感じた国連および国際社会は、主権の侵害という批判を押しのけてソマリア、ボスニア、コソヴォ、リビアなどへ軍事介入を敢行した。それらの経験や教訓を経た国際社会は、領土政府（主権者）が危機を解決する意思も能力も持たない場合に「人道目的の介入が内政不干渉の原則に優先する」という論理を正当と認めるに至った。

二〇世紀末の主権概念の変容について、特に主権と人権の関係を理解するには、カナダ政府主宰の「介入と国家主権に関する国際委員会」（ICISS）が提出した報告書が有用であろう。(35) この報告書は、将来の主権の役割と限界を見通すことに成功しているからだ。内政不干渉原則を砦とする介入反対論への応答という意味合いを持ち、いよいよ矛盾が明らかとなった「主権の擁護」と「基本的人権の保護」の架橋を目指したこの報告書では、虐殺の放置、ネグレクトなど領土政府が国民の安全を守る意図や能力を持たないことが証明された場合、安全確保の責任は国際社会に移行し、国連は武力介入というオプションを除外すべきでない点が強調されていた。(36)

このロジックを推し進めてゆくと、主権国家のすべてが「自衛権」や「国防権」を主張しうるわけではなく、国民の甚だしい危険を取り除くことのできない政府は国際社会による武力介入に対して「正当に応戦する権利」を発動できないことになる。つまりここには、主権は無条件に尊重される生存権ではなく政治的権利であり、それを成り立たせているのは政治的徳目（国民の安全確保）の遵守義務であるという主権思想が描かれているのである。またここには、武力介入は「国家を壊す」ためのものではなく、国民国家の樹立を助け、人々が民主的政府のもとで安全に暮らすのを援助するためのものである、という新解釈が打ち出されている。

国家主権概念の見直しが始まってから日はまだ浅い。しかし現代の国際政治の理論も実践も、ゆっくりとはいえ着実に近代的主権の呪縛から解き放たれつつある。

＊　本シリーズの既刊である「第二巻」には、古賀敬太「主権」が収載されている。J・ボダンやドイツ語圏の思想家による主権概念にふんだんに言及がなされているそちらも、あわせて参照されたい。

注

（1） Frederick James Tomkins, *Justinian's Institutes*, Translated with an Introduction by Grant McLeod（Cornel University Press, 1987）, Book I, ii, 6, pp. 36-37.

（2） Cicero, De legibus, 3. 28; Andrew R. Dyck, *A Commentary on Cicero, De Legibus*（University of Michigan Press, 2004）, p. 519.

（3） M. H. Crawford et al., *Roman Statutes*, Vol. I（Institute of Classical Studies, 1996）, pp. 549-553, n. 39.

（4） Digesta, 1, 3, 31, Martin Loughlin, *Foundation of Public Law*（Oxford University Press, 2010）, p. 22.

（5） Digesta, 1, 4, 1, Ibid., p. 22.

（6） P・H・ウィルスン『神聖ローマ帝国 1495-1806』（山本文彦訳、岩波書店、二〇〇五年）六一頁。

（7） W・ウルマン『中世ヨーロッパの政治思想』（朝倉文市訳、御茶ノ水書房、一九八三年）一六八頁。

（8） C・H・マキルウェイン『立憲主義――その成立過程――』（森岡敬一郎訳、慶應通信、一九六六年）一一七―一三〇頁。

（9） Sir John Fortescue, *The Governance of England,* with Introduction, Notes, and Appendices by M. A. Charles Plummer（Clarendon Press, 1885）, ch.14ff ; James M. Blythe, *Ideal Government and the Mixed Constitution in the Middle Ages*（Princeton: Princeton University Press, 1992）, p. 262; 押村高「主権」（イギリス哲学会編『イギリス哲学・思想事典』、研究社、二〇〇七年）参照。

（10） C・シュミット『政治神学』（田中浩・原田武雄訳、未来社、一九七一年）四九頁。なお、一三世紀において susserain あるいは souserain というラテン語が最高位者を表わすために用いられたのに対して、suverain もしくは soverain は至上の権威を保持する神を表わすためにのみ用いられた。Albert Rigaudière, L'invention de la souveraineté, *Pouvoir* No. 67（Presses Universitaires de France, 1993）, p. 10. このことは、主権概念の主要部分が神の権限の叙述から生れたことを用語の面から裏付けている。

（11） C. Scott Dixon, *Political Culture and German Reformation*（Blackwell, 2002）, p. 138.

（12） Peter Haggenmacher, "L'État Souverain comme Sujet du Droit International: De Vitoria à Vattel", *Droits: Revue Française de Théorie Juridique,* No. 16: L'État, 2, Presses Universitaires de France, 1993, pp. 11-20.「内的構造や国際的人格として近代国家を考えた場合、戦争は、国家概念を生むための強力な触媒であった。何よりも交戦主体という資格において、国家は国際法の主体となったのである」。Ibid., p. 13.

（13） ホッブズ『市民論』（本田裕志訳、京都大学出版会、二〇〇八年）一二二頁。ホッブズはこの書の第一一章において、「戦争が最高命令権者の自由裁量」に基づくことを旧約聖書の「サムエル記」を引き合いに出して論証している。前掲訳、二二〇頁。

（14） G. W. Leipniz, *Caesarini Fuerstenerii de jure suprematus ac legationis prinsipum Germaniae,* 1677, in *Die Werke von Leipniz,* edited by O. Klopp（1872, Vol. 1, No. 6）, pp. 143-144.

（15） スピノザ『国家論』（畠中尚志訳、岩波書店、一九四〇年）三九頁。

（16） スピノザ、同書、三五頁。

（17） スピノザ、同書、三九頁。

（18） Cicero, *De la Rēpublique,* Traduit par M. Villemain（Libraire L.-G. Michaud, 1823）, Tome Premier, Livre I, 31, p. 81.

（19） Marsilii de Padua, *Defender of the Peace,* translated by Annabel Brett（Cambridge University Press, 2005）, Discourse III, ch. 2.

（20） ディドロ「主権者」（桑原武夫訳編『百科全書』岩波書店、一九七一年）二二九頁。

（21） ルソー『社会契約論』（作田啓一訳、第3編12章、『ルソー全集第五巻』白水社、一九七九年）、一九八頁。

（22） ルソーいわく「政府は主権者と混同されてはならず、主権者の意思の執行機関でなければならない。そのさいは、君主制でさえ共和的である」。『社会契約論』第三編六章、前掲訳、一四五頁。

（23） Constitution du 24 juin 1793, ART. 25, *Constitutions et Documents Politiques*（Presses Universitaires de France, 1957）, p. 80.

（24） Constitution du 5 Fructidor an III, ART. 17, Ibid., p. 89.

（25） Benjamin Constant, "De la souveraineté du peuple et de ses limites", *Cours de Politique Constitutionnelle*（Société Belge de Librairie, 1837）, pp. 64-72.

（26） 押村高『国家のパラドクス――ナショナルなものの再考――』（法政大学出版局、二〇一三年）、三六―四八頁。

（27） 押村高『モンテスキューの政治理論――自由の歴史的位相――』（早稲田大学出版部、一九九六年）、特に第五―七章を参照。

（28） Alexander Hamilton, "Federalist No. 6: Concerning Dangers from Dissension Between the States", in *the Federalist Papers,* Yale Law School Library, http://avalon.law.yale.edu/18th_century/fed06.asp

（29） Harold J. Lasski, *The Foundation of Sovereignty and Other Essays*（Harcourt Brace and Co., 1921）, pp. 240-242. 主権が道義性の源泉であるというヘーゲル流の国家論への反論については、以下も参照。"International Government and National Sovereignty", in *The Problem of Peace*（Oxford University Press, 1927）, p. 292.

（30） M・フーコー「一九七六年のコレージュ・ド・フランスにおける講義」（『社会は防衛しなければならない』石田英敬・小野正嗣訳、筑摩書房、二〇〇七年）三六頁。

（31） Richard Ashley, "The Powers of Anarchy: Theory, Sovereignty, and the Domestication of Global Life", James Der Derian（ed.）, *International Theory: Critical Investigation*（MacMillan, 1995）, pp. 103-104, 108.

(32) Alexander Wendt, "Identity and Structural Change in International Relations", Yosef Lapid and Friedrich Kratochwil, *Return to Culture and Identity in IR Theory* (Lynne Reinner Publisher, 1996), pp. 53-54.

(33) この論点を生んだ新機能主義者とリベラル政府間主義者の論争に関しては、以下を参照されたい。押村高「地域統合と主権ディスコース——EU事例と東アジアへの適用——」(山本吉宣・羽場久美子・押村高編『国際政治から考える東アジア共同体』ミネルヴァ書房、二〇一二年)六二—八〇頁。

(34) European Commission, Directorate-General for Communication, 2007, How the European Union Works: Your Guide to the EU institutions, http://ec.europe.eu/publications/booklets/eu_glance/68/en.doc

(35) http://responsibilitytoprotect.org/ICISS%20Report.pdf

(36) 国連がこの原則を組織的に適用し、軍事力を使って人道的危機への対応を行ったのは二〇一一年のリビア危機にさいしてであった。リビア介入の法的根拠を生み出した「安保理決議一九七〇」には、「普遍的管轄権」(universal jurisdiction) を有するICC(国際刑事裁判所)が、当該国の司法主権を越えて「人道に対する犯罪」の捜査を行うことが盛り込まれていた。これもまた、主権の絶対性を見直すための重要な一歩とみなすことができる。

参考文献

A・P・ダントレーヴ『国家とは何か』(石上良平訳、みすず書房、一九七二年)。

国家の由来と変遷について考える格好の入門書。とくに、第二部「権力」の第四章「主権を求めて」は、近代国家概念が、古代ローマ法の主権理論、中世イングランドの立憲国家的伝伝統、中世キリスト教共和国からどのように誕生したのかを解き明かしている。

スピノザ『国家論』(畠中尚志訳、岩波書店[岩波文庫]、改訂版、一九七六年)。

国家主権の近代における正当化の論理を読み解くための重要な書。ホッブズ『リヴァイアサン』やルソー『社会契約論』と比べてあまり注目されることはないが、個人の自然権や自由を確保しつつ、いかにして自然状態を克服するかを理詰めで追究している。戦争、防衛、同盟など、対外的な問題についても前掲二書より詳しく論じている。

John Hoffman, *Sovereignty*, Buckingham: Open University Press, 1998.

国家主権についてのコンパクトな入門書。前半は近代性と主権の関係を論じ、後半では、デモクラシー論による主権への異議申し立てについて触れ、コスモポリタン・デモクラシー、フェミニズム、ポストモダニズムなど、国家主権を越える動きにも注目している。

Stephen D. Krasner, *Sovereignty: Organized Hypocrisy*, Princeton: Princeton University Press, 1999.

ウェストファリア的な主権という常識に挑んだ問題の書。クラスナーによると、国家が主権的であることも、進んで国際規範に従うこともなかった。むしろ各国の権力者は、その地位を保全するのに有利な国際的取決めの交渉を望んだが、それが主権国際システムの定着につながったのである。

Robert Jackson (ed.), *Sovereignty at the Millennium*, Malden MA. And Oxford: Blackwell Publishers, 1999.

現代における主権論の第一人者、ジャクソンの編んだ冷戦終焉後の主権の変容についての論文集。ヨーロッパ統合と主権の未来、途上国と人民主権の隘路、国連と各国主権との緊張関係、などを論じることで、ポスト・ウエストファリア体制における主権についても展望している。

外交

木村俊道

はじめに

政治という営為が、権力や利益やイデオロギーなどによって一義的に決定されるものでなく、人間や国家といった多様なアクターの間に成立するものだとすれば、そこでは、見知らぬ他者との交際 conversation が不可避となる。そして、このような交際のなかでも、外交は特に、境界の「外」の世界に関わり、国家をはじめとする政治的な単位を相互に結びつけ、一定の秩序をもたらすものである。しかも、それはまた、対話や交渉といった平和的な手段を通じて、説得や妥協や調停を試みようとする。したがって、外交は、様々な境界や単位によって分節化された世界において、その多様性を損なうことなく、他者との共存をまがりなりにも可能にするための技術 art なのである。

イギリスの駐日公使を務めたアーネスト・サトウ（Earnest Satow, 1843-1929）の古典的な定義によれば、外交とは、「独立国家の政府間における公的な関係の処理に知性と機転を応用すること」である。[1] また、ハロルド・ニコルソン（Harold Nicholson, 1886-1968）はそれを、「交渉による国際関係の処理」であると説明した。[2] むろん、外交の概念は多義的であり、「外交交渉」に加え、「外交政策」を意味するとともに、日本語ではさらに、外部や他人との交際一般を広く指す場合もある。しかも、英語で diplomacy という言葉が広く用いられるようになったのは、フランス革命を経た一九世紀以降のことにすぎない。その原義である

diplomaは、現在でも古文書や公文書を意味している。

しかし、このことは、外交の歴史が近代以降に限定されることを意味しない。ニコルソンによれば、それは、「人と人、国家と国家との間のおよそ分別ある関係にとり不可欠な一要素」(3)でもある。そして、併せて見逃せないのは、一八世紀以前の外交が、もっぱら交渉negotiationとして理解されていたことであろう。しかも、交渉としての外交はまた、文明化の過程を示す一つの指標であるとも考えられる。なぜなら、文明が仮に、他者を強権的に支配するのではなく、暴力と感情を抑制し、他者との「分別ある関係」の構築を志向するのであれば、外交とはまさに、そうした文明的な政治を具現するものだからである。

もっとも、言うまでもなく、外交の世界は一方で、永遠平和が実現された理想的なユートピアとは異なり、権力や利益やイデオロギーなどが錯綜するリアルな現実と深く関わるものである。しかも、他者との対話や交渉も、あくまでも利害や価値観などの対立を前提とし、そのうえで自己の利益や優越を目指すものである。それゆえ、外交は実力の行使を否定するものではない。しかし、他方でまた、これらの現実を動かし、例えば戦争状態においても敵との交際を保ち、講和に至る道筋を開くことができるのも外交なのである。

このように、外交は、理想と現実との間にあって、内と外の世界をつなぎ、多様なアクターによる文明的な政治を可能にしてきた技術である。しかしながら、いわゆる外交史や外交政策の研究が積み重ねられる一方で、外交そのものに関する研究は充分になされてこなかった。とりわけ、デモクラシーや国民国家を主題としてきた既存の政治思想史研究においては、外交をはじめとして、境界や単位の「外」や政治の「技術」に関わる問題については相対的に関心が低かったように思われる。

もっとも、近年では一方で、EUの統合やグローバル化の進行などに起因する国民国家の揺らぎのなかで、「外」の世界にも改めて目が向けられるようになっている。このことを示すのが、英国学派などによる「国際」政治理論や「国際」政治思想研究の進展である(4)。そして、なかでも見逃せないのが、レスター大学を中心とした「外交学」の発展であろう(5)。

とはいえ、外交の思想史や概念史について言えば、それらはまだ、必ずしも充分に明らかにされていない(6)。本章では以下、西洋を中心に、外国交際に関わる語彙や主題、あるいは使節や大使といったアクターにも注目して、交渉の技術としての外交論の歴史を素描してみたい。また、デモクラシーや帝国、キリスト教やユートピアといった主題との対比を通じて、外交の思想的な意義を浮き彫りにする。そして、外交の世界が特に、言葉や演技や儀礼、あるいは象徴やイメージなどによって織り成されるとともに、レトリックや思慮、あるいはシヴィリティといった人文主義的な教養や実践知によって成立してきたことを指摘してみたい。

一　古典古代

外交とレトリック

外交を交渉の観点から広く理解すれば、それは、時代や地域に限定されることなく、人間社会に遍在する営みであると考えられる。その起源はギリシアよりも古く、紀元前三〇〇〇年紀のメソポタミアにまで遡ると言われ、紀元前一四世紀のエジプトにおける「アマルナ文書」は最初の外交文書として知られている。また、このような外交の原型は、伝統社会における贈与と交換の慣行に加え、神々の使いであるヘルメスや、トロイア戦争の際に使節となったオデュッセウスの例にも見られるように、ギリシアの神話や叙事詩の世界にも認めることができるであろう[7]。

もっとも、外交の観点から西洋の政治思想史を振り返った場合、最初に気づくのは、プラトン（Platōn, B.C. 427-347）やアリストテレス（Aristotelēs, B.C. 384-322）の理想国家において、その必要が強く意識されていないことである。よく知られているように、プラトンの『国家』においては、守護者と戦士と生産者から構成される階層や、それらに対応する魂の部分を調和させ、「完全な意味での一人の人間」（443E）[8]になりきることが正義とされる。ところが、その一方で、他国との関係は、さらなる調和を目指すのではなく、もっぱら戦争の観点から語られていた（470B-471C）[9]。しかも、『法律』の一節にもあるように、「国と国とが交わることとは、あらゆる種類の風習を混ぜ合わせることになる」ため、「正しい法律によってよく治められている国民」に「何よりもいちばん大きな害悪をもたらす」（949E-950A）とも考えられていたのである[10]。

これに対して、アリストテレスは『政治学』のなかで、「全体が可能なかぎり一つになること」を目指すプラトンを批判し、ポリスが「多くの人間」や「種類が異なる人間」から成り立つと主張する（1261a）。アリストテレスはまた、隣国を力で征服するのではなく、「あらゆる共同体がどのようにして善き生に与かることができるか」を洞察することが「優れた立法家の任務」（1325a）であるとした。しかし、その彼にとって最善とされたのは、国家間の相互依存や勢力均衡ではなく、あくまでも「一目で見渡せる程度」（1327a）の人口や領土を擁し、「他のすべてを包括する」（1252a）至高の共同体としての自足的なポリスであった。[11]

とはいえ、実際のギリシア世界に目を向ければ、そこでは、比較的同等な多数のポリスの間で同盟や条約が結ばれるなど、一定の外交慣行が見られた。例えば、トゥキュディデスの『歴史』には、ペロポネソス戦争が開始されるまでに、アテナイやスパルタ、コリントスやケルキュラなどの使節や代表が繰り返し派遣されたことが記されている。そして、一連の過程において、スパルタ王アルキダモスのように、軍事よりも外交を優先する意見も提示された。すなわち、「英知と冷静な思慮」で知られる彼は、多数の開戦論に対して、使節を通じて相手を批判することを良策とし、「軽々しく」戦争を始めるべきではないと発言したのである（1：79-80）。[12]

また、併せて見逃せないのは、これらの使節の役割を担った弁論家の存在であろう。プラトンに代表される数学的な教養とは異なり、言葉を重視し、他者を説得するためのレトリックの教養は、法廷や集会においてだけでなく、外交の実践にも不可欠であった。例えば、プラトンが痛烈に批判したことで知られる弁論家のゴルギアスは、ペロポネソス戦争の際に、アテナイに救援を求めるレオンティノイの使節団の代表として派遣された。これと同様に、イソクラテスと並び称される弁論家のデモステネス（Dēmosthenēs, B.C. 384-322）もまた、マケドニアへの使節団などに加わった経験を有している。そして、彼によれば、使節は軍人とは異なり、「軍船の配備や戦闘位置を決め、歩兵や要塞を指揮する」のではなく、「言葉と時間」に責任を負う存在とされたのである。[13]

デモクラシーと帝国

もっとも、ギリシアの外交には多くの問題や混乱も見られた。例えば、プラトンの『法律』においては、アテナイからの客人によって、使節が告発される場合が以下のように説明されている。すなわち、偽の使節として交渉した場合、他国に「真実の伝言」を伝えなかった場合、「偽りの報告」を持ち帰った場合である(941A)。[14] そして、実際にデモステネスは、マケドニアへの使節団の一員であったアイスキネスを、「国益にまるで反する勧告」をしたことや、「絶好の機会」を失わせたことなどを理由に訴えたのである。[15]

このような告発の事例に加え、とりわけ、民衆の意見が重視されるデモクラシーのもとでの外交は、デマゴーグによる扇動や嫉妬などの感情に動かされやすいだけでなく、意思の決定までに時間がかかるという難点を有していた。[16] しかも、ポリス間での合従連衡を繰り返す一方、みずからをヘレネスと称したギリシア人は、特にペルシア戦争以降、ギリシアの外の世界に住む人々を異民族（バルバロイ）として蔑視した。それゆえ、アリストテレスも記しているように、詩人のエウリピデスによって「ギリシア人が非ギリシア人を支配するのはもっともなこと」(1252b) とも言われていたのである。[17]

このように、ポリスを単位とした同質的な世界に目を向けていたギリシアとは対照的に、最盛期にはブリタニアからメソポタミアにまで版図を拡大したのがローマであった。しかし、ローマの場合は逆に、強大な帝国に成長したがゆえに、外交の発展が見られなかったという指摘もなされている。むろん、「ローマの平和」に至る征服や拡大の過程においては、同盟国や植民都市を分割して支配するローマ連合の枠組みや、市民権の開放などが大きな役割を果たした。また、万民法や自然法に関する法学的な面での貢献も見逃せない。しかし、ポリュビオスから「何をするにも力ずくで行なう性癖」[18] があるとも評されたローマは、ニコルソンによれば、他国との関係を「植民的行政的見地」から処理するようになった。すなわち、「ローマ人は交渉の技術にたいしては何ら特別の才能をもたず、彼らが覇権を占めた幾世紀もの間、彼らのやり方は、外交官のそれであるよりも、むしろ軍人や道路建設者のそれであった」のである。[19]

二 中世

ビザンツからイタリアへ

このように、ヨーロッパの外交はむしろ、古代のギリシアやローマよりも、ローマが東西に分裂した後に一四五三年まで存続したビザンツ（東ローマ）帝国を経由して発展することになる。なぜなら、ビザンツは、アラブやトルコ、北方の諸民族などに常に脅かされていたため、外交によって国力を補い、戦争を可能な限り回避する必要があったのである。そして、一〇世紀の皇帝コンスタンティノス七世が編纂した『帝国統治論』や『儀式の書』にも見られるように、ビザンツでは実際に、使節の謁見を含めた細かな規則や儀礼が重視されるとともに、内外の情報を収集し、周辺諸国の懐柔や離間などにあたる専門的な使節が求められた。[20] そのため、ビザンツは一方で、煩雑さや狡猾さ、あるいは権謀術数の代名詞にもなったのである。

他方でまた、キリスト教が浸透した中世においては、神の教えを伝える宣教を通じて、すべての人に開かれた愛の共同体の理念が説かれた。例えば、アウグスティヌス（Augustinus, 354-430）によれば、「神の国」は、「平和」を目的とし、「愛の対象を共通とする和合によって結ばれた理性的な人間の多数による集団」（19：24）によって成立する。それはまた、現世において「あらゆる民族からその国の民を召し出し、多様な言語を語る寄留者の社会を集める」（19：17）のである。[21] また、特に西ローマ帝国が滅亡した後のカトリック教会のもとでは、ローマ教皇を中心とした「キリスト教共同体」の理念が提示された。しかし、実際の世俗社会では逆に、権力が多元化していただけでなく、十字軍による「聖戦」が鼓吹されるとともに、異端に対する審問や破門が繰り返されることとなる。

このような「普遍」世界に対し、外交の発展が見られたのは、中世後期からルネサンスにかけてのイタリアであった。なかでも、東方との交易で栄えたヴェネツィアは、ビザンツを受け継ぎ、「はじめて組織的な外交のシステムを創り上げた」。[22] そこでは、外交文書を整理し保存する慣行が成立し、八八三年から一七九七年に至る記録が実際に残されることになった。また、ヴェネツィアや教皇庁に加え、ミラノやフィレンツェなどの都市国家が成長し、相互の対立や緊張が高まるなかで、ダンテやペトラルカ、ボッカッチョといった人文主義的な教養に優れた人物が使節として派遣されるようになる。なかでも注目されるのは、一五世紀半ば以降、常駐の大使を交換する慣行がイタリアからヨーロッパ各国へ広まったことである。そして、例えばヴェネツィアのローマ駐在大使となったバルバロは、使節の目的について、「自国の維持や拡大のために最も役立つと思われることを行い、発言し、考えること」と述べたのである。(23)

マキャヴェリとグイチャルディーニ

フィレンツェ共和国の書記官長を務めたマキャヴェリ（Machiavelli, 1469-1527）は、古典や歴史に親しむ人文主義者であるとともに、このような使節として活躍した人物の一人でもあった。彼が政庁に送った使節報告書には、四〇回以上に亘って各地に派遣された彼の経験が記されている。例えば、一五〇〇年にフランス王ルイ一二世の宮廷に派遣された際に、マキャヴェリは、「理性」や「道理」を説くだけでは他者との交渉は進まず、まずは宮廷内に「味方」を作ることの必要に気づいた。(24) 彼は後にまた、スペインに赴任する使節に宛てて、「イタリアとは暮らしぶりも習慣も異なる国」で職務を遂行する方法を伝える。そのなかで彼は、例えば「人間の性状」を把握することの重要性を指摘し、「皇帝は自ら治めるのか、それとも他の者に任せているのか」「吝嗇家であるのか、それとも金を惜しまぬ人であるのか」「戦争を愛するのか、平和を愛するのか」などの点について情報を収集し、よく判断することを助言したのである。(25)

もっとも、バターフィールドも指摘するように、マキャヴェリが重視したのは外交よりも軍事であった。(26) たしかに、「生々しい真実」や「政治の術」を描いた彼の『君主論』には、フィレンツェに仕えた「一五年間」における彼の外交経験も反映されていると考えられる。しかし、彼によれば、君主の「唯一の職責」は、あくまでも「戦いと軍事上の制度や訓練」に求められた。(27) また、『ディスコルシ』にも見られるように、彼が模範としたのはヴェネツィアではなく、「力量」を備え、平民に「武力」を与えた拡大型国家としての古代ローマであった。それゆえ、例えば彼は、ローマが「常に戦争のことを念頭に置き」、ハンニバルに繰り返し敗北してもなお、和平の使節を派遣するという「卑しい考え」を捨て去ったことを高く評価したのである。[28]

これに対して、「交渉の技術」はむしろ、スペイン駐在大使を経験したこともあるグイチャルディーニ（Francesco Guicciardini, 1483-1540）によって記された。彼の『リコルディ』によれば、交渉においては「最後の手の内」を見せずに「先々にもちこすこと」が有益である（C132）。あるいはまた、彼が強調するのは、「機が熟して、好機が到来するまで待つ」ことや苦境に際して「時間かせぎ」をすること（C78, 79）、さらには重大な事柄に関して「本心を明かさない」ことや相手に対する「悪感情をおしかくす」こと（C104, 133）などである。しかも、これらの議論の前提には、世の中に完全なものはなく、人間のあらゆる決断や行動には「矛盾」が含まれるとする彼の世界観や人間観があった（C213）。[29]そして、彼はまた、『イタリア史』の冒頭において、ロレンツォ・デ・メディチによる巧みな外交によって、一五世紀後半のイタリアに「均衡」が保たれていたことを指摘したのである。[30]

三　近代以降

『君主論』と『ユートピア』の間

もっとも、マキャヴェリの時代のイタリアは、集権化が進んだフランスなどの列強によって蹂躙される。このことに示されるように、ルネサンス以降の外交は、北方のイングランドなどを含む主権国家群が中心となるが、そこではまた、宗教改革と宗教戦争が大きな影を落とすことになる。こうしたなか、人文主義者のトマス・モア（Thomas More, 1478-1535）もまた、通商問題でブリュージュなどに繰り返し派遣され、フランスとの講和にも携わった。しかし、その一方で見逃せないのは、彼の『ユートピア』第二部における外交への関心の低さである。むろん、海上の「ユートピア」では、たしかに戦争が強く忌避される。しかし、そこではまた、同盟の欺瞞性が批判される一方、他国に統治者を派遣することや人道目的で介入すること、そして時には植民先の原住民を追放することなども容認されていたのである。[31]

同時代の外交は、このような理想と現実との狭間において展開された。しかも、例えばフランシス・ベイコンによれば、隣国との関係には「一般的規則は与えられるはずがない」のである。[32] このような錯雑した世界のなかで、ルイ一一世などに仕えたコミーヌ（Philippe de Commynes, 1447-1511）は、『回想録』において「媒介者」としての大使の役割を強調し、敵国の大使にも「名誉ある」待遇を与えるだけでなく、戦時においても協議を中止すべきでないと書き記した。[33] また、一六世紀後半にイタリアからイングランドに亡命したジェンティリ（Alberico Gentili, 1552-1608）は、『使節論』のなかで「完全な大使」を描き、「あらゆる状況において真実を賢明に見分ける」ための思慮が、「政府の耳であり眼である」大使には「とりわけ必要とされる」と述べた。しかも、彼はまた、使節の交換が「普遍的な慣行」となっている事実を踏まえ、「どのような宗教上の相違があろうとも、使節の権利は揺るがない」ことを強く主張したのである。[34]

他方で、初期近代の外交はまた、君主国の宮廷を主な舞台とした。そこでは、「楽器を奏でたり、踊ったり、歌ったり」[35] することも含めた、高度な教養や技芸、そして役割演技が要求される。それゆえ、宮廷という世界 the world では、カスティリオーネの『宮廷人』（一五二八年）からチェスターフィールドの『息子への手紙』（一七七四年）に至る一連の作法書が広く読まれるようになった（しかも、両者はともに大使の経験を有している）[36]。当時の宮廷は文明の拠点であり、他者との交際を可能にする礼儀や作法（＝シヴィリティ）を習得するための学校でもあった。それゆえ、政治エリート教育の仕上げとして各地の宮廷を訪れる習慣が見られたことは、ヨーロッパ規模での文明的な外交作法の共有という面からも見逃せないのである。[37]

ヴィクフォールとカリエール

このような主権国家と宮廷を中心としたヨーロッパの秩序は、一六四八年のウェストファリア条約にも見られるような、同時代における国際法の発展によっても支えられた。それとともに、例えばグロティウス（Hugo Grotius, 1583-1645）の『戦争と平和の法』では、万民法やローマの事例などをもとに、「擬制」によって派遣者を「代表」する使節の権利が記された。[38] また、その一方では、一六二四年にフランスで外務省が設置されるなど、外交の組織化も進んだ。なかでも、ルイ一三世の宰相リシュリュー（Richelieu, 1585-1642）は、「国家理性」の導入や外務大臣職の創設などでも知られるとともに、『政治的遺言』のなかで、「思慮」

にもとづいて「公然もしくは秘密裏に絶え間なく交渉を続けること」の必要を強調したのである。(39)

そのうえで、同時代における外交の理論と実践の手引書となったのが、一六八一年に出版されたヴィクフォール（Abraham de Wiquefort, 1606-1682）の『大使とその職務』であった。パリの宮廷社会を中心に活躍し、ウェストファリア講和会議を観察したこともある彼によれば、大使の権利は「主権を最も際立たせる指標」である。また、大使の主要な職務は「二人の君主の間に良好な交信を保つこと」にあるが、それに加えて、大使は「平和の伝達者」であるとともに、他国を観察する「名誉あるスパイ」である。そのうえで彼は、「交渉の全過程の中心となる北極星」である「思慮」の重要性を指摘する一方で、「君主が何をすべきかではなく、何をするか」を述べたマキャヴェリに加え、カスティリオーネを読むことを推奨する。なぜなら、宮廷という「光り輝く劇場」においては、大使には「有能さ」だけでなく、「シヴィリティの諸規則」を身につけ、「育ちの良い」人物を演じることが求められるからである。(40)

ルイ一四世の時代にヨーロッパ各地に派遣され、社交界の文人としても活躍したカリエール（François de Callières, 1645-1717）の『外交談判法』（一七一六年）は、以上のような初期近代における外交の範型を示し、主権者と交渉する技術を伝えた作品である。彼によれば、キリスト教君主は、「理性と説得による手段を試みつくしたのちでなければ、武力行使の手段に訴えない」ことを「大原則」とする。そのうえでさらに、交渉の重要性は、諸国が勢力均衡と相互依存の関係にあることからも導かれる。すなわち、「ヨーロッパを構成しているすべての国々」には、「相互の間に避けることのできないさまざまの結びつきや関係」があるために、「そのいずれかの部分に大きな変動が起ると、必ず他のすべての部分に動揺が及ぶ」のである。それゆえ、交渉は「大国に突如として政変を起させる」など、法律や軍隊よりも大きな力を持つのであり、「交渉技術の上手下手によって、政治全般のあり方も、無数の個々の問題の様子も、その善し悪しが左右される」のである。(41)

このように、国家の運命は、「人の心と意志」を動かし「主君と任国の君主の間の良好な関係を維持する」ことを目的とする交渉家にかかっている。そのため、カリエールによれば、交渉家には「洞察力、器用さ、順応性、幅広い知識」、あるいは「的確で鋭敏な識別力」に加え、立居振舞いにおける「気品とか高雅さ」も求められる。なぜなら、ヴィクフォールも述べたように、「大使は、いわば、大切な役割を演ずるために、舞台の上で公衆の目の前に身をさらしている俳優」だからである。そのうえでカリエールは、「嘘をつかない人だという評判を確立すること」や、「共通の諸利益」を「共存」させること、「納得させたいと思うことを交渉相手の頭の中へ、いわば、一滴ずつしたたらせること」といった交渉の秘訣を論じたのである。(42)

「ヨーロッパ」の秩序と外交

ジョン・ロック(John Locke, 1632-1704)の『統治二論』によれば、国家間の関係は「自然状態」にあるために、「戦争と和平、盟約と同盟、その他すべての交渉」を行う権力は、実定法に多く規制される執行権力とは異なり、「思慮と叡智」とに「委ねられなければならない」。(43)そして、このような「思慮と叡智」の宝庫であるヴィクフォールの『大使とその職務』とカリエールの『外交談判法』は、ともに一七一六年に英訳されるなど、同時代において広く読まれた。また、一八世紀の文明社会においては、商業と交際をともに意味するcommerceが活発になったことも見逃せない。それゆえ、例えばアダム・スミス(Adam Smith, 1723-1790)は、外交の経済的な起源を強調し、「諸国民が相互に多くのビジネスをもつようになると、それらの間に通信使を送ることの必要性が理解され」、それが外交使節の起源になったと述べたのである。(44)

このような交渉の世界は、ヴァッテル(Emer de Vattel, 1714-1767)の『諸国民の法』においても描かれた。彼によれば、「近時のヨーロッパ」は、独立した諸国民が共通の利益によって密接に結びついた「一種の共和国」となっているが、それは「使臣の常駐」や「絶え間ない交渉」などによって作り出された。しかも、彼はまた、当時のイギリスが「穏和な手段」である同盟を通じて、「政治的なバランス」を保っていることを称賛したのである。(45)他方でまた、イギリスにおいて、この勢力均衡の起源を古代ギリシアに求め、その原理が「コモン・センス」などに由来することを指摘したのがヒューム(David Hume, 1711-1776)である。(46)そして、『道徳政治文学論集』において「学問」の世界から「社交」conversationの世界への「大使」の役割を担った彼は、実際にフランス駐在大使の秘書官としてパリに滞在し、サロンで活躍しただけでなく、後に北部局の国務次官を務めるに至ったのである(なお、この北部局は一七八二年に外務省となる)。

ところが、エドマンド・バーク（Edmund Burke, 1729-1797）によれば、以上のような交渉や均衡によって維持されてきたヨーロッパ秩序は、フランス革命によって脅かされることになる。とりわけ、彼は晩年の『国王弑逆の総裁政府との講和』において、「最も粗野で下品で野蛮で狂暴」な「習俗体系を確立した」革命政府が、これまでの外交の作法を覆したことを次のように批判した。すなわち、彼によれば「講和の談判」には「たとえ当事者の腹の中がどうであれ」、「少なくとも当座の便宜的な信用」が不可欠である。ところが革命政府は、「民主主義以外のあらゆる統治が簒奪である」とし、「相手方の背信と裏切りが談判自体の基礎だと公言してはばからない」のである。そして、このような一連の言説において、外交が新たにdiplomacyと呼ばれるようになるが、それとともに、「ヨーロッパ」における君主国の宮廷ではなく、デモクラシーや国民国家によって「国際」的な秩序が形成されるようになっていったのである。(47)

四　現代の論争

外交とデモクラシー

外交diplomacyをめぐる現代の論争は、以前の「旧外交」に代わる、デモクラシーと国民国家における「新外交」の登場を起点とする。もっとも、「旧外交」はむしろ、メッテルニヒらが活躍した一八一四年から一五年にかけてのウィーン会議や、首脳外交や会議外交などを通じたその後の欧州協調に見られたように、フランス革命を経た後の一九世紀に成熟期を迎えることになる。高坂正堯の『古典外交の成熟と崩壊』によれば、貴族的な「文化」や「作法」に立脚したそれは、ヨーロッパに安定と秩序をもたらし、「戦争の危険をあまり大きくはないものに封じこめるのに成功した」。しかも、このような「古典外交」はまた、「自らの利益と理念」や「他国との協力の可能性」の「限界」を見極めることを基本的な課題とする。そして、そこでは、「理論的に解答のないとき、解答らしいものに接近する」ための政治の「わざ」が発達したが、会議で「踊る」こともまた、他国の代表と交渉を続けるための重要な手段であったのである。(48)

とはいえ、一九世紀は他方でまた、西洋の列強によって非西洋世界の植民地化が進められるとともに、デモクラシーと外交との緊張が復活した時代でもあった。なかでも、デモクラシーの「本来的欠陥のほとんどすべて」が外交にあることを見抜いたのがトックヴィル（Alexis de Tocqueville, 1805-1859）である。彼は『アメリカのデモクラシー』のなかで、デモクラシーが「分別」よりも「感情」や「情熱」を求める傾向があることを指摘するとともに、「外交政策には民主政治に固有の資質はほとんど何一つ必要でなく、逆にそれに欠けている資質はほとんどすべて育てることを要求される」との判断を下した。これに対して、「秘密の措置を案出し、その結果を忍耐強く待つ」ことなどに優れているのは貴族である。(49) そして、これと同様の見解は、バジョット（Walter Begehot, 1826-1877）の『イギリス国制論』においても示された。彼によれば、大使は「単なる代理人」ではなく、「一種の見せ物」であり、外国の宮廷などで自国の君主を代表しなければならない。したがって、外国経験が豊富で、偏狭な愛国心をあまり持たないだけでなく、「はなやかな役割」を演じることができる貴族にとって、外交は「これからも長い間得意にすると思われる」唯一のビジネスなのである。(50)

ところが、アーネスト・サトウの『外交実務案内』（一九一七年）にも記された「旧外交」の世界は、第一次世界大戦によって崩れることになる。こうしたなか、アメリカのウィルソン大統領は、デモクラシーを普遍的な理念として掲げるとともに、それまでの秘密外交や勢力均衡を批判し、外交の民主化や世界政府の設立を目指した。彼の「一四カ条」によれば、「平和の盟約が公開のうちに合意された後は、外交はつねに正直に、公衆の見守る中で進められねばならず、いかなる私的な国際的了解事項もあってはならない」のである。(51) もっとも、この「一四カ条」の草案作成に携わり、パリ講和会議に随行したリップマン（Walter Lippmann, 1889-1974）は、その後、イメージやステレオタイプに左右されるデモクラシーの危険を強調するようになった。例えば彼は、一九二二年の『世論』のなかで、デモクラシーが内側の世界で自己充足し、視野が限定されることの危険を指摘する。彼によれば、「外交政策にみる民主政治は一般に、栄光ある孤立か、民主主義の理想を侵犯するような外交かの二者択一を余儀なくされてきた」。それゆえ、「民主主義がもっとも成功した国々」では「ヨーロッパ諸国で言われる意味での外交政策というものがなかった」のである。(52)

外交の衰退？

同じくパリ講和会議に参加した経験を有するニコルソンは、一九三九年に出版された『外交』のなかで、以上のような「新外交」の危険性を踏まえ、外交政策と外交交渉とを区別することが「健全な民主的統制」に「死活的な重要性をもっている」ことを強調した。彼によれば、デモクラシーにおける対外政策は世論によって決定されるべきであるが、これに対し、具体的な交渉は職業外交官に委ねられるべきである。それゆえに彼は、「旧外交」の伝統を擁護して、外交が「交渉による国際関係の処理」であるとともに、「大公使によってこれらの関係が調整され処理される方法」や「外交官の職務あるいは技術」であると説明する『オックスフォード英語辞典』の定義を採用したのである(53)。

しかし、にもかかわらず、二つの世界大戦を経験するなかで、「対外問題を処理するテクニック」としての「外交の衰退」が続いたことを指摘したのがモーゲンソー（Hans Joachim Morgenthau, 1904-1980）である。一九四八年に刊行され、その後も版を重ねた『国際政治』によれば、外交は「国力の一要素として最高の重要性をもっている」。しかし、「国益の推進」を目的とした「調整による平和」の手段である外交は、議会的方法を採用した国際連合の登場などに加え、アメリカとソ連という超大国の出現による世界政治の変質によって活力を失った。なぜなら、両国ともに「民族的普遍主義」に裏打ちされた「十字軍的精神」を吹き込まれているために、外交に「道義的熱狂」が持ち込まれ、「外交官の鋭敏で柔軟かつ多芸な精神活動ではなくて、国家の運命を導く十字軍戦士の、硬直で冷酷で偏狭な精神活動」が支配したのである(54)。

もっとも、戦後の国際政治においては、東西冷戦の一方で、サミット外交に加え、国連をはじめとする国際組織などを舞台に多国間外交が盛んに展開された。また、多くの植民地が独立して外交のアクターが増えたことなどを背景に、一九六一年にウィーン外交関係条約が調印された。こうしたなか、先にも述べた英国学派によって外交の重要性が改めて強調されるようになる。例えば、外交を「国際関係の統括的な制度」としたマーティン・ワイトは、それをさらに、協調を原理とするグロティウス主義、権力的なマキャヴェリ主義、道徳的なカント主義という三つの指標を用いて考察した(55)。また、ヘドリー・ブルは、一九七七年の『国際社会論』のなかで、無政府的だが一定の秩序や規範が存在する「アナーキーな社会」として国際関係を理解し、そのうえで、外交を

「公式代表による、かつ平和的手段による、国家、およびそれ以外の世界政治上の地位をもつ実体間の関係の処理」とする定義を用いた。彼によれば、外交には通信、交渉、情報収集、摩擦の最少化、国際社会の象徴といった機能があるが、これらの重要性は、専門的外交の役割が低下した現代においても失われないのである。[56]

イデオロギー対立が終焉した冷戦後の外交は、EU統合やグローバル化の進展などによって新たな課題に直面した。例えば、これまでのアメリカ外交からの「決別」を説いたキッシンジャーによれば、世界秩序が、「全世界規模」で、「このように非常にたくさんの異なったものの感じ方、考え方から組み立てられたこと」はなかったのである。[57] とりわけ、情報革命によってNGOや市民の国際的なネットワークが形成されるなど、外交空間の遍在化が進んでいることは見逃せない。そのうえでさらに、二〇〇一年の同時多発テロを契機として、文明や宗教の意義が問い直されるとともに、相手国の世論に働きかける「パブリック・ディプロマシー」の重要性が改めて認識されるようになっている。

おわりに

以上のように、外交をめぐる言説は、フランス革命以降に diplomacy の概念が用いられる以前から、使節や大使の経験などをもとに再生産されてきた。むろん、「ヨーロッパ」の外交の歴史は、武力による侵略の対象となった非西洋世界の視点から相対化されるべきであることは言うまでもない。しかし、このことを前提にしたうえで、改めて西洋の世界に目を向ければ、そこには、他者との交際を成立させるための、対外的な交渉の技術をめぐるコモン・センスの蓄積や洗練が見られた。それはまた、言葉や演技や儀礼、あるいは象徴やイメージなどと深く関わり、レトリックや思慮、シヴィリティを含めた人文主義的教養や実践知の系譜に支えられてきた。外交のアクターが多様になり、主権国家や職業外交官に限定されなくなった現代において、外政を可能にする、これらの文明的な「わざ」の継承は、以前にも増して求められている。

もっとも、外交は常に可能であった訳ではない。ニコルソンによれば、最悪の外交官は「宣教師、狂信家そして法律家」である。[58]

しかも、説得や妥協や調停を目指すそれは、完全なユートピアや、あるいは逆に、力が支配する徹底したリアリズムの世界では成立しない。それはまた、非西洋世界に対してだけでなく、デモクラシーや帝国、あるいはイデオロギー対立のもとでも充分に機能してこなかった。だとすれば、デモクラシーが普遍的な理念となり、他方でまた、ヨーロッパ起源の国民国家の枠組みが揺らぐなかで、文明の衝突や宗教の軋轢、そして新たな帝国の登場が危惧される現代において、外交は再び大きな試練に直面しているとも言える。しかし、同時にまた、「知性と機転」によって理想と現実、あるいは内と外の世界をつなぎ、このような危機を乗り越えることができるのも外交なのである。(59)

注

（1） E. M. Satow, *A Guide to Diplomatic Practice*, vol. 1 (2nd ed., 1922) in *Collected Works of Ernest Mason Satow*, part 1, vol. 8 (Ganesha Publishing/Edition Synapse, 1998), p. 1. なお、この作品は現在、第六版（2009）まで出されているが、第三版（1932）以降は編者による大幅な改訂がなされている。

（2） ハロルド・ニコルソン『外交』（斎藤眞・深谷満雄訳、東京大学出版会、一九六八年）七頁。

（3） ニコルソン『外交』六頁。

（4） 日本における代表的な研究例として、押村高『国際政治思想――生存・秩序・正義――』（勁草書房、二〇一〇年）。小田川大典ほか編『国際政治哲学』（ナカニシヤ出版、二〇一一年）。

（5） 特に外交理論の歴史に関するものとして、参考文献に挙げた Berridge, Keens-Soper and Otte eds, *Diplomatic Theory from Machiavelli to Kissinger* および Berridge ed., *Diplomatic Classics* を参照。

（6） もっとも、外交の歴史については以下の研究を参照。Garrett Mattingly, *Renaissance Diplomacy* (1955; Dover Publications, 1988). M. S. Anderson, *The Rise of Modern Diplomacy 1450–1919* (Longman, 1993). Keith Hamilton and Richard Langhorne, *The Practice of Diplomacy: Its Evolution, Theory and Administration* (Routledge, 1995). 細谷雄一『外交――多文明時代の対話と交渉――』（有斐閣、二〇〇七年）。また、外交研究の主要な論文を収録したものとして、Christer Jönsson and Richard Langhorne eds., *Diplomacy*, 3vols (Sage

Publications, 2004). I. B. Neumann and Halvard Leira eds., *International Diplomacy*, 4vols (Sage Publications, 2013).

（7）ホメロス『イリアス（上）』（松平千秋訳、岩波書店［岩波文庫］、一九九二年）二七三、三三八頁。

（8）プラトン『国家（上）』（藤沢令夫訳、岩波書店［岩波文庫］、一九七九年）三二九頁。

（9）プラトン『国家（上）』三九五―三九九頁。

（10）プラトン『法律（下）』（森進一他訳、岩波書店［岩波文庫］、一九九三年）四一三頁。もっとも、彼によればまた、国交を閉ざすことも不可能である。そこで、「野蛮で未開の国」（950B）と見られないように外国人を「暖かく迎える」（952D）一方で、軍使や使節や祭使などを除き、四〇歳未満の者の渡航を禁じる提案がなされた（四一三―四二三頁）。

（11）アリストテレス『政治学』（牛田徳子訳、京都大学学術出版会、二〇〇一年）四九―五〇、三四八、三五八、四頁。

（12）トゥーキュディデース『戦史（上）』（久保正彰訳、岩波書店［岩波文庫］、一九六六年）一二八―一二九頁。

（13）デモステネス『弁論集2』（木曽明子訳、京都大学学術出版会、二〇一〇年）二七六頁。

（14）プラトン『法律（下）』三九二頁。

（15）デモステネス『弁論集2』一八二頁。

（16）Harold Nicolson, *The Evolution of Diplomatic Method* (The Macmillan Company, 1954), pp. 10-11.

（17）アリストテレス『政治学』七頁。

（18）ポリュビオス『歴史1』（城江良和訳、京都大学学術出版会、二〇〇四年）五八頁。

（19）ニコルソン『外交』一五―一六頁。

（20）『帝国統治論』の序文は、渡辺金一『中世ローマ帝国――世界史を見直す――』（岩波書店［岩波新書］、一九八〇年）第一章に訳出されている。それによれば、この作品は、息子のロマノスが「これら夷狄の民たち相互はどうちがっているか、いかにそのそれぞれと交渉し妥協すべきか、あるいは、武器に訴えて戦争すべきか、について知ることができるように」（三頁）編纂された。

（21）アウグスティヌス『神の国（五）』（服部英次郎・藤本雄三訳、岩波書店［岩波文庫］、一九九一年）一〇六、七九頁。

（22）Nicolson, *The Evolution of Diplomatic Method*, p. 27.

（23）Hermolaus Barbarus, 'De Officio Legati' in V. E. Hrabar ed., *De Legatis et Legationibus Tractatus Varii* (Dorpati Livonorum, 1905),

p. 66. Mattingly, *Renaissance Diplomacy*, pp. 94-95.

（24）マキァヴェッリ「フランス王宮廷よりの報告」（藤沢道郎訳、『マキァヴェッリ全集5』筑摩書房、一九九九年）七九、九七、一四八頁。

（25）マキァヴェッリ「ラファエッロ・ジローラミに与える書」（武田好訳、『マキァヴェッリ全集6』筑摩書房、二〇〇〇年）一六三、一六五頁。

（26）バターフィールド「勢力均衡」（バターフィールド、ワイト編『国際関係理論の探究――英国学派のパラダイム――』佐藤誠ほか訳、日本経済評論社、二〇一〇年）一四九頁。

（27）マキアヴェリ『君主論』（池田廉訳、中央公論新社〔中公クラシックス〕、二〇〇一年）一一七、一一一頁（第一五、一四章）。マキァヴェッリ『マキァヴェッリ全集6』二四五頁（松本典昭・和栗珠里訳）。

（28）マキァヴェッリ『ディスコルシ――「ローマ史」論――』（永井三明訳、筑摩書房〔ちくま学芸文庫〕、二〇一一年）五二、六〇〇頁（第一巻六章、第三巻三一章）。

（29）グィッチャルディーニ『フィレンツェ名門貴族の処世術――リコルディ――』（永井三明訳、講談社〔講談社学術文庫〕、一九九八年）一二四、九四、九五、一〇八、一二五、一七二頁。

（30）グイッチァルディーニ『イタリア史Ⅰ』（末吉孝州訳、太陽出版、二〇〇一年）三九頁。

（31）モア『改版 ユートピア』（澤田昭夫訳、中央公論社〔中公文庫〕、一九九三年）一九八―二一七、一四三頁。

（32）ベーコン『ベーコン随想集』（渡辺義雄訳、岩波書店〔岩波文庫〕、一九八三年）九〇頁。

（33）Philippe de Commynes, *Memoirs: The Reign of Louis XI 1461-83*, tr., Michael Jones (Penguin Books, 1972), pp. 142, 198-199.

（34）Alberico Gentili, *De Legationibus Libri Tres*, vol. 2, trans., G. J. Laing (Oxford University Press, 1924), pp. 198, 169, 90-91.

（35）グィッチャルディーニ『フィレンツェ名門貴族の処世術』一五〇頁。

（36）カスティリオーネ『カスティリオーネ宮廷人』（清水純一ほか訳、東海大学出版会、一九八七年）。Chesterfield, *The Letters of Philip Dormer Stanhope 4th Earl of Chesterfield*, 6 vols., ed., Bonamy Dobrée (1932).

（37）木村俊道『文明の作法――初期近代イングランドにおける政治と社交――』ミネルヴァ書房、二〇一〇年。

（38）グローチウス『戦争と平和の法』第二巻（一又正雄訳、酒井書店、一九五〇年）六六四頁。

（39）Richelieu, *The Political Testament of Cardinal Richelieu*, trans., H. B. Hill (The University of Wisconsin Press, 1961), p. 94.

（40）Abraham de Wicquefort, *The Embassador and His Functions*, trans., John Digby (1716: Centre for the Study of Diplomacy, University of Leicester, 1997), pp. 1, 296, 329, 53, 294.

（41）カリエール『外交談判法』（坂野正高訳、岩波書店［岩波文庫］、一九七八年）九、一三、一八頁。

（42）カリエール『外交談判法』九―一一、二二、二九、五九、一〇四頁。

（43）ロック『完訳　統治二論』（加藤節訳、岩波書店［岩波文庫］、二〇一〇年）四七〇―四七一頁。

（44）アダム・スミス『法学講義』（水田洋訳、岩波書店［岩波文庫］、二〇〇五年）四三三頁。

（45）Emer de Vattel, *The Law of Nations*, ed., Béla Kapossy and Richard Whatmore (Liberty Fund, 2008), pp. 496-497.

（46）ヒューム『道徳・政治・文学論集』（田中敏弘訳、名古屋大学出版会、二〇一一年）四三一頁。

（47）バーク『国王弑逆の総裁政府との講和』（中野好之編訳『バーク政治経済論集――保守主義の精神――』法政大学出版局、二〇〇〇年）九〇八、八八一、九〇七頁。なお、*Oxford English Dictionary* (Oxford University Press, 2nd ed., 1989) は、「国際」international が最初に用いられた例として、一七八〇年に出版されたベンサムの『道徳および立法の諸原理序説』（第一七章第二五節）を挙げている。

（48）高坂正尭『古典外交の成熟と崩壊II』（中央公論新社［中公クラシックス］、二〇一二年）二一七、二二〇、二三〇頁。同『古典外交の成熟と崩壊I』（中央公論新社［中公クラシックス］、二〇一二年）第三章。

（49）トクヴィル『アメリカのデモクラシー』第一巻（下）（松本礼二訳、岩波書店［岩波文庫］、二〇〇五年）一〇三、一〇八―一〇九頁。

（50）バジョット『イギリス憲政論』（小松春雄訳、中央公論新社［中公クラシックス］、二〇一一年）一四五―一四六頁。

（51）歴史学研究会編『世界史史料』第一〇巻（岩波書店、二〇〇六年）七七頁。

（52）リップマン『世論（下）』（掛川トミ子訳、岩波書店［岩波文庫］、一九八七年）一〇八頁。同『公共の哲学』（矢部貞治訳、時事通信社、一九五七年）第二章。

（53）ニコルソン『外交』四、七頁。

（54）モーゲンソー『国際政治――権力と平和――（下）』（原彬久監訳、岩波書店［岩波文庫］、二〇一三年）三〇二―三〇三、二八八―二八九、三一四―三一五頁。

（55）Martin Wight, *Power Politics*, 2nd ed., eds., Hedley Bull and Carsten Holbraad (Penguin Books, 1986), p. 113. マーティン・ワイト『国

際理論――三つの伝統――』（佐藤誠ほか訳、日本経済評論社、二〇〇七年）第七―九章。

（56）ヘドリー・ブル『国際社会論――アナーキカル・ソサイエティ――』（臼杵英一訳、岩波書店、二〇〇〇年）第七章。引用は、二〇一頁。

（57）キッシンジャー『外交（上）』（岡崎久彦監訳、日本経済新聞社、一九九六年）一二、一六頁。

（58）ニコルソン『外交』四三頁。

（59）外交の伝統を再評価する最近の議論の例として、Paul Sharp, *Diplomatic Theory of International Relations* (Cambridge University Press, 2009). Sasson Sofer, *The Courtiers of Civilization: A Study of Diplomacy* (Suny Press, 2013).

参考文献

G. R. Berridge, Maurice Keens-Soper and T. G. Otte eds, *Diplomatic Theory from Machiavelli to Kissinger* (Palgrave, 2001).

G. R. Berridge ed., *Diplomatic Classics: Selected Texts from Commynes to Vattel* (Palgrave Macmillan, 2004).

　レスター大学のベリッジらによって編まれた、外交理論の歴史を辿るための道案内。後者は特に、外交論の古典を一望できる貴重なアンソロジーである。

François de Calliéres, *De la manière de négocier avec les souverains* (1716) [カリエール『外交談判法』（坂野正高訳、岩波書店［岩波文庫］、一九七八年）].

　初期近代ヨーロッパにおける外交の「型」を示す古典。アーネスト・サトウは後に、この作品を「政治的知恵の宝庫」と高く評価し、ニコルソンは「これまで書かれたなかで最も優れた外交手法のマニュアル」と称賛した。

ハロルド・ニコルソン『外交』（斎藤眞・深谷満雄訳、東京大学出版会、一九六八年）。

　現代の外交論の名著。第一次世界大戦後における「新外交」の流れに対し、外交における政策と交渉の区別を強調し、外交政策を民主的な統制に置きつつ、外交交渉は専門的な外交官に委ねるべきとした。

細谷雄一『外交――多文明時代の対話と交渉――』（有斐閣、二〇〇七年）。

　近年刊行された優れた概説書。現代に至る外交論の歴史を手際よくまとめており、本章の記述も多くを負っている。

グローバル正義

神島裕子

はじめに

「グローバル正義」という政治概念の歴史的展開の記述には、難しさがある。

第一に、そもそも「正義」それ自体が論争的な概念である。古代ギリシア世界では、正義は知恵、勇気、節制と並ぶ四元徳の一つであるとされ、人間あるいはポリスが善くあるために体得すべきものとされていたが、その意味内容について、論争がないわけではなかった。プラトン（Platon, B.C. 427-347）は、「正義について」という副題をもつ対話篇『国家』のなかで、ソフィストのトラシュマコスとソクラテスのあいだで交わされた、以下の議論を紹介している。

トラシュマコス：「もろもろの国家のなかには、僭主独裁制の政治が行われている国もあり、民主制の政治が行われている国もあり、貴族制の政治が行われている国もあるということを、あなたは知らないのかね？」

ソクラテス：「むろん知っているとも」

トラシュマコス：「それぞれの国で権力をにぎっているのは、ほかならぬその支配者ではないか？」

ソクラテス：「たしかに」

トラシュマコス：「しかるにその支配階級というものは、それぞれ自分の利益に合わせて法律を制定する。例えば、民主制の場合ならば民衆中心の法律を制定し、僭主独裁制の場合ならば独裁僭主中心の法律を制定し、その他の政治形態の場合もこれと同様である。そしてそういうふうに法律を制定したうえで、この、自分たちの利益になることこそが被支配者たちにとって〈正しいこと〉なのだと宣言し、これを踏みはずした者を法律違反者、不正な犯罪人として懲罰する。

さあ、これでおわかりかね？ 私の言うのはこのように、〈正しいこと〉とはすべての国において同一の事柄を意味している、すなわちそれは、現存する支配階級の利益になることにほかならない、ということなのだ。しかるに支配階級とは、権力のある強い者のことだ。したがって、正しく推論するならば、強い者の利益になることこそが、いずこにおいても同じように〈正しいこと〉なのだ、という結論になる[1]」

〈正しいこと〉つまり正義は、強い者の利益になることにすぎないという、当時の現実政治を少なくとも部分的には反映したトラシュマコスの見解は——九・一一以降のアメリカや三・一一以降の日本の政府の言説において顕著であるように——現実政治がしばしば指し示す正義なるものの本質を、よく表しているだろう。プラトンの『国家』には、正義概念をめぐる理想と現実のあいだに横たわる、その後の二五〇〇年近くという時を経ても埋めがたい溝が暗示されている。

だが、理想と現実の乖離だけが、正義の概念史が論争的であり続けている理由ではない[2]。その論争性は、理想主義の内部においても見られる。例えば現代に限っても、リベラリズム、リバタリアニズム、コミュニタリアニズム、多文化主義といった狭義の政治哲学をめぐって、あるいは資源、効用、ケイパビリティといった福利の評価基準をめぐって、さらには平等主義、優先主義、十分主義、生存主義といった再分配の理念をめぐって等々、様々な正義の構想が競合している[3]。「正義は脱構築できない」（ジャック・デリダ）という言説の傍らで、正義に具体的な意味内容を与えようとする真摯な試みが、数多くなされてきている[4]。

第二に、「グローバル（global）」という形容詞は、一般に、「グローバリゼーション／グローバル化（globalization）」という比較的最近の事象を受けたものである。アリストテレス（Aristoteles, B.C. 384-322）を家庭教師としたアレクサンドロス大王（Alexandros, B.C. 356-323）の東方遠征に見てとれるように、人間の諸活動は古来、国境をはるかに越えるものであったが、それらが地球儀（globe）をすべて覆うほどの地理的な広がりをもつようになったのは、一五世紀にはじまる大航海時代以降のことである。また、正義に関する文献に限っても、「グローバル」という形容詞が用いられるようになったのは、一般に、一九八〇年代以降の経済のグローバル化を受けてのことである。

このように、「グローバル正義」なるものの歴史的展開の記述は、二重の意味で、限定的なものにならざるをえない。加えてその政治性も、確実なものであるとは言えないだろう。例えば二〇世紀第四半期の正義論を牽引したジョン・ロールズ（John Rawls, 1921-2002）が晩年に著した『諸人民の法』（一九九九年）や、そこで展開された彼の構想を基本的に支持するトマス・ネーゲルやサミュエル・フリーマンらは、分配的正義は主権国家の内部でのみ成立するという理解から、グローバルな分配的正義なるものに対して、懐疑的である。[5] 彼らにとって分配的正義は、領土と結びついた人民による意思決定と集合的権力による強制があってはじめて、成立する。分配的正義はそのような仕方で政治的であるため、つまり主権国家を枠組みとするものであるため、グローバルな分配的正義を政治的に観念することは、世界国家が不在であることからして、無理なのである。また、グローバル正義という概念は、伝統的な国際政治学、特に現実主義の国際政治学には、なじまないものでもあるだろう。[6]

こうしたこともあって、国境を越える正義に関する現代の思想は、実のところその正義を、複数の用語で表している。概して言えば、個人を第一義的な道徳的単位とする立場は、「グローバル正義」もしくは「コスモポリタン的正義」を用いている。他方で、主権国家もしくはネイションを第一義的な道徳的単位とする立場は、「国際正義」あるいは「トランスナショナル正義」を用いている。[7] とはいえこれは、政治学と国際政治学の従来の学問的な棲み分けを反映するものとは、必ずしも言えない。また、複数の用語を多層的に用いる論者もいる。例えばデイヴィッド・ミラーは、国民国家間の公正性を「国際正義」とし、グローバルなレベルでの個々人の人権保障を「グローバル正義」の問題として、両者を同時に考察することを提案している。[8] また井上達夫は、「国境を越える正義（justice beyond borders）」をあえて「世界正義（Global Justice）」と呼んでいる。[9]

以上のことから本章では、「グローバル正義」という政治概念の歴史的展開を述べるにあたり、第一に「グローバル」を柔軟に捉え、それをポリス（polis）、キウィタス（civitas）、ステイト（state）といった「ローカル」な政治的境界を観念的・地理的に越える空間をカバーする概念として理解し、第二に「グローバル正義」という概念の政治性には、領土と結びついた人民による意思決定と集合的権力による強制によって特徴づけられる「政治」以外の〈政治的なるもの〉も含まれうると理解することで、「グローバル正義」の歴史的展開を追うことにしたい。

一　古典古代

アリストテレスの「ローカルな」正義論

古代ギリシア世界のポリスは、中心部にアゴラ（民会や市場《いちば》の開催地）と神殿を配置し、周辺を農耕地帯とする、自足（アウタルキー）を理想とする都市国家であった。紀元前五世紀頃の有力ポリスの一つアテナイは直接民主政であったが、成人男性のみが、政治参加権を有する市民であった。解放奴隷や在留外国人（メトイコイ）はもとより、女性は市民階級にあっても、有権者名簿に名前が記載されるデモスの一員ではなかった。ポリスの事柄に参加しうる市民は、ポリス内部の一部の人間に限られていたのであった。

軍事と経済の中心であったアテナイは、大勢の人々を惹き付けた。在留外国人のなかには、キュニコス学派の哲学者ディオゲネス（Diogenes, B.C. 412-323）のように「世界市民（コスモポリテース）」を自称し、ポリスから相対化された自己のあり方を模索した者もあった。[10] だが、同じく在留外国人であったアリストテレスには、ディオゲネスのようなコスモポリタニズムは見いだせない。アリストテレスは〈すべての国において同一の事柄〉について、つまり普遍的な人間性について説いたが、あくまでもポリスを、最高善を目的とする「最高の共同体、他のすべてを包括する共同体」として位置づけた。[11] アテナイの名門貴族の出であったプラトンの学園アカデメイアで二〇年近くも学び、後には自身もアレクサンドロス大王の援助を得て同じくアテナイに学園リュケイオンを開設したアリストテレスは、在留外国人として晩年にはその地を追われたとしても、アテナイというポリスにおける人間の生のあり方に、善を見いだしていたのだろう。

したがって、アリストテレスの思想がなんらかの仕方でアレクサンドロス大王の世界帝国思想に影響を与えたとしても、アリストテレスの正義論はあくまで、ポリス内部における「分配的正義」と「矯正的正義」の区分などを特色とする「ローカルな」ものであった。アリストテレスの場合、分配的正義は〈各人に対して各人の諸価値に比例したポリスの名誉や財産を分配すること〉というように、それぞれの市民の地位や功績に比例したかたちでのポリスの諸財の分配を意味した。他方で矯正的正義は、〈各人にほんらいあるべき名誉や財産の回復〉を意味したのであった。[12]

だがアリストテレスは他方で、人間の善い生における物質的財の重要性を説いていたことでも知られる。歴史上はじめて「世界市民」を自称したとされるディオゲネスの孫弟子に当たる、これまたアテナイの在留外国人であったストア派の創始者ゼノン(Zenon, B.C. 334–262)や、その孫弟子のクリュシッポス(Chrysippus, B.C. 280–206)といったストアの思想家たちは、ポリスの法を超えた「自然の理」(logos)という観念によって正しい生き方を示し、情念に動かされない心的状態「アパテイア」を理想とした。そしてなにより、人間の善い生にとっての外的条件の重要性を否定した。例えばローマ皇帝ネロの家庭教師をつとめた後期ストア派のセネカ(Seneca, B.C. 1–65)は次のように述べている。「「彼は奴隷だ。」しかし多分、心は自由民でしょう。「彼は奴隷だ。」それが彼の妨げになるでしょうか。奴隷でない人間があったら教えてください。或る者は情欲の、或る者は野望の、そしてすべての者は恐怖の奴隷です[13]」。これとは対照的にアリストテレスは、食糧や土地、そして健康に欠かせない飲料水やきれいな空気などを、人間が善い生を送るための必要条件として重要視した。[14] だが、ポリスの自足を理想とした彼の遺された文献には、国境の外部の人々の善い生を目的とする、物質的財の分配的正義についての著述は見当たらない。

キケロの「ダブル・スタンダード」

初期ストア派の思想を摂取した古代ローマ世界のキケロ(Cicero, B.C. 106–55)は自然法論者であった。彼は『法律について』のなかで次のように述べている。「わたしたちは法の自然本性を解明しなければならないし、それを人間の自然本性に求めなければならない。また国々がそれに従って治められるべきである法律を考慮しなければならないし、ついで、諸国民の、修正され記述された法と布告を取り扱わなければならないが、そのなかにわが国民の、いわゆる市民法もその場所をきっと見いだすだろう」[15]。ローマには、ローマ市民に適用される「市民法」(ius civile)と、あらゆる人に適用される「万民法」(ius gentium)があったが、この「万民法」が万民法たる所以は、それが「自然の理」、つまりは「理性」(ratio)にかなった「自然法」(ius naturale)であることにあるとされたのである。そのため、キケロによれば、キウィタス(国家)と人間共同体のあいだに、〈正しいこと〉に関する境界はない。人々の義務として、「同胞市民に対しては配慮するべきだが、他国人についてはその必要がない、という人々は全人類に共通の社会を破壊している」のである。[16]だがなおキケロによれば、「すべての人間の共有にかかると思われる」のは、「流れる水」「火」「誠実な助言」など、「われわれ」が「損失を蒙ることなく提供できるもの」に限定されるのであった。[17]

「彼ら」と「われわれ」は同様の配慮に値するが、「彼ら」に対する支援は「われわれ」の福利を脅かすものであってはならないというキケロの見解には、今日の文献で言うところの、「一般義務」と「特別義務」の区別と、「消極的義務」と「積極的義務」の区別が、見てとれるだろう。一般義務と消極的義務は全人類に対して負われるが、特別義務と積極的義務は同朋市民に対してのみ負われるというのである。マーサ・ヌスバウムによれば、このようなキケロの「ダブル・スタンダード」には、人間の道徳的真価の平等性を説くために外的条件の重要性を否定した、ストア派の影響があった。[18]だがそれだけではないだろう。生まれによる祖国と市民権による祖国とを対比して、キケロはつぎのように述べている。「何にもまして愛情を注がなければならないのは、それによって市民全体が国家という名をもつことになる祖国、そのためにわたしたちが生命を捨て、それに自己のいっさいを捧げ、そこにわたしたちの所有物のすべてを供え、いわば奉納しなければならない祖国である」[19]。共和制ローマ末期の政治的中枢を、法律家として、また執政官として生きたキケロにとって、祖国ローマはレスプブリカ(res publica)であり、「われわれ」の特別な献身の対象であったのだろう。

二　中　世

キリスト教と正戦論

ユダヤ教を母体とし、現在のイスラエル地方におけるイエス・キリスト（Jesus Christ, c.B.C. 4-c.A.D. 28）の誕生を契機として確立されていったキリスト教は、人々をポリスやキウィタスといったローカルな政治空間や、ストア派の説くマクロコスモスとは別の地平にある、「神の国」の住人としてまとめあげていった。この「神の国」では、新約聖書の「善きサマリア人」のたとえでよく知られるように、困窮した隣人を助けることすなわち慈善（charity）が、人々の行動規範の一つであるとされた。そしてこの「神の国」では、その隣人が同国人である必然性はなかったため、少なくとも信者のあいだでは、国境を越えた正義の空間が成立しえたのである。

だが、三〇一年にはじめてアルメニア王国で国教と定められて以降、ローマ帝国における三一三年の公認化、そして三八〇年の国教化など、キリスト教が政治権力の「周縁」から「中心」へと移動してゆくなか、ミラノの教会政治家アンブロシウス（Ambrosius, c. 339-397）や北アフリカ出身のアウグスティヌス（Augustinus, 354-430）をはじめとするキリスト教神学者たちは、この世の祖国を守るための正当な戦争に関する理論、つまり正戦論を構築していった。

そうして一三世紀には、シチリア出身の神学者トマス・アクイナス（Thomas Aquinas, 1225-1274）が、『神学大全』の第二部（人間について）の第二章第四〇問題「戦争について」のなかで、キリスト教徒が戦争をしても罪とはならない三要件について説いた。その三要件とはすなわち、「戦争遂行の命令を下す君主の権威、復讐されるべき不正の存在という正当事由、それに、善を押し進め悪を避けるという交戦者の正しい意図の三つの要件」のことである。[20]トマスの正戦論は「聖戦」の契機を含むものであるが、これら三要件は抽象的・一般的なものであるため、現代まで続く正戦論の原型となっている。

だが、なんであれ条件付きの暴力の肯定は、異教徒の膨大な犠牲を、後に生むことになった。例えば一四九二年のクリストファー・コロンブス（Christopher Columbus, c. 1446-1506）による新大陸の「発見」を受けて、スペインによる先住民インディオの征服がはじまったが、一五一三年には、先住民に対する「降伏勧告状」（「レケリミエント」）の朗読、つまりスペイン国王の被支配者となり、キリスト教へ改宗するように要求するスペイン語で書かれた文書の朗読という手続きを踏まえた征服戦争は、正当であるとされた。インディオに対する残虐行為が繰り広げられるなか、ドミニコ会の修道士ラス・カサス（Bartolomé de las Casas, 1484-1566）は、スペイン皇太子フェリペ（後の国王フェリペ二世）に献上された論考「インディアスの破壊についての簡潔な報告」にて、そのような征服戦争の不当性を説いたのであった。ラス・カサスによれば、「スペイン人はインディオと初めて出会ったときから今日に至るまでずっと、彼らのことをまるで犬かその他の畜生同然にみなし、キリスト教の教えを説き弘めることに全く関心を示さず、それどころか、聖職者たちが説教できないように、数多くの危害や迫害を加え、彼らの主たる目的である布教活動を禁止していたということである。というのも、スペイン人は布教活動を自らの欲望を満たしてくれる金と財宝を手に入れる妨げになると思ったからである」[21]。異教徒との正戦が成り立つには、「（1）不正に奪われた王国や領土を奪還するため、（2）自衛のため、（3）蒙った損失を取りもどし、不正を処罰するため、（4）捕虜となり迫害を受けているキリスト教徒を救うため」のいずれかの要件が充たされなければならないが、インディオの征服戦争はどの要件も充たさないのであった[22]。

三　近代以降

主権国家体制の確立と平和のための正義

ヨーロッパで繰り広げられたカトリックとプロテスタント間の三〇年戦争を終結させた一六四八年のウェストファリア条約は、かの地に主権国家体制を確立させた。この体制は、中世における政治権力の二局体制——国境を越えるキリスト教会権力と国境内部で君主がもつ権力との拮抗——に終止符を打ち、政治権力の所有者を、諸君主に限定するものであった。かくして政治権力は、国境の外部からの干渉を——教会によるものも含めて——排除しうる「主権」と重なるものとなったのである。そうしてこれ以降の国家間の戦争は、没宗教的なものとなっていった。

この時代にはオランダのフーゴー・グロティウス（Hugo Grotius, 1583-1654）が、『戦争と平和の法』において、世俗的な自然法論の立場から、平和を目的とする戦争の正当な開始事由と、正当な戦争行為の要件について説いた[23]。

また、ドイツのイマヌエル・カント（Immaunel Kant, 1724-1804）は、フランスとプロイセンが一七九五年に結んだバーゼル平和条約を不足として執筆した『永遠平和のために』（一七九五年）において、「諸国家がそれぞれ自分の正義を主張する仕方は、当事者のほかに裁判所がある場合のように、審理という形をとることは不可能で、ただ戦争という形をとるほかない」としたうえで、「理性は道徳的に立法する最高権力の座から、係争解決の手続きとしての戦争を断乎として処罰し、これに対して平和の状態を直接の義務とするが、それでもこの状態は、民族間の契約がなければ、樹立されることも、また保障されることもできないのである」とし、諸国家が、永遠平和のために契約を交わし、平和連合という法的正義の状態に入ることを提案した[24]。

この諸国家の平和連合は、「世界市民法」（コスモポリタン法）によって統制される。カントは、すべての人間が「地球の表面を共同に所有する権利に基づいて、たがいに交際を申し出ることができる」と考え、この「訪問の権利」の実践による世界市民体制の形成を想定した[25]。さらには『人間学』の終盤で、つぎのように述べている。「あらゆる時代の経験にもとづき、あらゆる民族の間で知られる人類の性格は、つぎの通りである。すなわち集合的に（人類の全体として）解せられた人類は、相つぎ相並んで存在する人間の集まりであって、しかも平和的な共同存在を欠くことはないが、さりとてたがいにたえず対立することをさけるわけにもゆかないようなものだ、ということである。かくて人類は、彼ら自身から発する法則のもとで、相互に強制しあうことにより、たえず分裂の脅威にさらされながらも一般的には前進してゆく同盟を、世界公民社会（cosmopolitanismus）をめざして結ぶよう、自然から定められていると感ずるのである。世界公民社会のようなそれ自身到達しえない理念は何ら構成的原理（人間の最も活潑な作用と反作用のただ中に存する平和への期待）ではなくて、単に統制的原理――すなわちその理念に向かう自然的傾向性があるという根拠ある推測をもってして、人類の使命としての理念を熱心に追求するための、統制的原理にすぎないのである[26]」。このように、カントはコスモポリタン法について説いたが、けっして世界国家の樹立を求めたのではなかった。

資本制経済の進展と人間性のための正義

一八世紀中葉にイギリスではじまった産業革命によりヨーロッパに資本制経済が浸透すると、劣悪な労働条件や低所得といった理由から、貧民が急増した。従前のヨーロッパでは貧民はキリスト教会による救済の対象であったが、ドイツのマルティン・ルター（Martin Luther, 1483-1546）やフランスのジャン・カルヴァン（Jean Calvin, 1509-1564）らによる宗教改革を通じてプロテスタントの勤労倫理が流布するにつれ、教会による救済は減少した。それを受けてイギリスでは一六〇一年のエリザベス救貧法をはじめ救貧法の改正が重ねられていたが、資本制経済の浸透がもたらした貧民の急増は、もはや小手先の事後的な対応ではない、ラディカルな対応を必要としていた。

そのなかでカール・マルクス（Karl Marx, 1818-1883）は、初期の『経済学・哲学草稿』のなかで、資本制経済がつぎのように人間性を破壊することを危惧した。「人間（労働者）は、ただわずかに彼の動物的な諸機能、食うこと、飲むこと、生むこと、さらにせいぜい、住むことや着ることなどにおいてのみ、自発的に行動していると感ずるにすぎず、そしてその人間的な諸機能においては、ただもう動物としてのみ自分を感ずるということである。動物的なものが人間的なものとなり、人間的なものが動物的なものとなるのだ」[27]。そうして彼は、「人間的本質力の新しい実証活動と人間的本質の新しい充実と」をもたらす社会主義を理想としたのであった[28]。後に彼はフリードリヒ・エンゲルス（Friedrich Engels, 1820-1895）とともに『共産党宣言』（一八四八年）を著し、世界の労働者階級による社会主義革命を鼓舞し、一八六四年の第一インターナショナル（国際労働者協会）の結成へと導いた。

それから二〇世紀の二度の大戦を経て、諸国家は資本主義経済圏と社会主義経済圏に分断された。一九七一年に刊行されたジョン・ロールズの『正義論』は、現代に理想主義の規範理論を復権させたと言われるが、それは「ほぼ自足的な連合体」、つまり一国内部の社会正義について説いたものであった[29]。そして提示される正義の構想は、（生産手段が私的に所有されている）資本主義経済においても、（生産手段が公共的に所有されている）社会主義経済においても、市場が自由であるならば、実現しうるとされたのであった。

だが二〇世紀はまた、「人権」が、世界的な規範となった時代でもあった。第二次世界大戦後の一九四八年には国連総会で「世界人権宣言」が採択されたが、その第二五条第一項は、「何人も、衣食住、医療および必要な社会的施設を含め、自己および自己の家族の健康と福祉のためにじゅうぶんな生活水準を享有する権利を有し、かつ、失業、疾病、能力喪失、配偶者の喪失、老齢、または不可抗力によるその他の生活能力の喪失の場合に、保障をうける権利を有する」としている。(30) また一九六六年には同じく国連総会で「国際人権規約」が採択され、批准国の履行が促されるようになった。人は誰でも、ただ人間であるという理由で、他の人間と同様の福利への権利を有している。このコスモポリタン的な権利の国際的な承認と制度化こそが、現代において、グローバル正義という理念を拡充させているのである。(31)

四　現代の論争

コミュニタリアニズム

現代では、善の構想については「穏当な多元状態の事実」(ジョン・ロールズ)を前提としつつも、基本的な人間としての権利(基本的人権)を万人に保障しようとするリベラルな諸説が有力となっているが、論拠や支援の程度をめぐっては、コミュニタリアニズムとコスモポリタニズムのあいだに論争がある。(32)

例えば、ロールズが晩年に著した『諸人民の法』(*The Law of Peoples*)では、地球上にリベラルであるかまっとうであるかのいずれかの諸人民が形成する「諸人民の社会」があると想定される。諸人民は、内政不干渉、条約遵守の義務、自衛目的のための戦争開始の権利、人権の尊重といった「自由で民主的な諸国の民衆のあいだにおける、周知の伝統的な正義の諸原理」によって統制されているため、この社会は現実世界における「国際社会」なるものとほぼ同じであると考えられる。(33) この社会の外部には、様々な理由から「諸人民の社会」のメンバーになれない複数の集団がおり、それらは「諸人民の社会」からの支援を通じてメンバーとなる日を待っているか(開発途上国)、「諸人民の社会」に対する脅威となっているか(テロ支援国家)、慈悲深い絶対君主によって支配されているかの、いずれかである。

このロールズの構想では、国際社会に（限定的な人権のリストからなる）普遍的人権という規範が共有されているため、外部の諸地域で人権が侵害されている場合には軍事的なものを含む介入が承認されるが、他方で各人民には独自の分配的正義の構想があるため、国境を越える分配的正義の諸原理は必要とされない。必要とされるのは、開発途上国への「援助義務」、すなわち歴史的、社会的、経済的条件によって秩序が乱れた諸国がその内部で秩序を形成しうるようになるまで援助する義務で足りると考えられている。というのもロールズは、「コスモポリタン的見解によれば、各国の社会が内部的に正義にかなった諸制度を達成した後でさえ、さらなるグローバルな分配の必要に関する問いがある」として、コスモポリタニズムを拒絶しているからである[34]。普遍的人権を承認しつつも他国への援助には「打ち切り点」があるという思想は、キケロの「ダブル・スタンダード」に相通じるものがあるだろう。

ロールズが「国家」や「ネイション」ではなく「人民」という概念を用いているとしても、彼の正義論は、共通の憲法下における法・政治制度を、つまり強制力のある主権（者）の存在を前提としている。よってそこには、主権（者）が不在の国際社会では分配的正義は達成しえないという理解があることは否定できない。だがよりいっそうの強調に価するのは、このようなロールズの構想には、正義の構想は人民毎に異なるという、コミュニタリアン的観点があるということである。このことは以下の『諸人民の法』からの引用文において明らかだろう。「諸々の個人や結社にとって、自分たちの固有の文化に帰属し、その共通の公共的・市民的生活に参画することは、一つの善である。ある特定の政治文化に所属するということ、そして、その市民的・社会的世界を知り尽くし、心おきない状態にあるということに、このようにして表現があたえられ、その成就を見るのである。これは、決して小さなことではない。秩序だった複数の政体からなる一つの社会によって、異なる文化の対立や敵意を飼い慣らすことができるならば――そしてこれは可能なことであるように思われる――こうした議論は、一国民衆の自己決定という観念、ならびに、緩やかで連合的な形態をとった万国民衆の社会という観念のための重要な空間を確保し続けることに貢献するものとなるからである[35]」。同様にコミュニタリアン的アプローチをとっているデイヴィッド・ミラーも、分配的正義の基準はネイション毎に異なるとしながらも、万人に当てはまるグローバルなミニマムという理念を擁護し、人々の福利の水準がグローバルな水準に満たない諸国に対する援助の一般義務を認めている[36]。

このように、ロールズやミラーといったコミュニタリアンは、分配的正義を人民やネイション毎になされるべきものと理解する一方、他方で人民やネイションの境界の外部にいる人々をもカバーする普遍的人権を承認している。そしてこの普遍的人権について深く掘り下げて考察する余地が彼らの構想に残されていることは、翻って、人が人間としてよく生きるためには何が必要であるかを問うことの余地が残されていることでもある。人権は第一世代の人権（市民的・政治的諸自由）と第二世代の人権（社会的・経済的諸権利）に区別されるが、両者は密接不可分な関係にある。したがって、国境を越えて人権を保障する仕組みには、国内においてと同様に、社会的・経済的な諸価値の分配が必然的に伴う。そのためコミュニタリアンは結局のところ、キケロの「ダブル・スタンダード」には追随しないという構えに落ち着くことになるだろう。

コスモポリタニズム

現代のグローバル正義論の第一人者であるトマス・ポッゲは、ロールズが拒絶したコスモポリタン的観点を採り、それを次の三要素に分解している。「第一に、個人主義。関心が向けられる究極単位は人間ないし個人である。家系、部族、エスニックな共同体、文化的な共同体、宗教的な共同体、ネイション、国家などではない。後者はそれぞれの個々のメンバーもしくは市民によって間接的にのみ関心対象の単位となりうる。第二に、普遍性。関心の究極単位という地位はあらゆる生きた人間に等しく帰属する。男性、貴族、アーリア人、白人あるいはイスラム教徒といった小集団にのみ帰属するのではない。第三に、一般性。この特別な地位にはグローバルな影響力がある。人々は、すべての人にとって、関心の究極単位である。同国人や同じ宗教の信者などにとってではない[37]」。

このような観点をもつ現代コスモポリタニズムは、他の様々な道徳的根拠と結びつきうる。その一つが功利主義であり、ピーター・シンガーは一九七二年の論文「飢饉、富裕、道徳」において、豊かな国の人々が「さらに譲渡することで自分と自分の扶養対象が悲惨な状態に陥るギリギリのレベルである限界効用のレベルに達するまで援助するべき」だと述べて、注目を浴びた[38]。近年のシンガーの立場は「弱められた不偏主義」として、家族や友人、そして自分に親切にしてくれた人々に対する特別義務を、人間の善い生を理由に、認めるものとなっている。[39]だが、人々が自らの善い生のために外国人よりも自国の他者を優先することは、なお認められていない。というのも、「貧困線以下の生活は尊厳のある生活（a decent life）の基本的必要を大幅に欠いているため、誰かがそのような状態で生存しなければならないのは悪いことである」との道徳的判断があるからだ。[40]グローバルな空間においては、そのような絶対的貧者の数の削減の方が、近隣者の水準に合わせることを欲している相対的貧者の数の削減よりも優先する。そのため、富裕諸国が国内の相対的貧者の福利にのみ尽力することは認められないのである。

他方で、ロールズ正義論をグローバルに適用することを試みたチャールズ・ベイツは、一九七九年の『国際秩序と正義』において、契約論によって天然資源の便益のグローバルな分配を正当化できることを示した。ベイツによれば、比較的豊かな社会に住む人々が、相互援助の責務にもとづいて、それ以外の社会で飢餓状態にある人々の福祉に貢献する義務が慈善の義務（duty of charity）（人道主義的援助の義務）であり、相対的に裕福な人々に、慈善の義務が要請するものよりも大きい犠牲とそのような犠牲とは異なる種類の犠牲とを要求し、大規模な制度上の改革を求める義務が正義の義務（duty of justice）（社会的正義の義務）である。[41]このように、グローバル正義を論じる場合の倫理学的問題の一つは、グローバルな貧困の削減を「慈善の義務」として位置づけるのか、「正義の義務」として位置づけるのかとなっている。これは貧困の削減を、カントが『人倫の形而上学の基礎づけ』で示した「完全義務」として位置づけるのか、あるいは「不完全義務」として位置づけるのか、といった問題とも重なっている。

ベイツと同様の試みは、先に紹介したポッゲの、初期の著作においてもなされている。[42]ベイツやポッゲらの契約論——権利論者たちは、グローバルな貧困の削減を確実なものとするために、貧者救済を正義の義務として位置づけようとしている。さらにポッゲは、二〇〇二年の著作『世界的貧困と人権』において、この正義の義務をさらに強固なものとするために、貧者が貧者である理由は、彼らが本来あるはずの状態（ベースライン）に富裕諸国の市民が「危害」を加えていることにあるという、つまり富裕諸国の市民が他者に危害を加えてはならないという「消極的義務」に違反しているのだという消極的義務違反説を唱え、正義の義務の履行方法の一つとして「地球資源の配当」（Global Resources Dividend: GRD）の仕組みを提案している。[43]

功利主義や契約論とは異なるグローバル正義へのアプローチとして、ケイパビリティ論がある。マーサ・ヌスバウムは、人間の尊厳の尊重が要請する最低限のものとして「人間の中心的ケイパビリティ」を想定し、あらゆる国家でこれらのケイパビリティがその市民たちに憲法で保障されるべきことを論じている。(44) また、グローバルな社会的連接という現実に着目するアプローチもある。アイリス・M・ヤングは、アパレル産業などのグローバルなサプライチェーンの労働搾取工場で、労働者が支配され、強制され、必要を剝奪されている状況に目を向ける。(45) ヤングによれば、この社会的連接は構造的プロセスであるため、もしその過程で特定の道徳的主体に危害が及ぶのであれば、その構造は社会的不正義を生んでいることになり、そのプロセスに加担している道徳的主体は責任を負うことになる。このように、ヌスバウムやヤングの構想も、人々が共通の憲法下になくとも正義が問題となる間柄にあることを示すものとなっている。

おわりに

本章で見てきたように、現代においてグローバル正義とは、すべての人間を、人権に関連する何らかの水準において等しく処遇することを意味する。またその意味では、現代においてグローバル正義を論じる思想家は誰でも、大なり小なりコスモポリタンであることが、つまりリチャード・ヴァーノンの言葉を借りれば「弱いコスモポリタンの台地（plateau）」に立っていることが示唆されるのである。(46) ヴァーノンは、現在の主権国家システムを踏まえて、人々が「世界の市民」（“citizens *of* the world”）としてではなく、「世界のなかの市民」（“citizens *in* the world”）として生きることを提唱する。というのも、人々は実際いずれかの国家の成員すなわち「市民」であり、それゆえに負っている義務がある。人々はそのような重荷のある存在者として世界に生きているという意味で、「世界のなかの市民」なのだ。だがそうであっても、人々は世界を共有しているがゆえに、互いに「コスモポリタン的配慮」（cosmopolitan regard）を必要としている。どこに居ようとも、個人として他者と等しい扱いを必要としているのである。そしてこのコスモポリタン的配慮は、各国に対して、人道的介入に伴う犠牲や国際裁判に伴う主権の縮小の受け入れなどを要求する。

ヴァーノンによれば、人々が有するコスモポリタン的配慮を行う責務は、人々が市民として国内で有する政治的な責務を、国境を越えて拡張したものとして理解しうる。

世界国家がなくとも、人々にはコスモポリタンとしての義務がある。それは政治的な義務かもしれない。このようにして見ると、グローバル正義という概念には、「政治」という概念そのものを展開させてゆく効能があるように思われる。今後私たちが、人権保障という基本的正義の事柄をグローバルに追求してゆく過程で、いったいどのような政治的構想が登場してくるのか。新たな展開が待たれる。

注

（1）プラトン『国家』（藤沢令夫訳、プラトン全集一一『クレイポトン　国家』、岩波書店、一九七六年）五五—五六頁。

（2）正義概念の変遷を自然／作為の衝突のフレームワークで論じたものとして、渡辺幹雄「正義」（古賀敬太編著『政治概念の歴史的展開　第一巻』晃洋書房、二〇〇四年）がある。

（3）特に再分配の理念については、宇佐美誠「グローバルな経済的正義」（『国境を越える正義——その原理と制度——法哲学年報（二〇一二）』有斐閣、二〇一三年）一六—一九頁に詳しい。

（4）デリダの正義論について、高橋哲哉『デリダ——脱構築——』（講談社、二〇〇三年）を参照。

（5）Thomas Nagel, "The Problem of Global Justice," *Philosophy and Public Affairs*, 33（2）, 2005 & Sammuel Freeman, *Justice and the Social Contract: Essays on Rawlsian Political Philosophy*（Oxford University Press, 2007）（Part III）.

（6）国際政治学における新しい潮流の一つに、英国学派のアンドリュー・リンクレーターによる一連の著作がある。

（7）ジョン・ロールズに代表される「国際（ないしはコミュニタリアン的）正義」、トマス・ポッゲに代表される「コスモポリタン的正義」、アイリス・ヤングに代表される「グローバル正義」という区分けについて、押村高『国際政治思想——生存・秩序・正義——』（勁草書房、二〇一〇年）第六章の注一（三八—三九頁）を参照。

（8）David Miller, "Human Rights and Global Justice: A Response," in Tetsu Sakurai and Makoto Usami ed.s, *Human Rights and Global*

Justice: *The 10th Kobe Lectures, July 2011* (Franz Steiner Verlag, 2014), pp. 159–160.

（9）井上達夫『世界正義論』（筑摩書房、二〇一二年）一九頁。

（10）ディオゲネス・ラエルティオス『ギリシア哲学者列伝（中）』（加来彰俊訳、岩波書店、一九八九年）一六二頁。コスモポリタニズムについては、古賀敬太「コスモポリタニズム」（古賀敬太編著『政治概念の歴史的展開　第三巻』晃洋書房、二〇〇九年）から多くを学んだ。

（11）アリストテレス『政治学』（牛田徳子訳、京都大学学術出版会、二〇〇一年）四頁。

（12）アリストテレス『ニコマコス倫理学』（朴一功訳、京都大学学術出版会、二〇〇二年）。

（13）セネカ「主人と奴隷について」（『道徳書簡集』茂手木元蔵訳、東海大学出版会、一九九二年）一五三―一五四頁。

（14）アリストテレス『政治学』（山本光雄訳、岩波書店、一九六一年）三三―三五頁。

（15）キケロー「法律について」（『キケロー選集』岡道男訳、第八巻、岩波書店、一九九九年）一九二頁。

（16）キケロー「義務について」（『キケロー選集』高橋宏幸訳、第九巻、岩波書店、一九九九年）二九二頁。

（17）同書、一五九―一六〇頁。

（18）Martha C. Nussbaum, "Duties of Justice, Duties of Material Aid: Cicero's Problematic Legacy," in *Martha C. Nussbaum: Ethics and Political Philosophy*, edited by Angela Kallhoff（Transaction Publishers, 2001).

（19）キケロー「法律について」（『キケロー選集』岡道男訳、第八巻、岩波書店、一九九九年）二二五頁。

（20）柳原正治『グロティウス』（清水書院、二〇〇〇年）一三一頁。トマスの正戦論については、山内進「聖戦・正戦・合法戦争――「正しい戦争」とは何か――」および荻野弘之「キリスト教の正戦論――アウグスティヌスの聖書解釈と自然法――」（山内進編『「正しい戦争」という思想』勁草書房、二〇〇六年）から多くを学んだ。トマスの政治哲学については、稲垣良典『トマス・アクィナス『神学大全』』（講談社、二〇〇九年）に詳しい。

（21）ラス・カサス『インディアスの破壊についての簡潔な報告』（染田秀藤訳、岩波書店、二〇一三年）、二二〇―二二一頁。

（22）この点について、染田秀藤「《征服はなかった》――インカ帝国征服戦争――」（山内進編『「正しい戦争」という思想』勁草書房、二〇〇六年）に多くを学んだ。括弧内は同書八三頁による。

（23）グロティウスの思想については、太田義器『グロティウスの国際政治思想――主権国家秩序の形成――』（ミネルヴァ書房、二〇〇三年）

に詳しい。

（24）カント『永遠平和のために』（宇都宮芳明訳、岩波書店、一九八五年）四一―四二頁。

（25）同書、四七頁。

（26）カント『人間学』（山下太郎・坂部恵訳、カント全集第一四巻、理想社、一九六六年）三三一頁。

（27）マルクス『経済学・哲学草稿』（城塚登・田中吉六訳、岩波書店、一九六四年）九二頁。

（28）同書、一四九頁。

（29）ジョン・ロールズ『正義論　改訂版』（川本隆史・福間聡・神島裕子訳、紀伊國屋書店、二〇一〇年）七頁。

（30）高木八尺・末延三次・宮沢俊義編『人権宣言集』（岩波書店、一九五七年）四〇七頁。

（31）人権の概念史について、濱真一郎「人権」（古賀敬太編著『政治概念の歴史的展開　第一巻』晃洋書房、二〇〇四年）から多くを学んだ。

（32）グローバルな領域における両思想の論争については、押村高「グローバル化と共同体論の位相転換――コスモポリタン――コミュニタリアン論争の行方」（『政治思想研究』第九号、二〇〇九年）に詳しい。

（33）ジョン・ロールズ『万民の法』（中山竜一訳、岩波書店、二〇〇六年）四九頁。

（34）同書、一二〇頁。

（35）同書、一六二―一六三頁。

（36）デイヴィッド・ミラー『国際正義とは何か――グローバル化とネーションとしての責任――』（富沢克・伊藤恭彦・長谷川一年・施光恒・竹島博之訳、風行社、二〇一一年）。

（37）Thomas Pogge, *World Poverty and Human Rights: Cosmopolitan Responsibilities and Reforms* second edition（Polity Press, 2008）, p. 175. 傍点は筆者による。

（38）Peter Singer, “Famine, Affluence and Morality,” *Philosophy and Public Affairs*, 1, 1972, p. 241.

（39）Helga Kuhse, *Unsanctifying Human Life: Essays on Ethics*（John Wiley & Sons, 2002）, p. 7.

（40）ピーター・シンガー『グローバリゼーションの倫理学』（山内友三郎・樫則章監訳、昭和堂、二〇〇五年）八七頁。

（41）チャールズ・ベイツ『国際秩序と正義』（進藤榮一訳、岩波書店、一九八九年）一九一頁。

(42) Thomas Pogge, *Realizing Rawls* (Cornell University Press, 1989).
(43) Pogge, *World Poverty and Human Rights*, second edition ch. 8.
(44)「人間の中心的ケイパビリティ」には、「生命、身体的健康、身体的保全、感覚・想像・思考、感情、実践理性、関係性、自然との共生、遊び、環境のコントロール」が含まれている。マーサ・ヌスバウム『正義のフロンティア――障碍者・外国人・動物という境界を越えて――』(神島裕子訳、法政大学出版局、二〇一二年）を参照。
(45) Iris Marion Young, *Responsibility for Justice* (Oxford University Press, 2011).
(46) Richard Vernon, *Cosmopolitan Regard: Political Membership and Global Justice* (Cambridge University Press), 2010, p. 2.

参考文献

Charles Beitz, *Political Theory and International Relations with a New Afterword by the Author* (Princeton University Press, 1999, originally published in 1979)［『国際秩序と正義』進藤榮一訳、岩波書店、一九八九年］.
国連総会が一九七四年に採択した「新国際経済秩序樹立に関する宣言」に代表される一九七〇年代の南北問題への関心にもとづいて、ロールズ正義論のグローバルな領域への拡張適用を試みた記念碑的な著作。

Peter Singer, *One World: The Ethics of Globalization* (Yale University Press, 2002)［『グローバリゼーションの倫理学』山内友三郎・樫則章監訳、昭和堂、二〇〇五年］.
現代功利主義を代表する著者が、気候変動やグローバル経済などテーマ別に、一つの世界の倫理のあり方について論じた著作。初期の著述と比べ穏健な議論が、哲学者としての著者のヒストリーを感じさせ、興味深い。

Thomas Pogge, *World Poverty and Human Rights: Cosmopolitan Responsibilities and Reforms*, second edition (Polity Press, 2008, originally published in 2002)［『なぜ遠くの貧しい人への義務があるのか――世界的貧困と人権――』立岩真也監訳、生活書院、二〇一〇年］.
ロールズの弟子であったポッゲが、社会正義に対するロールズの熱意をグローバルな領域にぶつけた意欲作であり、またグローバルな貧困の原因を富裕国市民による「消極的義務」違反に求めた問題作である。

Martha C. Nussbaum, *Frontiers of Justice: Disability, Nationality, Species Membership* (Harvard University Press, 2006)［『正義のフロンテ

ィア──障碍者・外国人・動物という境界を越えて──』神島裕子訳、法政大学出版局、二〇一二年〕.

アリストテレス／カント／初期マルクスに依拠する著者のケイパビリティ・アプローチによる、障碍者と動物をも含めた真にグローバルな正義に関する論考の集大成。ロールズが用いた契約論の詳細な分析と鋭敏な批判には、目を見張るものがある。

David Miller, *National Responsibility and Global Justice* (Oxford University Press, 2007)〔『国際正義とは何か──グローバル化とネーションとしての責任──』富沢克・伊藤恭彦・長谷川一年・施光恒・竹島博之訳、風行社、二〇一一年〕.

リベラル・ナショナリズムで知られる著者が、ナショナリズムの立場からグローバルな正義について論じた好著。あるネイションで基本的人権が毀損されている状態にはそのネイションにも責任があるという集合的責任論に特色がある。

伊藤恭彦『貧困の放置は罪なのか──グローバルな正義とコスモポリタニズム──』(人文書院、二〇一〇年)。

貧困死の撲滅、暴力の廃絶、エンパワーメントを目標とするグローバルな正義の諸原理の提示と、具体的な改革案の検討が、幅広い文献への目配りを怠ることなく、説得力をもってなされている。グローバル正義研究の入門書として手に取りやすいが、議論の水準は非常に高い。

押村高『国際政治思想──生存・秩序・正義──』(勁草書房、二〇一〇年)。

思想の力に信念をもつ著者が、「国際政治思想」と呼ばれる学問領域を開拓するために著した、すぐれて哲学的な国際政治学の書。グローバル正義に関する現代の論争とその背景が、政治学徒と国際政治学徒の両者にわかりやすく検討されている。

リチャード・シャプコット『国際倫理学』(松井康浩・白川俊介・千知岩正継訳、岩波書店、二〇一二年)。

グローバルな正義を「国際倫理学」のテーマとして位置づけた良書。援助と介入、コミュニタリアニズムとコスモポリタニズムの双方をバランスよく扱っている。教科書としても研究書としても有用である。

国際法

松森奈津子

はじめに

国際法（International Law）とは、国際社会を律する法である。[1] この語の初出は、ベンサム（Jeremy Bentham, 1748-1832）の『道徳および立法の原理序説』（一七八九年）と言われている。[2] 同概念は、一六世紀以降万民法（ius gentium/law of nations）の名の下に、ヨーロッパにおける諸国家間秩序、ならびに周りを取り巻く異教世界との共存関係を維持するための規範を模索する試みとして展開し、一九世紀末以降国際法の名称の広まりとともに、世界大の共通ルールとして認識されるようになった。その「主体」は時とともに国際機構、個人、人民、非政府組織（NGO）、企業などに拡大したが、依然として国家が中心的地位を占めている。

こうした語源からも明らかなようにこの概念は、植民地を伴う主権国家体制を生み出した西洋近代というきわめて限定的な場に端を発している。それ以外の地域には、元来異なる世界認識が存在していた。例えば、ラテンアメリカの首長国《チーフダム》に基づく互酬主義、東アジアの中華思想、イスラム圏の「聖戦《（外への）ジハード》」や「国際法《スィヤル》」などである。けれどもそれらは、一五世紀初頭に始まるいわゆる大航海時代から帝国主義が興隆した一九世紀末までの間に、西洋の近代国際法体系を前に実効性を失い、西洋起源の「普遍法」秩序に組み込まれた。その背景には、近代科学の発展に裏づけられた「西洋の優位性」、「力としての知」があった。[3]

日本における国際法概念受容の過程も、こうした事情に即したものである。“International law”は、幕末には「万国公法」や

「万国普通之法」と訳されていたが、一八七三年に箕作麟祥によって「国際法」と訳出され、やがてこの訳語に定まった。当時の日本は明治維新のただなかにあり、王政復古後の新政府は、欧米列強の支配する近代国際社会に受け入れられることを国是とする。二〇〇年以上に及んだ「鎖国」後の東アジアは、もはや華夷システムにとどまっていれば安泰という世界ではなく、欧米列強による帝国主義の脅威が迫りくる世界であった。そのような中、明治政府の政策は、日本が主権国家、すなわち国際社会において西洋諸国と対等の存在と認められること、そのために国内の諸制度や慣行を近代化＝西洋化することであった。かくして、不平等条約の改正を求め、日清・日露戦争においては戦争法規を忠実に遵守し、西洋の風俗・文化を積極的に導入してゆくことになる。国際法概念の受容は、そうした政策の中核の一つであった。

類似の状況は、他の非西洋諸国にもみられる。たしかに国際法は、一九世紀末以降全世界を覆う法規範とされたが、大部分の地域は客体として取り込まれたにすぎない。アジア、アフリカを中心とする多くの地域は植民地として国際法の適用を受け、植民地化を免れた国も不平等条約などの下で差別的な待遇を受けたからである。それらの国々が西洋諸国と少なくとも形式上対等な存在になるのは、二〇世紀後半を待たなければならなかった。

こうした状況を顧みるならば、国際法は西洋中心主義的な概念であり、他地域にまで普遍化されるべきではないという見解も生じるかもしれない。また、そもそも理論上上位権力を認めない主権国家に強制力を発する法を課すこと自体誤っているという見解も、国際法が形成された当初から根強く存在する。けれども、国際法の普遍性や国際法そのものに対する懐疑は今日少数派のものとなっており、政府間関係をはじめ、国際社会は事実上共通ルールの存在を前提に運営されている。それでは、なぜ国際法は諸々の問題点を内包しながらも広く守られるのか。また、そうした諸問題はいかに是正されうるのか。国際法が成立する近代以前にまで遡ってその概念史をたどることは、これらの問いを考察する上で有効である。

一　古典古代

国際法の教科書においてその歴史は、通常一六四八年のウェストファリア条約から書き起こされる。国際法の主な主体である近代主権国家の間の関係がここに樹立されたとみなされるからである。けれども個別の研究に目を向けるならば、とりわけ一九二〇年代以降の概念史研究の進展とともに、異なる政治共同体間の関係というより広い文脈に位置づけてその起源を遡る記述が多い(4)。

前古典古代（前二七―前六世紀）

資料的裏づけのある最古の国際条約とされるのは、メソポタミア都市国家ラガシュとウンマの間で紀元前二七世紀頃から二五世紀頃にかけて何度か結ばれた境界石をめぐる取り決めである。もっとも、これらの合意は必ずしも両国間の安定した関係をもたらさなかった。

紀元前一五世紀半ばになると、エジプト、バビロニア、ヒッタイト、ミタンニ、アッシリアといった大国が並び立ち、相互の関係を取り決める必要性が生じた。ここから、講和、同盟、臣従、境界線画定、政治的亡命者引渡しなどを盛り込んだ多くの「条約」が結ばれることになる。一八八七年に約四〇〇の粘土板「アマルナ文書」が発見されて以来よく知られるようになったこの「勢力均衡」的な諸国家間の法秩序は、「海の民」と総称される西方からの民族大移動（紀元前一二〇〇年頃）などによって崩壊するまで続いた。

その後しばらくは国際秩序が喪失し、つづいて紀元前十世紀以降の新アッシリア優勢の時代には、諸国家間の法整備は停滞した。新アッシリア滅亡後の紀元前七世紀末には、エジプト、メディア、新バビロニア、リュディアが均衡状態に至るものの、紀元前六世紀半ばにアケメネス朝ペルシアにより次々と滅ぼされ、諸国家間秩序は終わりを告げることになる。

古代ギリシア（前六—前四世紀）

この頃になると、国際的な法秩序の中心は、互いに対等な政治共同体であるポリスが連立していたギリシアへと移ってくる。アテナイ、スパルタなどのポリス間だけでなく、テラ、ミレトスといった植民市、およびアケメネス朝ペルシア、カルタゴ、エトルリア諸都市、ローマといった非ギリシア世界との間にも、条約や同盟を中心とする法秩序が維持された。思想面からみれば、アリストテレス（Aristoteles, B.C. 384-322）に顕著に表れているように、ギリシア人にとって非ギリシア人は同等の法的主体になりえない「野蛮人」であったが、[5] 実際の法慣行においては、かれらとの間に諸々取り決める必要があったからである。のちに本格的に展開する自然法——人間ではなく自然によって設立されたために普遍的な規準——思想が芽生えたことも、特筆に値する。

とはいうものの、高度に発展したのは、同質性に基づくポリス間の諸制度であった。デルフォイにみられるような元来神域の共同運営のために結ばれた「隣保同盟」とそこから発達した「戦争法」、ペロポネソスやデロスに代表される軍事同盟、紛争をめぐる仲裁裁判、しばしば現代の領事にも例えられる斡旋人などである。

古代ローマ（前四—後五世紀）

ポリスが衰退に向かった前四世紀以降、代わって国際法秩序の主軸を担ったのは、ローマである。紀元前の共和政期にはカルタゴ、マケドニア、セレウコス期シリア、プトレマイオス期エジプトと勢力争いを演じ、それらを支配下においた後の帝政期にはパルティア、ついでササン朝ペルシアとの間に交戦と和平をくり返した。その際主な典拠とされたのは、「正戦」と「万民法」の概念である。

古代ギリシアに芽生えた正戦の概念は、王政ローマにおいて祭官法（ius fetiale）の下に深化した。交戦手続きや条約策定の基準を定めたこの法は、それらに関わる宗教的儀式を任されていた従軍祭官によって運営された。祭官法自体は共和政期に衰退したが、正戦論は存続し、後世に多大な影響を及ぼすことになる。例えば、キケロ（Marcus Tullius Cicero, B.C. 106-43）はこの法を前提にして、正当な目的（信義と安全の確保）、原因（報復、撃退、奪還）、宣戦布告を欠く戦争は不正だと主張した。[6]

万民法の概念は、共和政期の『十二表法（*Lex duodecim tabularum*）』（前四五〇年頃）から東ローマ（ビザンツ）帝国の『市民法大全（*Corpus iuris civilis*）』（後五三四年）までの長期間にわたって発展したローマ法において生成、展開した。元来ローマ法はローマ市民にのみ適用されたが、外国人との交際が増加するにつれて、その枠を拡大する必要に迫られた。ここから紀元前三世紀以降、ローマ市民に適用される市民法と、諸民族の関係を規律する万民法の区別がなされることになる。以後万民法は、とりわけ国際的な商慣行をもとに精緻化されてゆく。同時に、万民法が自然法と同一（ガイウス）か否（ウルピアヌス）かという議論は、こののち長く争点となる。(7)

二　中　世

帝政ローマは、三世紀以降政治、財政、社会構造など多くの面で混乱と危機に陥り、四世紀後半になるとゲルマン系諸民族の侵攻を受け、さらに大きく揺らいだ。この流れの中で、帝国は三九五年に東西に分裂し、西ローマ帝国は四七六年に滅亡する。ここから東ローマ帝国の滅亡（一四五三年）、「新世界発見」（一四九二年）、フランスのイタリア侵攻（一四九四年）といった時期までが、一般に中世と区分される。「暗黒の中世」像の修正に伴い、国際法概念に関しても、徐々にその注目度が高まっている。

初期（五―一〇世紀）

西ローマ帝国の跡地にゲルマン系の諸国家（ブルグンド、西ゴート、フランク、東ゴートなど）が建国された後も、スラヴ系諸民族、東方騎馬民族、イスラム教徒、北欧諸民族といった域内外の民族移動により、ヨーロッパの勢力図は頻繁にぬりかえられた。この動きが収まるのは西暦一〇〇〇年前後であり、やがてレオン、神聖ローマ帝国、フランス、カスティリャ、イングランドなどが並び立った。これはまた、ゲルマン的要素（帝国／王国、帝権／王権）とキリスト教的要素（教皇／教会制度、教権）が融合してゆく過程でもあった。こうした世俗権力と宗教権力の二元的支配構造は、中世盛期にピークを迎えることになる。

そのようなキリスト教共同体の理念は、アウグスティヌス（Aurelius Augustinus, 354-430）とイシドルス（Isidorus Hispalensis, c. 560-636）に明確に表れている。前者はまた、キリスト者による交戦の合法性を示して正戦論の本格的な展開に道を開いた思想家として、[8] 後者は、万民法を「ほとんどすべての民族が享受する」法と定義づけて具体的事例（占領、築城、戦争、捕虜、講和条約、使節不可侵など）を提示した思想家として、[9] それぞれのちの国際法理論に大きな影響を与えた。

他方、キリスト教共同体としてまとまってゆくヨーロッパの外側には、ビザンツ、キエフ、イスラム諸王朝があり、対立の中にも法秩序が形成された。ビザンツの外交や条約、キエフの同盟や調停、イスラムの戦争や庇護をめぐる慣行がヨーロッパの国際法概念に与えた影響は、しばしば指摘されるところである。

盛期（一一―一三世紀）

域内外の民族移動が一段落すると、キリスト教共同体は大規模な開墾と入植により、さらなる発展をみた。そして、地域ごとに様相は異なるものの、城主とその家臣、農民の主従関係に基づく封建制が発達した。このような中、神聖ローマ（ドイツ）、フランス、カスティリャ（スペイン）、イングランド、ポルトガル、ナポリ（イタリア）といったのちの主権国家に連なる君主（権）や、より小規模の領地、地方、都市の領主勢力が形成されることになる。もっとも、主従契約としての封建的な絆は、民族や地域の境界線をまたぐ重層的なものであり、権力の多元性を前提にする点で、統一された政治共同体を基礎とする国際法の形成には逆方向のベクトルとしても作用した。

他方、教皇と皇帝の二大権力による支配構造が最盛期を迎え、教会法、皇帝法という超域的な規範が重みをもつようになった。とりわけ前者は、主として霊的事柄を規定するものだったが、世俗の領域に関する取り決めもあり、例えば私闘休止（Treuga Dei）、奴隷化禁止宣言、宣誓、仲裁など、しばしばのちの国際法への貢献が指摘される。

キリスト教共同体外部との関係は、イスラム（東・南方、奪還目的）やスラヴ系諸民族（北方、伝道目的）に対する十字軍が中心となった。前者を理論的に支えたのは、アウグスティヌス以降、イシドルス、シャルトルのイウォ、グラティアヌス、ペニャフォルトのライムンドゥスなどによって精緻化され、トマス・アクイナス（Thomas Aquinas, c. 1225-1274）によって整理されてのちの思想家に参照された正戦論である。[10] つまり、「われわれ」の土地（エルサレム、イベリア半島、ビザンツ帝国）を不当に奪ったイスラム教徒への行軍は正しい戦争（正戦）であり、同時に宗教的にも正しい聖なる戦争（聖戦）だという論理である。また後者を理論的に支えたのは、グラティアヌス、ホスティエンシス、アラヌス・アングリクス、教皇インノケンティウス三世などによって示された異教徒認識であった。とりわけホスティエンシスは、異教徒はその邪悪さのために、イエスの誕生とともにあらゆる権利をキリスト教徒に正当に移譲させられたのだから、キリスト者による支配を拒むならば攻撃されうるとする見解を示し、多大な影響力をもった。[11]

もっとも、外部世界との関係は対立に終始していたわけではない。キリスト教共同体の諸国家間と同様、イスラム諸王朝を中心とする非キリスト教社会との間にも、休戦、講和、同盟、中立などの条約が結ばれたからである。その背後には、異教徒が理性的である限り、かれらにも「人類共同体の法」は適用されるというインノケンティウス四世やウラディミリの見解がある。[12]

末期（一四―一五世紀）

一四世紀半ばになると、度重なる戦争、生産量の減少、飢饉や疫病の頻発により、ヨーロッパの封建秩序は衰退に向かった。そして、この混沌の中で伸張してきた王権が次第に教権に対して自律性と優越性を獲得し、近代主権国家体制が形作られてゆくことになる。このプロセスを理論面から支えたのは、パドヴァのマルシリウス、オッカムのウィリアム、サッソフェラートのバルトルスと後期注釈学派、マキャヴェリらであった。[13]

国際法との関連では、国境問題などをめぐる仲裁、イタリア都市国家が主導した常駐外交使節、商人や貿易の増大に伴って整備されていった海法や通商条約、カスティリャとポルトガルを中心とする海外領土獲得をめぐる諸条約などの重要性が喚起されよう。注意を要するのは、こうした条約や使節交換などがキリスト教共同体内だけでなく、イスラム諸王朝を中心とする外部世界との間にも取り決められた点である。

三　近代以降

キリスト教共同体に基づく中世的秩序は、一五世紀末以降加速度を増して崩壊に向かった。以後、ヨーロッパにおける近代諸国家の発達とそれらの海外進出により、現代に連なる国際法秩序が展開されてゆくことになる。

近代国際法秩序（一六―二〇世紀初）

1　スペイン優位（一六―一七世紀半）

初期近代において世界大の法秩序を最初に模索したのは、国内統合を推進しながら、ヨーロッパだけでなく大西洋を越えて非キリスト教世界にも広く領土を拡大したスペインであった。この時期には、イスラム圏をも含めた諸国家間の条約締結や外交がさらに発達し、中立、国家承認、介入、海洋の自由といった概念が表れた。理論面では、ボダン（Jean Bodin, 1530-1596）やホッブズ（Thomas Hobbes, 1588-1679）によって主権概念が精緻化され、並行してビトリア（Francisco de Vitoria, c. 1492-1546）を創始とするサラマンカ学派からグロティウス（Hugo Grotius, 1583-1645）に至る思想家たちによって国際法概念が展開された。とりわけ重要なのは、万民法と戦争法の発展である。

前者については、神の意志と結びついた自然法に依拠する規範から、人間の合意により成立する実定法への移行プロセスが見出せる。ビトリアによれば、万民法は自然法――神の意志である永遠法から理性を通じて引き出された諸規則――から生ずるがゆえに、すべての人間に共有される法規となる。[14] この見解を批判的に受けついだスアレス（Francisco Suárez, 1548-1617）は、万民法を社会の必要性から生ずる実定的規則であり、「すべての民族」ではなく、「よく秩序立てられたほとんどすべての民族」に適用されるとした。[15] けれども、万民法上の権利と義務の履行を理論上担保しているのは多くの場合自然法であり、それは依然として永遠法に由来する自然的諸原則から生じ、全人類に共有されるものである。これらに対し、近代国際法の父と称されるグロティウスは、万民法だけでなく自然法をも神の存在から切り離した。[16] この論拠に従うならば、万民法の主体は自然法と同様に「文明化」された民族に限定され、理性を正しく行使できずに「自然に反する罪を犯す」ような「野蛮人」に対しては、野獣に対するように戦争を行うことも不正ではないし、自然法や万民法で保障されている人権や交戦ルールを考慮する必要もないということになる。「文明」と「野蛮」を分ける「ライン」の内と外を明確に区別する近代西欧的国際法秩序の成立である。

戦争法については、戦争原因の正当性を重んずる正戦論から、形式の正当性を重視する戦争容認論への移行プロセスが見出せる。ビトリアやスアレスはトマスに従い、戦争が正当であるためには①正しい権威と②原因によって開戦し（＝「戦争への法（ius ad bellum）」）、③正しく遂行される（＝「戦争における法（ius in bello）」）必要があると主張した。[17] この立場に基づくならば、戦争が交戦者双方にとって正しいということは、とりわけ人民の側の「不可避的無知（ignorantia invincibilis）」によってそのようにみえるだけで、実際には起こりえない。こうした正戦論はその後、アヤラやジェンティーリなどによって世俗化・形式化され、グロティウスにより、実定化された自然法概念に則って定式化されることになる。すなわち戦争は、自己保存のために武力行使を容認するだけでなく、「他人の権利を侵さない限り」という制限をも設ける自然法に基づいてのみ、正しいものになるという見解である。[18] ここではビトリアやスアレスの問題提起をおし進める形で、戦争が交戦者双方にとって正当でありうること、それゆえ第三者はいずれにも与しない中立的態度を取りうることが示されている。[19] この方向性は、グロティウスに続くプーフェンドルフ、ヴォルフ、ヴァッテルらの理論を受けてさらに進められ、一八世紀には戦争の原因（＝「戦争への法」）よりも形式の正当性（＝「戦争における法」）を重んずる戦争容認論が主流となる。それは、主権国家体制の発達に伴い、互いに対等であるはずの諸国家の正／不正を、その理念、主義、政治的立場と切り離しえない開戦事由で裁くことは現実にそぐわず、正しい交戦手続きを踏んでいるか否かで判断する必要性が生じたという事情を反映したものでもあった。

2　フランス優位（一七世紀半―一九世紀初）

ヨーロッパ諸国を広く巻き込んだ三〇年戦争とその講和条約であるウェストファリア条約（一六四八年）を通じて政治的構図は大きく変動し、以後スペインの衰退とともに、革命やナポレオン戦争により影響力をもったフランス優位の時代になる。これに伴い、外交言語はラテン語からフランス語へと移り変わっていった。この過程で、国内法と異なり、優越する審判者が存在しない中で構成員を規律する国際法は、勢力均衡とともに、近代主権国家体制を支える主要な論理として発展した。

この時期の議論の中心は依然として戦争法であったが、実証主義の進展とともに、ズーチによって戦時法と平時法の区別も示された[20]。これは、一九世紀から二〇世紀にかけて一般的となった国際法二分化の原型とみなされている。一八世紀に入ると、モーザーが国際法は慣習法（黙示の合意）と条約（明示の合意）から成ると明言し[21]、二〇世紀初頭に国際司法裁判所によって現代まで受容される法理論が提示されるまで妥当とされた。そして、こうした実証主義的考察に基づいて条約収集作業が進められ、デュモンやマルテンスによって、現代に至るまで参照される条約集が編まれた[22]。

もっとも、このようなウェストファリア体制に対しては、本質的に不安定な秩序であるという批判も寄せられた。サン・ピエール（Charles-Irénée Castel de Saint-Pierre, 1658-1743）、ルソー（Jean-Jacques Rousseau, 1712-1778）、カント（Immanuel Kant, 1724-1804）らによる永久平和論である[23]。かれらによれば、審判者不在の中で結ばれる条約や同盟は守られる保証がなく、主権国家間の勢力均衡に依拠する法秩序は戦争状態に等しい。これを脱し真の平和を築くには、（実現するかどうかは別として）国家連合が有効である。夢想的な理想主義として退けられがちであったこの国際組織による平和構想は、のちに国際連盟、国際連合、国際司法裁判所、EUなどの理念の先駆として注目されることになる。

こうした批判を内包しながらも、西欧に端を発する近代主権国家体制に基づく法秩序はその後、非ヨーロッパ、非キリスト教諸国へと拡大展開してゆく。時とともに、ロシア（一八世紀初頭）、アメリカ大陸諸国（一八世紀後半―一九世紀初頭）、中国、日本、トルコなど（一九世紀後半）、アジア、アフリカの旧植民地諸国（二〇世紀後半）が、この「秩序立てられた社会」に含まれてゆくのである。

3　イギリス優位（一九世紀初―二〇世紀初）

一八一五年、ヨーロッパ諸国とその植民地を広く巻き込んだナポレオン戦争が終結し、ウィーン会議により戦後処理が行われると、ヨーロッパの勢力地図は再び変動した。一つの覇権国が支配的になることはなく、イギリス、ロシア、プロシア、オーストリアといった大国間の勢力均衡による秩序維持がめざされたのである。やがてここにフランス、ついでプロシアに代わって国家統一を遂げたドイツ、イタリアが加わり、いわゆるヨーロッパの協調（European Concert）が成立する。協調が崩れて同盟抗争に入ったその後の時期も含め、大国間関係において相対的な優位性を保ったのは、巧みな外交政策でリーダーシップをとったイギリスであった。これに伴い、外交言語も以後、英語の力が強まることになる。

この時代には、国際協力や条約締結を目的とする多くの国際会議が開かれるとともに、慣習法の法典化が進められ、平時国際法が豊かになった。「合意は守られるべきである（pacta sunt servanda）」という原則の下、数多くの特定諸国間、多数国間条約が結ばれたのである。主要なものとして、国際奴隷貿易禁止を謳う議定書、国際河川・海峡・運河をめぐる通行条約、最恵国条項、内国民待遇条項、領事条項を含む通商条約、国際紛争解決のための仲裁裁判条約、犯罪人引き渡し、通貨、郵便、電信、鉄道、漁業、著作権、特許権をめぐる諸条約があげられる。これらは、国際電信連合や万国郵便連合といった国際機構の発達を伴うものでもあった。同時に、外交の重要性が高まるにつれて、儀礼や慣例などの国際慣行も発展した。こうした国際社会の法整備を受け、各国の国内法も外交問題をめぐる立法を充実させた。

理論面では、実証主義がますます興隆し、自然法論、正戦論はほとんど顧みられなくなった。また、国籍原則などの国際私法は国際公法から分離され、のちの時代には条約に記されない限り国内法の管轄事項とされるに至る。国際法理論は公法に限定されて展開されるのである。とりわけ活発になったのは、国際法の拘束力をめぐる議論であった。例えばイェリネック（Georg Jellinek, 1851–1911）は、国際法への拘束義務は各国の意思によって発生・消滅するとみなす自己拘束説を、デュギー（Léon Duguit, 1859–1928）は、個人の連帯が国際法の基盤を形成するという社会連帯説を、それぞれ唱えた。[24] もっとも、これらの見解はそれほど広い支持を得られず、主流となったのは、グロティウス、ヴォルフ、ヴァッテルらの流れを受けつぐ共同意思説である。例えばトリーペル（Heinrich Triepel, 1868–1946）によれば、個人間ないし個人―国家間関係を律する国内法と異なり、国家間関係を律する国際法は、一国の意思ではなく、諸国家の意思の合致によって効力をもつ。[25] それゆえ、一方的な改変や取り消しはできないのである。この国内法と国際法の二元論は、以後オッペンハイムやアンツィロッティなどに踏襲される。

国際法の拘束力の根拠を論ずるこうした諸議論に対し、拘束力そのものを否定する立場も示された。構成諸国を処罰できる優越的権力をもたない国際法は法——強制力を伴う主権者の命令——ではなく「実定道徳（positive morality）」だとしたオースティン（John Austin, 1790-1859）、主権の絶対性に基づく国家の意思は国際的な合意よりも上位にあるため、国際法はそれ自体で存在するものではなく国家法の対外関係規定として機能するものだとしたヘーゲル（Georg Wilhelm Friedrich Hegel, 1770-1831）とその後継者たち（ラッソン、ツォルンなど）である。(26) しかし、国際法の自律性を否定するこうした見解が広範な支持を得ることはなかった。

現代国際法秩序（二〇世紀初—）

1　国際連盟（二〇世紀初—二〇世紀半）

第一次世界大戦（一九一四—一九一八年）と、ヴェルサイユ条約（一九一九年）をはじめとする講和条約は、勢力均衡に基づく国際法秩序が見直される契機となった。これ以降、実証主義に裏づけられた戦争容認論では平和を維持できないとする認識が支持を受けるようになり、戦争違法化を原則とする集団安全保障体制が志向されるのである。大戦中にロシア革命が起こり、国際社会が社会主義国家という異質な要素を内包するようになったことも、大きな変化であった。こうした現代国際法秩序の展開過程において、次第にイギリスに代わってアメリカが優位に立つことになる。

この新しい国際法秩序を担ったのは、講和条約により発足した国際連盟である。連盟は、規約とそれを補完する性質をもつロカルノ条約（一九二五年）、不戦条約（一九二八年）、一般議定書（同年）などによって国際紛争の平和的解決への道を整えたが、戦争の違法性の判定や違反国に対する制裁をめぐる規定が不完全だったこと、また非加盟（アメリカ）、脱退（日本、ドイツ、イタリア）、除名（ソ連）が相ついだことなどから、当初めざされた集団安全保障体制はほとんど機能しなかった。連盟が認めた委任統治制度も、国際監督の下に置くという条件をつけたものの、実質的には従来の植民地主義を継続させるものであった。

他方、常設国際司法裁判所の設立（一九二二年）によって、連盟の思い描いた国際紛争の司法的解決の形態が具現化した。同裁判所の判定基準をめぐる規定（第三八条）は、国際法の形式的法源（それ自体で法的拘束力を有する法規）——条約、慣習法、法の一般原則——と、実質的法源（法的拘束力はないが法規の根拠となるもの）——判例、学説[27]——の区別を定着させた点でも注目される。このほか、通商仲裁裁判、国際航空、伝染病、児童福祉、避難民、国際法法典化、労働、債務など、非政治的な面においても、連盟は大規模な多数国間開放条約の形で国際社会を規律する意欲をみせた。

このようなヴェルサイユ体制は、その後諸国家間の対立を抑えられず、第二次世界大戦の勃発とともに崩壊する。しかし、その理念や制度は、大戦後に設立される国際連合の方針に受けつがれることになる。

理論面においては、勢力均衡や戦争容認論を支えた国家主権の絶対性に対して、主に三つの思想系譜から批判が寄せられた。第一に、ケルゼン（Hans Kelsen, 1881-1973）の純粋法学である。かれは法を、自然的実在（存在）と区別される価値的規範（当為）としながらも、同じく当為に属する道徳や正義とも切り離された、それ自体で拘束力を発するものだとみなした[28]。拘束力の源は、上位の規範を無限に遡って論理的にゆきつく「根本規範」であり、例えば国家の意思ではない。国内法（刑罰、強制執行）も国際法（復仇、戦争）も、ともに拘束力を保証する制裁手段を備えており、同一の構造をもつ。こうしたかれの見解は第二次世界大戦後さらに深化し、戦争禁止の定着に伴い、それを破る国家の不当な武力行使と、国連による制裁・自衛のための正当な武力行使を区別する実定主義的な形式で正戦論が復活しているという主張にゆきつくことになる[29]。第二に、自然法を再評価する動きである。例えば、ケルゼンの薫陶を受けたウィーン学派の一人フェアドロスは、実証主義から出発しつつも、次第に自然法に基づくスアレスやグロティウスの法秩序構想を評価する方向に向かった[30]。それゆえかれの描く国際法の「根本規範」——「含意は守られるべきである」——は、ケルゼンと異なり、自然法に基礎づけられたものである。このほか、カトリック神学者たちからも、自然法の復活運動が熱心にくり広げられた。第三に、デュギーの社会連帯説を受けつぐ見解である。例えばセルは、国際連盟の下で、国家ではなく個人を主体とする連邦的な国際法秩序が形成されると述べている[31]。また、アルバレスは類似の見解を、ヨーロッパの主権中心的な「古い」法秩序から、全世界の人々の福利を視野に入れた「新しい」法秩序への転換の必要性という視点から示した[32]。

国家主権の地位を低下させ国際機関の優越性を説くこのような諸見解は、戦間期法秩序の崩壊に伴い、批判にさらされた。例えば、カー（Edward Hallett Carr, 1892-1982）、モーゲンソー（Hans Joachim Morgenthau, 1904-1980）、アロン（Raymond Aron, 1905-

1983）らは、そうした構想は国際社会における権力政治の現実を分かっていない「理想主義的な幻想」だと述べた(33)。第二次世界大戦後の国際連合構想は、かれらに代表される現実主義的な認識も取り入れながら進められることになる。

2　国際連合（二〇世紀半―）

第二次世界大戦（一九三九―一九四五年）後の国際法秩序は、国際連盟を批判的に受けついだ国際連合によって担われた。まず、連盟規約以降進められた戦争の違法化は、国際連合憲章において武力による威嚇、武力行使の禁止というより徹底した原則へと発展した（第二条第四項）。そして、集団安全保障体制の下でこの原則を維持するために、違反――平和に対する脅威、平和の破壊、侵略行為――の認定と勧告、暫定・強制措置の決定を安全保障理事会（常任理事国＝アメリカ、イギリス、フランス、ソ連、中国、非常任理事国＝その他一〇ヵ国）に一元化し、取られた措置への加盟国の参加が義務づけられた（第二、一五、三九―五一条）。またこの原則に付随して、のちに主要課題となる核兵器や生物化学兵器といった大量破壊兵器を中心に、軍備管理・規制への道も示された（第一一、二六条）。

かくして、加盟国の個別的・集団的自衛権と軍事的強制措置が行使される場合を除き、武力不行使原則が遵守される制度的基盤が整えられたのである。もっとも、戦後の国際社会は、六〇年代末から七〇年代末にかけて緊張緩和《デタント》があったものの、基本的に八〇年代後半までアメリカを中心とする資本主義陣営とソ連を中心とする共産主義陣営が思想的、軍事的に対立する冷戦状態にあり、北大西洋条約機構（ＮＡＴＯ）やワルシャワ条約機構（ＷＴＯ）といった東西軍事同盟の維持、核抑止論に基づく核開発の存続などにより、国連の集団安全保障体制が理論通りに機能することはなかった。また、冷戦中、冷戦後を問わず、安保理常任理事国の拒否権行使によって国連による紛争解決措置の決定がなされない状況もたびたび生じてきた。

このような中、実際の紛争解決においては、国連が具体的に憲章のどの規定に基づいて措置を行っているかが不明確になることが多かった。拒否権等により憲章に則った措置が行えない場合には、紛争を放置するのではなく、実践行動としての平和維持活動（ＰＫＯ）の形で国連軍を派遣し、停戦監視、兵力引き離し、武力抗争の再発防止等を行ってきたからである。その際、武力行使の禁止が国連加盟国にとっての義務になっていることもあり、紛争は国家間の戦争ではなく、内戦やそれへの介入による代理戦争、およびゲリラ戦の形態で勃発することが多くなった。

第二次世界大戦後の法秩序におけるいま一つの大きな特徴は、国連が連盟時代に維持されていた植民地主義から決別し、「人民の同権および自決の原則」（第一条第二項）を明言したことである。ともに総会決議である植民地独立付与宣言（一九六〇年）と永久主権決議（一九六二年）は、植民地主義の終結と天然資源の所有権について確認し、以後アジア・アフリカ（A・A）の植民地独立が相ついだ。国際社会の多数派になったこれらのA・A諸国は、形成に参加してこなかった伝統的な国際法規が自分たちの利益をも反映する規定に修正されるよう働きかけ、国連加盟国の中で一大勢力となった。

四　現代の論争

われわれの生きる現代社会は、二〇世紀以降発展してきた現代国際法秩序の中にある。しかし同時に、グローバル化、つまり国境を超える人、財、サービス、情報の移動の増大が進むにつれて、主権国家体制に基づく従来の国際法体系に理論上、実践上の修正を迫る動きも続出している。

非国家主体の台頭

まず、実証主義の進展とともに国家のみが「国際法の主体」——権利義務の帰属者——とされた伝統に対し、異議が唱えられている。国家以外の主体としては、第一に恒常的な政府間国際機構があげられる。一九世紀の国際行政連合——万国郵便連合、国際度量衡連合、国際電信連合など——、第一次世界大戦後の国際連盟や国際労働機関（ILO）の設立に伴い、その主体性が議論の俎上に載せられるようになったものの、国際司法裁判所の判断などによって国際機構の法主体性が広く認められるようになったのは、国連以降である。国連のほか、国際的な法人格性が肯定されている国際機関には、国際行政連合を継承する諸機関、世界銀行、国連教育科学文化機関（UNESCO）といった国連の専門機関、国連難民高等弁務官事務所（UNHCR）などの総会補助機関、欧州連合（EU）に代表される地域共同体がある。国際機構の法主体性が認定される指標としては、意思決定権、条約締結権、特権免除、国際責任能力の保持がしばしば主張される。

国家以外の国際法主体として、第二に個人があげられる。一九世紀後半以降、デュギーやセルにより、国家に代わって個人の法主体性を主張する見解が現れたものの、長らく個人に関わる問題は国内法の規定領域と考えられてきた。国際法の受範者は国家であり、個人の権利義務は本国の国内法を通じて保障されるとみなされたのである。けれども、第二次世界大戦後この伝統的見解は急速に変化し、今日ではほとんどの論者が個人の国際法主体性を認めるに至っている。その認定をめぐっては、国際法が個人の権利義務を明言するだけでよいのか（ジェサップ、オコンネル）、それに加えて個人の直接的な提訴権、申立権と制裁、処罰の手続きが設定されているべきか（ラウターパクト、ブラウンリー）という見解の相違があるものの、個人はもはや本国の外交的保護権の行使などを経ずに国際法と関わることができる存在とみなされているのである。[34] これは、国際刑事裁判所をはじめ、個人を対象とする法制度の発展と連動する動きでもある。

このほか、国際機構と個人ほどには国際法主体性が認められてはいないものの、一定の国際的地位を有する行為体として、人民（民族）、少数者《マイノリティ》、交戦団体、NGO、国際企業体などがあげられよう。

規範の深化と拡大

従来の国際法体系を修正する動きとして、次に、主権国家を超える国際立法機関が存在しないためにすべての条約や慣習法に優劣はないとする伝統に対し、異議が唱えられている。相互に対等な諸国家間の合意に基づく国際規範はみな同等の効力を有するという認識の下では、「後法は前法を廃する」、「特別法は一般法を廃する」という原則により秩序が保たれた。この基本構造は依然として妥当性をもっているが、同時に規範概念の進展によって揺らいできてもいる。

伝統的な国際法の構造を揺るがす要因の一つは、強行規範（ius cogens）の形成である。強行規範とは、一九六九年のウィーン条約法条約で承認された「いかなる逸脱も許されない規範」であり、これに抵触する条約は無効とされる（第五三条）。その性質や内容については長く論争の的になっているが、他の任意規範を超える上位規範があるという認識自体を否定することは日に日に難しくなっている。強行規範の具体的内容については、基本的に国家実行と国際裁判所の判例に委ねる方針がとられているが、これまでのところ、武力行使、国際犯罪、奴隷取引、海賊、ジェノサイドの禁止、自決権、国家平等権、基本的人権などがあげられている。これらは、当事国間にのみ妥当する契約的規範ではなく、すべての国際法主体に妥当する対世的（erga omnes）規範である。

伝統的な国際法の構造を揺るがすいま一つの要因は、国際立法（international legislation）の動きである。これは、現行国際法への新たな法の追加や修正を志向する意識的取り組みの過程と成果（ハドソン）であり、[35]法典化――すでに存在する規則の体系化（慣習法の成文化）――や漸進的発達――未だ発達していない事項の条約化（慣習法内での法創設）――をさらに進めたものである。この動きは、一九世紀後半以降の慣習法成文化の流れを受けつぐものだが、結果的に不成功のうちに終わった国際連盟による法典化作業への反省もあり、国連の下では包括的法典化ではなく個別項目ごとの成文化が進められ、一定の成果をあげるようになった。対象分野は、例えば国際人権規約（一九六六年）、宇宙条約（一九六七年）、国連海洋法条約（一九八二年）、気候変動枠組条約（一九九二年）、化学兵器禁止条約（一九九三年）など、現代的要請に沿った国際法の新領域分野が中心となっている。

以上二つの要因により、「上位法は下位法を廃する」という新たな原則が定着しつつあり、従来の並列的国際法規観は崩れてきている。とりわけ、武力不行使、人民自決とともに国連の目的の一つを構成している人権尊重の原則に基づき、人道的観点から人類共通の価値が議論されているのである。この点においてこうした新たな動きは、「国際社会（international society）」という呼称は内政不干渉原則に依拠する諸国家の並存状態を前提にしているとして、これに代わる「国際共同体（international community）」論や「地球村（global village）」論を展開する諸議論ともつながっている。[36]いずれも、国家を超えて共有しうる正義や法の存在を模索するのである。

国際規範の進展を望むこれらの動きの背後には、国際社会の法規範が大国の思惑によって蹂躙されているという懸念がある。とりわけ二〇〇一年のアメリカ同時多発テロ事件以降、「対テロ戦争」の名の下でアフガニスタン（同年）やイラク（二〇〇三年）への攻撃を主導してきたアメリカの単独行動主義に対して、武力行使禁止や国際人道法順守といった現代国際法の基本原則が無視されているとの抗議がなされている。例えばハーバーマス（Jürgen Habermas, 1929-）は、国連や国際法を軽視するアメリカを批判しながら、国連憲章に基づく法秩序を推進することを主張し、コスケニエミ（Marti Koskenniemi, 1953-）も、自らの原則を普遍化しようとする「帝国」の思考形態を問題視しつつ、より客観的な「普遍性」の確立を模索する。(37)

おわりに

以上概観してきた国際法概念の系譜は、国内社会と異なって優越的権力が存在しない国際社会に、持続的な秩序を構築しようとする試みだったと総括することができよう。それは一方では、必要性から生じたものであった。古代、中世においては、同質性の高い域内の共同体間の関係を規律するだけでなく、次第に接触が増えていった域外の異教徒との間の法慣行を整備する必要があった。近代においては、互いに対等な主権諸国家間関係のあり方を模索するとともに、植民地や不平等国家として国際社会に取り込まれていった外部世界との関係を制度化する必要に迫られた。現代においては、二度の世界大戦を経て、人類全体が危機にさらされる戦争を避ける方策が求められた。いずれにおいても、共同体間の安定した秩序ないし平和を樹立しようとする志向性と、自らの国益を最大限に確保しようとする志向性が複雑にからみあい、国際法秩序を進展させてきた。多少の問題点があるとしても、共通ルールが存在しないよりはよいと考えられたのである。諸々の問題が指摘され批判されながらも、国際法が広く受容されてきた理由の一つは、ここにある。

他方、国際法をめぐる概念史は、いかに強者の押しつけを排して公正な法秩序を構築するかという不断の試みでもあった。時とともに、不平等国家や植民地にとどめおかれていた人々、少数者《マイノリティ》、女性、子どもの権利が配慮されてゆくのである。それは、社会の成熟に伴って各国の国内社会が進んできた方向性と重なる軌跡でもあった。西洋中心主義をはじめとする国際法の諸問題は漸進的に是正が試みられてきたし、今後も試みられつづけるであろう。国際法は、国際社会の全構成員が主体的に関わりうる、時代に適応した法秩序の実現に向けて、諸議論を伴いながら日々変容しているのである。

注

（1） 原語、訳語両面におけるこの語の由来、定義、この学問分野の概観については、近年の国際社会の変化にも目を配った以下の教科書を参照のこと。James Crawford, *Brownlie's Principles of Public International Law*, 8th ed.（Oxford University Press, 2012）［『ブラウンリー・国際法学』第三版、島田征夫ほか訳、成文堂、一九八九年］, Peter Malanczuk, *Akehurst's Modern Introduction to International Law*, 7th ed.（Routledge, 1997）［『現代国際法入門』長谷川正国訳、成文堂、一九九九年］, 杉原高嶺『国際法講義』第二版（有斐閣、二〇一三年）、藤田久一『国際法講義』（東京大学出版会、Ⅰ・第二版、二〇一〇年、Ⅱ・初版、一九九四年）、大沼保昭『国際法――はじめて学ぶ人のための――』（東信堂、二〇〇五年）。

（2） Jeremy Bentham, *An Introduction to the Principles of Morals and Legislation*（Dover Publications, 2007）, p. viii［『道徳および立法の諸原理序説』山下重一［抄］訳、関嘉彦編『世界の名著49』、中央公論社、一九七九年、七七頁］.

（3） Cf. Thomas S. Kuhn, *The Structure of Scientific Revolutions*（The University of Chicago Press, 1962）［『科学革命の構造』中山茂訳、みすず書房、一九七一年］, 伊東俊太郎『比較文明』（東京大学出版会、一九八五年）、特に二一一―三八頁。この点については、松森奈津子「文明の系譜学――語義の継承と基準の変遷――」（『国際関係・比較文化研究』第四巻第二号、二〇〇六年）一二一―一四〇頁も参照されたい。

（4） 国際法の概念史研究については、Wilhelm G. Grewe, *The Epochs of International Law*, Michael Byers（trans.）（Walter de Gruyter, 2000）, pp. 1-6. 本章の記述は同書の他、Stephan Verosta et al., "History of International Law" in Rüdiger Wolfrum（ed.）, *The Max Planck Encyclopedia of Public International Law*, vol. IV（Oxford University Press, 2012）, pp. 823-934; Arthur Nussbaum, *A Concise History of the Law of Nations*（Macmillan, 1947）［『国際法の歴史』広井大三訳、こぶし社、一九九七年］に多くを負っている。

（5） アリストテレス『政治学』（山本光雄訳、岩波書店、一九六一年）、1252a-1255a, 1285a. この点については、松森奈津子『野蛮から秩序へ――インディアス問題とサラマンカ学派――』（名古屋大学出版会、二〇〇九年）七五―七六頁も参照されたい。

（6） Marcus Tullius Cicero, *De re publica*, Julio Pimentel Álvarez（ed.）, *De la repûblica* [bilingual]（Universidad Nacional Autónoma de México, 1984）, III 34-35, p. 78［「国家について」岡道男訳、『キケロー選集』（八）、岩波書店、一九九九年、一二四―一二五頁］.

（7） *Institutiones Iustiniani* in *Corpus iuris civilis*, Ildefonso L. García del Corral（ed.）, *Cuerpo del derecho civil romano* [bilingual]（Lex

Nova, 1889), I ii, p. 6; *Digesta* in *ibid.*, I i 1, pp. 197-198, I ii 9, p. 199. 万民法と自然法については、Alexander Passerin D'Entrèves, *Natural Law: An Introduction to Legal Philosophy*（Transaction Publishers, 1994）〔『自然法』久保正幡訳、岩波書店、一九五二年〕, および松森『野蛮から秩序へ』二二五—二三三頁も参照されたい。

（8） Aurelius Augustinus, *Epistula 138*（Ad Marcellinum）in Lope Cilleruelo（ed.）, *Obras completas* VIII, *Cartas* 1 [bilingual], 2nd ed.（Biblioteca de Autores Cristianos, 1967）, II 12-15, pp. 966-970.

（9） Isidorus Hispalensis, *Etymologiae*, José Oroz Reta and Manuel-A. Marcos Casquero（eds.）, *Etimologías*, 2 vols.（Biblioteca de Autores Cristianos, 1982）, V 6, vol. I, pp. 512-513.

（10） Thomas Aquinas, *Summa theologiae*, Francisco Barbado Viejo et al.（eds.）, 16 tomos（Biblioteca de Autores Cristianos, 1950-1964）, Secunda secundae, q. 40, a. 1, t. VII, pp. 1074-1078〔『神学大全』（一）—（四五）、高田三郎ほか訳、創文社、一九六〇—二〇一二年、（一七）七八—八三頁〕. 十字軍と正戦論については、松森『野蛮から秩序へ』八〇—八六、二七九—二八七頁も参照されたい。

（11） Paulus Vladimiri, *Opinio Hostiensis* in Stanislaus F. Belch, *Paulus Vladimiri and His Doctrine Concerning International Law and Politics*, 2 vols.（Mouton & Co., 1965）, vol. II, pp. 864-884.

（12） *Ibid.*, p. 883.

（13） このプロセスについては、Quentin Skinner, *The Foundations of Modern Political Thought*, 2 vols.（Cambridge University Press, 1978）, vol. I, pp. 3-190〔『近代政治思想の基礎——ルネッサンス、宗教改革の時代——』門間都喜郎訳、春風社、二〇〇九年、二一—二〇六頁〕が参考になる。

（14） Francisco de Vitoria, *De potestate civili* in Teófilo Urdanoz（ed.）, *Obras de Francisco de Vitoria: relecciones teológicas*（Biblioteca de Autores Cristianos, 1960）, pp. 168, 191-192〔「国家権力についての特別講義」工藤佳枝訳、田口啓子編訳『中世思想原典集成』（二〇）、平凡社、二〇〇〇年、一五二—一五三頁〕, Francisco de Vitoria, *Relectio de indis o libertad de los indios*, L. Pereña et al.（eds.）, Consejo Superior de Investigaciones Científicas, 1967, pp. 78, 82, 84〔「最近発見されたインディオについての第一の特別講義」工藤佳枝訳、田口編訳『中世思想原典集成』（二〇）、一三三、一三七—一三九頁〕.

（15） Francisco Suárez, *De legibus*, L. Pereña et al.（eds.）, t. I-t. VI, Consejo Superior de Investigaciones Científicas, vol. IV, II 17-20, pp.

99-149［「スアレスの万民法論」、伊藤不二男訳、伊藤不二男『スアレスの国際法理論』有斐閣、一九五七年、一〇五―一五一頁］.

（16） Hugo Grotius, *De iure belli ac pacis libri tres*, R. Feenstra and C. E. Persenaire (eds.), Scientia Verlag, 1993, prolegomena 1-17, I 1 xii, pp. 5-12, 38-40［『戦争と平和の法』（一）―（三）、一又正雄訳、酒井書店、復刻版、一九九六年、（一）五―一三頁、五六―五八頁］.

（17） Francisco de Vitoria, L. Pereña et al. (eds.), *Relectio de iure belli o paz dinámica*（Consejo Superior de Investigaciones Científicas, 1981), pp. 95-207［「インディオについての、または野蛮人に対するイスパニア人の戦争の法についての第二の特別講義」、工藤佳枝訳、田口編訳『中世思想原典集成』（二〇）、二七八―三三五頁］, Francisco Suárez, Charles Berton (ed.), *De triplici virtute theologica, fide, spe et charitate, Opera omnia* 12, Vivès, 1858, III xiii, pp. 737-763［「スアレスの戦争論」、伊藤不二男訳、伊藤『スアレスの国際法理論』、一五二―二五一頁］.

（18） Grotius, *De iure belli ac pacis libri tres*, I ii 1 (1), (5)-(6), pp. 48, 51-52, 邦訳（一）七五―七六、七八―七九頁。この点については、太田義器『グロティウスの国際政治思想――主権国家秩序の形成――』（ミネルヴァ書房、二〇〇三年）、特に第四章を参照されたい。

（19） Grotius, *De iure belli ac pacis libri tres*, II xxiii 13, pp. 575-577, 邦訳（二）八五〇―八五二頁、III xvii, pp. 803-808, 邦訳（三）一一六六―一一七一頁。

（20） Richard Zouche, *Iuris et iudicii fecialis, sive, iuris inter gentes, et quaestionum de eodem explicatio*, Thomas Erskine Holland (ed.), *The Classics of International Law*（William S. Hein & Co., 1995).

（21） Johann Jacob Moser, *Versuch des neuesten europäischen Völkerrechts*, 10 vols.（Varrentrapp Sohn und Wenner, 1777-1780).

（22） Jean Dumont, *Corps universel diplomatique du droit des gens*, 8 vols.（P. Brunel et G. Wetstein, 1726-1731), George Frederic de Martens, *Recueil des principaux traités*, 7 vols.（Dieterich, 1791-1801).

（23） サン-ピエール『永久平和論』1・2（本田裕志訳、京都大学学術出版会、二〇一三年）、ルソー「サン＝ピエール師の永久平和論抜粋」、「永久平和論批判」（『ルソー全集』第四巻、宮治弘之訳、白水社、一九七八年）三一一―三六七頁、カント『永遠平和のために』（宇都宮芳明訳、岩波書店、一九八五年）。

（24） Georg Jellinek, *Die rechtliche Natur der Staatenverträge: Ein Beitrag zur juristischen Construction des Völkerrechts*（Hölder, 1880)、デュギー『法と国家』（堀真琴訳、岩波書店、一九三五年）。

(25) Heinrich Triepel, *Völkerrecht und Landesrecht* (Hirschfeld, 1899).

(26) John Austin, *The Province of Jurisprudence Determined* (John Murray, 1832), ヘーゲル『法の哲学』(上)(下)(『ヘーゲル全集』9a・9b、上妻精ほか訳、岩波書店、二〇〇〇―二〇〇一年)、(下)五四三―五五一頁。

(27) 現在ではこれら二つに、国際機構(特に国連)の決議、ソフト・ロー(議定書、宣言など)が加えられることが多い。

(28) ケルゼン『純粋法学』(横田喜三郎訳、岩波書店、一九三五年)。

(29) Hans Kelsen, *Principles of International Law* (Rinehart & Company, 1952), pp. 1-89.

(30) Alfred Verdross, *Die Einheit des rechtlichen weltbildes auf Grundlage des Völkerrechtsverfassung* (Springer, 1926).

(31) Georges Scelle, *Précis de droit des gens: principes et systématique*, 2 vols. (Recueil Sirey, 1932-1934).

(32) Alejandro Álvarez, "The New International Law" in *Transactions of the Grotius Society*, vol. 15, 1929, pp. 35-51.

(33) Edward Hallett Carr, *The Twenty Years' Crisis, 1919-1939: An Introduction to the Study of International Relations* (Macmillan, 1939)[『危機の二十年――一九一九―一九三九――』井上茂訳、岩波書店、一九九六年], Hans J. Morgenthau, "Positivism, Functionalism, and International Law" in *The American Journal of International Law*, Vol. 34, No. 2, 1940, pp. 260-284, Raymond Aron, *Peace & War: A Theory of International Relations* (Transaction Publishers, 2003), esp. pp. 579-610.

(34) Philip C. Jessup, *Transnational Law* (Yale University Press, 1956)[『トランスナショナル・ロー』長谷川正国訳、成文堂、二〇一一年], D. P. O'Connell, *International Law*, 2 vols. (Stevens & Sons, 1970), vol. I, pp. 106-112, vol. II, pp. 742-781, H. Lauterpacht, *International Law and Human Rights* (Stevens & Sons, 1950), Crawford, *op. cit.*, esp. pp. 121, 607-690.

(35) Manley O. Hudson (ed.), *International Legislation*, 9 vols. (Oceana Publications, 1970-1972), vol. I, p. xiii.

(36) 例えば、Michael Barnett and Thomas G. Weiss (eds.), *Humanitarianism in Question: Politics, Power, Ethics* (Cornell University Press, 2008), pp. 235-263, Richard Falk, *Law in Emerging Global Village: A Post-Westphalian Perspective* (Transnational Publishers, 1998)[『21世紀の国際法秩序――ポスト・ウェストファリアへの展望――』川崎孝子訳、東信堂、二〇一一年].

(37) ユルゲン・ハーバーマス「『世界無秩序』克服への道」(上)(下)(『世界』瀬尾育生訳、二〇〇四年四月、一七五―一八七頁、二〇〇四年五月、二〇八―二一七頁)、Marti Koskenniemi, "Legal Universalism: Between Morality and Power in a World of States" in Sinkwan

Cheng（ed.）, *Law, Justice, and Power: Between Reason and Will*（Stanford University Press, 2004）, pp. 46–69. この点については、最上敏樹『国際立憲主義の時代』（岩波書店、二〇〇七年）、特に二一―二二頁を参照した。

参考文献

トマス・アクィナス『神学大全』（一）―（四五）（高田三郎ほか訳、創文社、一九六〇―二〇一二年）。

古典古代の思想家、キリスト教教父、ローマ法・教会法学者の見解を統合しうる自然法、万民法、正戦概念を示し、後世に強い影響力をもった書。

グロティウス『戦争と平和の法』（一）―（三）（一又正雄訳、酒井書店、復刻版、一九九六年）。

近代国際法の創始（国際法）、近代自然法論の端緒（政治思想史）、合理主義的伝統の祖（国際関係論）など、多方面において象徴的に言及されてきた古典。同時に、サラマンカ学派をはじめとする先行する諸思想に多くを負うものであることも指摘されてきた。

Hans Kelsen, *Principles of International Law*（Rinehart & Company, 1952）.

実証主義の興隆とともにすたれた正戦論を、同じ実証主義に基づいて復活させた現代国際法論。

Wilhelm G. Grewe, *The Epochs of International Law*, Michael Byers（trans.）（Walter de Gruyter, 2000）.

中世から一九八〇年代までの標準的な国際法概念史。*Epochen der Völkerrechtsgeschichte*（Nomos Verlagsgesellschaft, 1984）を部分的に加筆の上翻訳したもの。

James Crawford, *Brownlie's Principles of Public International Law*, 8th ed.（Oxford University Press, 2012）［『ブラウンリー・国際法学』第三版、島田征夫ほか訳、成文堂、一九八九年］.

国際法という学問分野全体を俯瞰した、実定法・裁判中心主義的教科書。版を重ねて世界中で読みつがれているが、日本語訳の版は古いので、英語原文での読解をすすめる。

国際秩序

高橋良輔

はじめに

国際秩序概念の歴史的展開を把握するには、若干の事前確認が必要である。第一に、そこには時間軸の問題がある。近年、国際秩序の分析が盛んだが、その多くは近代ヨーロッパから始まる。それは、国際秩序をかたちづくる主権国家の成立が一六四八年以降のウェストファリア体制に見出されてきたためである。(1) だがA・P・ダントレーヴは、近代語としての〈国家state〉(2) に先立ち、〈ポリスpolis〉、〈レス・プブリカres publica〉、〈キヴィタスcivitas〉、〈レグナムregnum〉等、政治体を指す様々な語彙が存在したと指摘する一方、そのいずれもが「組織化された実力force」を意味することにも注意を促した。(3) なるほどその内実は様々でも、組織化された実力としての諸国家の関係性であれば、少なくとも古典古代にまでさかのぼれる。第二に、そこには空間軸の問題がある。現代から見れば、歴史上の国際秩序のほとんどは地域秩序に過ぎなかったが、同時代にはその多くが世界秩序として表象されていた。第三に、国際秩序を諸国家の権力関係一般から区別しなければならない。一般に、社会秩序の概念は、事実と価値の二つの側面を持つ。それは、人間行動の安定的で整然としたパターンの構造化とともに、特定の規範や価値が広く人々に共有されている事態を指す。そのため国際秩序も、独立性と領域性をもつ政治体のあいだの権力構造に尽きるものではない。それぞれの時代と地域で国際秩序が成立するとき、そこには諸国家の行動を方向づけるなんらかの価値規範が共有されている。それゆえ本章では、各時代の国際秩序概念をかたちづくる権力構造と価値規範の双方に注目する。以下では、主に欧米の国際秩序像のいくつかを辿り、この概念の歴史性と地域性を浮かび上がらせてみよう。

一　古典古代

古代ギリシア

政治概念の起源の多くが古代ギリシアに見出されるのと同様、国際秩序概念の源流もしばしばこの時代に求められてきた。ただし、プラトンやアリストテレスの文献から数多の政治概念が引き出されるのに比べ、そこに国際秩序の概念を見出すことは容易ではない(4)。それはすでにこの時代、ポリスと呼ばれる都市国家こそ政治生活の完成形と考えられていたからである(5)。そのため国際秩序概念への手がかりは、むしろギリシアを揺るがした大戦争の記録から引き出されてきた。

まずヘロドトス（Hērodotos, c.B.C. 485-c. 420）の『歴史』のクライマックスは、やはり強大なペルシアの侵攻をギリシア諸都市が斥けたペルシア戦争（前四九九—四四九年）である。古代の東西抗争とも言うべきこの大戦争を描くにあたり、彼は両者の違いに触れている。まずペルシア人は、もっとも近い隣国の民族を尊重し、距離に応じて評価を下げていく。つまり、各民族のもつ支配権や委任統治権はペルシアからの距離に比例していたのであり、ここにアジア側の領域支配がすでに中心—周辺からなる階層構造だったことがうかがえる。アテナイ遠征にあたり、クセルクセス王はこう宣言した。「ヨーロッパ全土を席巻し、これらの諸国をことごとく併呑して一国とした暁には、天日の輝くところわが国に接するものは一国もなくなる……かくしてわが国に対して罪あるものも罪なきものも、隷従の軛につながれることになる(6)」。そこには、すでに帝国的な一元性が露わになっていた(7)。他方ヨーロッパ側では、しばしばその多元性が強調され、その分極構造に自由という価値が付与される。スパルタの使者たちは、ペルシア軍司令官にこう告げた。「奴隷であることがどういうことかは御存じであるが、自由ということについては、それが快いものか否かを未だ身をもって体験しておられぬ(8)」。圧倒的な大軍を擁するクセルクセスは、何故、ギリシア諸国が降伏しないのかわからない。

スパルタ王を廃位されペルシア軍に随行していたデマラトスが、いかにそれを自由と法《ノモス》のためと説明しても、アジアの専制君主には決して理解できなかった。

むろんヘロドトスは、国際秩序の概念を明示したわけではない。だが『歴史』では、ペルシアの国際秩序像が中心―周辺からなる階層構造と隷従という価値で特徴づけられ、ギリシアのそれが分極構造と自由という価値で表現された。そこには、空間的には〈アジア対ヨーロッパ〉、権力構造では〈一元性対多元性〉、そして価値規範としては〈隷従・専制対自由・法〉の対立が浮かび上がる。この「歴史の父」は、まったく異なる国際秩序像がすでに古代から認識されていたことを示したのだった。

こうしてペルシア戦争が異なる国際秩序像の衝突だったとすれば、トゥキュディデス（Thucydides, c.B.C. 460-c. 395）が『戦史』で描いたペロポネソス戦争（前四三一―四〇四）は、同じ宗教や言語を抱くギリシア都市国家群の抗争に過ぎない。だがスパルタを盟主とするペロポネソス同盟とアテナイが率いるデロス同盟の衝突では、大小の都市国家が生存をかけて争い、国際秩序概念への手がかりを浮かび上がらせることになった。第一に、ペルシア戦争以後、ギリシアの分極構造は精強な歩兵集団を擁するスパルタと海上艦隊を増強したアテナイの二極構造に収斂していく。アテナイの指導者ペリクレスは、スパルタとの開戦にあたり、「かれらは自作農である……国境を接する隣国との紛争の経験はあるが、資金をもたぬため、長期戦や海外戦をおこなったためしがない。ゆえにかれらは軍船に乗組をそろえることも、陸路ひんぱんに遠征軍を国外に派遣することもできない[9]」と演説する。それは、いわば陸上国家と海洋国家の衝突であった。第二に、この戦争の原因は、勢力を増すアテナイに対するスパルタの恐怖に求められる。つまり、国際秩序の変動要因は力の移行にあった。既存の秩序維持をはかるスパルタとその変更を目指すアテナイとの争いは、ギリシア世界の覇権闘争を意味した。第三に、アテナイの拡張主義は、逆説的な価値規範を浮き彫りにする。有名なメロス島の交渉で正義や利益の調和を訴える島民に対し、アテナイの使者はこう言い放った。「強者と弱者の間では、強きがいかに大をなし得、弱きがいかに小なる譲歩をもって脱し得るか、その可能性しか問題となり得ない[10]」。その無情な宣告は、国際政治では力こそ正義とする価値規範の原型となった。

こうして空間的には陸上国家と海洋国家の対立、権力構造では二極性、そして価値規範としての権力という逆説を浮き彫りにした『戦史』は、いまや現実主義の古典とされる。ただしそこで描かれたのは、あくまで古代のギリシア都市国家間の覇権闘争であった。その国際秩序像は今日なお多くの示唆をもたらすが、やはり現代とはまったく異なる基礎条件のもとで展開されている。

古代ローマ

このような古代ギリシアに対し、帝国への道を歩んだローマでは、独立した政治体の関係という視点は希薄であった。すでに共和制末期、キケロ（Marcus Tullius Cicero, B.C. 106-43）は建国の父の所業を挙げて宗教と寛容を通じた征服を肯定している。むろんローマは、諸民族の法・制度・風習の違いを知らなかったわけではない。またそこには、どんな国も「正しい奴隷であるよりも不正な支配者である[11]」ことを望むという権力政治観も存在した。だがキケロは、ローマの支配権をこう正当化する。「いかなる戦争も、信義または安全を守るため以外には最善の国によって企てられない……しかし、わが国民は同盟国を守ることにより、いま全世界の支配を獲得した[12]」。海洋国家カルタゴやヘレニズム諸国と戦い、地中海世界に覇権を打ち立てたローマは、すでに共和制末期には陸地と海洋にまたがる広大な地域＝世界秩序を築いていた。その実力による支配は、信義や安全、同盟国の防衛といった価値規範により正当化されたのである。

その支配圏は帝政期にはさらに拡大し、やがて属州民にもローマ市民権が付与されていった[13]。その後、帝国の力は内戦の収拾や辺境の防衛に向けられていく。結局ローマの平和（Pax Romana）とは、空間的には本国―属州―辺境・従属国からなる広大な地域＝世界秩序であり、全土に張り巡らされた軍団ネットワークがその階層的な権力構造を内部化していた。そしてそこでは、ローマ市民権という特権の浸透を通じて、価値規範の共有と諸民族の包摂が進められた。

もっともこの秩序は、その力の衰えとともに新たな正当化を求めざるを得なくなる。西ローマ帝国末期、教父アウグスティヌス（Aurelius Augustinus, 354-430）は神の国と地上の国を区別する一方で、ローマの支配権をキリスト教の神から与えられたものとみなした。彼によれば、隣国が平穏で正しければ、多くの民族はそれぞれの小国を維持して共存できただろう。だが欲望により分裂する地上の国では、征服された者たちは支配権や自由よりも平和と安寧を選ぶ。そのため「善良な人びとが長い間遠く広く支配することは好ましい……この地上の生においては、善良な人びとの支配はかれら自身によりは、むしろ人間社会に役立つ」[14]。秩序とは、命令する者と従う者に相応しい場所をあてがうことであり、家や国そして帝国もこの権威主義的な階層性のもとにある。支配の拡大と有益性の論理は、キケロのそれを色濃く受け継いでいたが、ローマの実力の低下とともに、その秩序を支える価値規範は神の権威から汲みだされていった[15]。

二　中　世

教会としてのフランク王国

こうして五世紀末、蛮族の侵入によって西ローマ帝国が滅亡すると、ヨーロッパはのちに中世と呼ばれる時代に入る。東ローマ＝ビザンツ帝国がローマの遺制を受け継いだのに比べ、西ヨーロッパでは新たな秩序像が模索されねばならなかった。第一に、かつての蛮族が諸王国を打ち立てた結果、中世の王権はゲルマン諸民族の伝統である血統権や人民選挙に基づく唯一性、キリスト教会がふさわしいと認めた適格性、ローマの軍事的命令権を継承した世俗権力の混合物となった。七世紀、西ゴート王国の司教セビリャのイシドルス（San Isidoro de Sevilla, c. 560–636）は、蛮族の王国（Regna）は帝国（Imperium）の枠内にあると述べたが[16]、その実態は君主の家産国家であった。第二に、そこでは裁判と並ぶ権利闘争の手段として、諸個人に暴力を伴う自力救済（Fhede）の権利が認められていた。国家が物理的暴力を独占しないため、「自然状態たるものは、中世的法観念においてはそのままに法的状態」[17]だったのである。そして第三に、中世国家は君主と臣下との私的・人格的な契約に基づいていた。領主たちはときに他国の君主とも結びつき、その封建関係は当然のように国境を越えていく。いわば中世国家は、絶対的な主権も、物理的暴力の独占も、排他的な領域性も知らない政治体であり、権力の統合というより権威的な統合の産物であった。

これらのことから、ヨーロッパ中世に近代的な意味での国際秩序を見出すことは困難である。むしろそこでは、アウグスティヌスが掲げた神の国と地上の国の関係が、諸王国を包み込む独特の秩序像をもたらした。すでに五世紀末、教皇ゲラシウス一世はビザンツ皇帝へ書簡を送って、現世を支配する二つの権力として教皇の聖なる権威（auctoritas）と王の権力（potestas）を挙げ、「王のために神に弁明する司祭」を上位においている。[18] ビザンツ帝国が皇帝教皇主義（Cäsaropapismus）のもとで国家業務と教会運営を峻別したのに対し、西方世界では、この両剣論のもとでローマ帝国から引き継がれた帝権（Imperium）と教皇の有する教権（Sacerdotium）が二つの中心をもつ楕円構造の秩序をかたちづくっていった。[19]

教皇レオ三世によるフランク国王カールの戴冠は、その成立を象徴する事件である。アングロサクソンの修道僧アルクインによれば、カール大帝こそは「全キリスト教徒の支配者にして父、国王にして祭司、首長にして教導者」であり、教皇の役割は「手を神に掲げることにより〔王の〕軍隊を助ける」ことにある。[20] フランクの全人民が「神と王の臣民 fideles Dei et regis」と呼ばれたことに示されるように、同時代の人々にとって、フランク王国は現実に存在する神の国としての教会（ecclesia）を意味した。

揺らぐ楕円の秩序

だがカール大帝の死後、帝権と教権の関係は揺れ続ける。オルレアンの司教ヨナス（Jonas, c. 780-843）は「王は、まず第一に、神の諸教会と僕たちの擁護者でなければならない」[21] と主張したが、それは君主の最高権力を教会につなぎとめる努力を示していた。またカノッサの屈辱の当事者となる教皇グレゴリウス七世は、その「教皇訓令書 Dictatus Papae」で教皇のみが皇帝の権票を用い、皇帝を廃位できること、さらに教皇が不正と認めた君主の臣下たちを誠実誓約から解放できることを宣言し、神聖ローマ皇帝に対する教皇の首位性を誇示した。こうした確執は、皇帝と封建関係にある世俗諸侯と教皇の監督を受ける各地の司教座との争いでもある。いわゆる叙任権闘争は、聖職者の叙任一般をめぐる争いだが、その際、世俗諸侯は教皇の権威を借りて皇帝に対抗し、反対に各地の司教たちは皇帝の権力を擁護して教皇庁の支配を弱めようとした。聖俗諸侯は自らだけでは地域に完結した支配構造を築けなかったために、皇帝の超越的権力や教皇の普遍的権威を必要とする。それはいわば「世界におけるあるべき秩序のための争い」[22] であった。

中世盛期、神聖ローマ皇帝やローマ教皇は必ずしも聖俗諸侯を支配する実力を持たなかったが、その普遍的権威はヨーロッパ封建社会のゆるやかな一体感を醸成する価値規範となる。一二世紀には、ソールズベリーのジョン（John of Salisbury, c. 1115–1180）が「王や諸侯に支配権を与える神[23]」に言及して教皇至上主義を擁護し、またアリストテレスの影響を受けた中世最大の神学者トマス・アクイナス（Thomas Aquinas, c. 1225–1274）も「王は人民を統治することによって神の僕[24]」であると述べて、世俗の統治と神への信仰を結びつけていた。

それゆえ二つの超国家的権威の凋落は、中世的な秩序の終わりを意味した。一方で、一三世紀半ばの大空位時代以後、神聖ローマ帝国は有名無実化し、皇帝はドイツの諸侯や大司教からなる選帝侯会議で選出されていく。カール四世は金印勅書によって皇帝選挙権を確定したが、それは各領邦の自律性を認めることを意味した[25]。他方、一四世紀初めに生じたフランス国王と教皇庁の争いは、対立教皇が並び立つ大分裂をもたらす。ウィリアム・オッカムとともにアヴィニョンの教皇庁を批判したパドヴァのマルシリウス（Marsilius Patavinus, c. 1275–c. 1343）は、『平和の擁護者』で公会議を教皇の上位においてその権威を制約し、さらに「国家もしくは王国においては数的に一つのみの至高なる支配権があるべきである[26]」と主張した。実際、大分裂の克服のために召集されたコンスタンツ公会議では、その決定こそ全教会の意志とみなす公会議至上主義が掲げられ、代表団も出身国別、すなわちフランス・イタリア・ドイツ・イングランド・スペインに分割されている[27]。その議論は各々の思惑により一致しなかったが、すでにそこには各国（ナツィオ）による国際政治上の駆け引きが芽生えていた。

三　近代以降

国内社会と国際関係の切断

もっとも二つの超国家的権威の衰退は、ただちに近代的な国際秩序像をもたらしたわけではない。ここでは主要な政治思想の潮流のなかで、いかに新たなヨーロッパの国際秩序像が紡がれていったかを見てみよう。近代の当初、大きな影響力を発揮したのは、トマス・ホッブズ（Thomas Hobbs, 1588–1679）、ジョン・ロック（John Locke, 1632–1704）、J・J・ルソー（Jean-Jacques Rousseau,

1712-1778）等によって展開された社会契約論である。彼らの契約論は、いわば個々人の自然権を国家設立へ変換する理論装置であった。[28] だがその国際政治観は、自然状態をどうみたかによって大きく分かれている。

まず自然状態と社会状態を鋭く峻別したホッブズは、いくつかの著作で国家や君主たちの関係を潜在的な戦争状態とみなした。[29] そこでは、自然法は人々の内面の法廷でのみ拘束力をもち、平和を保つのに十分ではない。共通権力をもたない国と国とのあいだで互いの恐怖が一時的な平穏をもたらしても、それは決して永続しなかった。[30] グロティウスに抗して、ホッブズは「戦争中に法は沈黙する」と断言する。[31] 秩序は主権者権力のもとでのみ達成され、自然状態に準ずる国際関係はその外部に過ぎなかった。

これに比べロックは、自然状態と戦争状態をはっきりと区別する。彼もまた、「世界における独立した統治体の君主ないし支配者はすべて自然状態のなかにある」[32] と述べて政治共同体の内部／外部を区別したが、それは自然法のもとで人類が一つの共同体をなすことと矛盾しなかった。自然状態にある政治共同体は、成員の固有権（property）の保全のため外部からの侵害を罰する「戦争と平和との権力」をもつが、それは必ずしも戦争状態ではない。「いくつかの国家や王国の間で、他国が所有する土地への要求や権利を明白に、あるいは黙示的に否認する同盟が結ばれ、各国は、共通の同意によって他国に対して本来的にもっていた自然状態への主張を放棄し、明示的な合意によって、地球のそれぞれの部分と区画とに対する所有権を確定する」[33] と述べたとき、ロックは領土への固有の権利を互いに尊重し合う国際秩序像を描いている。改良すべき土地が存在し、その占有が他者を害さないという前提のもとでは、[34] 自然状態としての国際関係も自然法に基づく固有権の尊重という価値規範により秩序づけられるはずだった。戦争状態と社会状態のあいだに「上位権力なき秩序」を想定するその思想は、近代の領域的な国際秩序概念の原型とも言える。

これに対してルソーは、「国家は自国より強大な国家がわずかでもあるかぎりは、弱小だと感じる。自国の保障と保全とが、すべての隣邦諸国より強大になることを命じる」[35] と述べ、国家間の力関係が相対的性質をもつこと、その不平等が増大する傾向を強調した。彼によれば、ホッブズの想定とは逆に人間は本来臆病で平和を好むため、個人相互のあいだでは戦争状態は生じない。むしろ人々が結びついて社会を構成するやいなや、それに対抗する必要性から他の社会が形成される。[36] ルソーにとって、皮肉にも戦争状態は「人々が恒久的平和を確保するためにとった様々な配慮」[37] から生じていた。

このように、彼らの国際政治観は大きく異なるが、社会契約によって基礎づけられた秩序概念は決して国際関係にまで延長されなかった。諸国家を包摂する中世の普遍的権威が凋落した後、国内秩序との類推によって国際秩序を構想することは困難になる。近代の国際秩序概念は、国内とは異なる秩序原理を必要としていた。

諸国民の多元性とヨーロッパの紐帯

それゆえ一八世紀に原始契約の考え方を批判したデイヴィッド・ヒューム（David Hume, 1711-1776）が[38]、古代ギリシアに遡って勢力均衡を再発見したことは示唆的である。彼は、この動的な権力構造が近代的な慎慮より嫉妬深い競争心を原動力とすることを認めつつ、巨大な君主国の支配よりはましだと考えていた[39]。またローマ人の盛衰を検討し、同じく強大な君主による征服を懸念したモンテスキュー（Charles-Louis de Montesquieu, 1689-1755）は、諸国家を平和に向かわせる原動力として商業の精神を挙げる。それは、他者を思いやる徳性と対立するが、掠奪を抑えて諸国民を結び付け、相互依存を生みだすはずだった[40]。征服への恐怖に基づく勢力均衡も利得への欲望がもたらす相互依存も、決して道義的な秩序原理ではなかったが、歴史から引き出された二つの原理は、すでに諸国民の多元性の維持それ自体を新たな価値規範としていた。

もっともこの新たな多元性の過剰は、ある代償も伴う。過激化するフランス革命を弾劾したエドマンド・バーク（Edmund Burke, 1729-1797）は、何世代にもわたってヨーロッパ共通の風俗や社会通念を育んできた紳士の精神や宗教の精神こそ、近代ヨーロッパをアジア諸国や古代世界よりも優れた社会にしたと主張した[41]。この観点からみれば、「理性の新しい征服帝国」は全ヨーロッパ世界を結びつけている文明を解体してしまう。彼にとって、それは諸国家を包摂する歴史的・文明的な紐帯の喪失を意味していた。

このため、近代国家の形成に「遅れてきた国民」（ヘルムート・プレスナー）となったドイツでは、諸国民の多元性と両立する国際秩序概念が模索されていく。特にイマニュエル・カント（Immanuel Kant, 1724-1804）の「永遠平和のために」は、近代の国際政治の諸要素を幅広く取り込んでいる。まず彼によれば、「ともに暮らす人間たちのうちで永遠平和は自然状態ではない[42]」。ホッブズと同じく、カントは自然状態を戦争状態とみなした。平和状態を新たに創り出すには、各国の体制が共和的となり、国際法が自由な国家間連合によって基礎づけられ、さらに歓待の権利が世界市民法として共有される必要があった。共和制では国民が戦争の惨禍を忌避し、諸国家からなる平和連盟はすべての戦争を終わらせる。「どの民族も、みずからの安全のために、個人が国家において市民的な体制を構築したのと同じような体制[43]」を構築するべきだと述べたとき、彼はかつて契約論者が切断した国内秩序と国際秩序の類推を試みていた。

ただし、地上の全民族を含む国際国家は実現の見込みが薄く、絶えず持続する連合という消極的理念で満足するしかない。むしろカントは、諸民族が分離されたまま相互に訪問できる権利の保障として世界市民法を提案した。「この地球という球体の表面では、人間は無限に散らばって拡がることができないために、共存するしかない」のであり、「すべてのひとが地表を共同所有するという権利」を想定すべきである[44]。そこでは、国内／国際／世界という入れ子状の空間性の各々が法的に規制される。たとえ遠い将来でも、国民法／万民法／世界市民法という三重の公法秩序の構築こそ、永久平和という価値規範を実現する方途だった。

だがこの未来に向けたプロジェクトは、一九世紀には決して現実化しなかった。G・W・F・ヘーゲル（Georg Wilhelm Friedrich Hegel, 1770-1831）は、『法の哲学』のなかで、国家連合の前提となる諸国家の同意も所詮は各々の主権的意志に基づく偶然的なものでしかないと批判する。国際関係には世界精神を除くいかなる裁定者も存在しない。普遍的法としての国際法は、「条約は遵守されるべし」という原則をもつが、それが現実に効力を持つか否かは、各国家の特殊な意志次第である。このため彼は、「国家間の争いは、それぞれの国家の特殊意志が合意を見いださないかぎり、ただ戦争によってのみ解決されうる[45]」と断言した。

ただしこのことは、国際秩序像の不在を意味しない。たしかにヘーゲルは、国家としての民族を地上における絶対的威力とみなしたが、その第一の権限は「他の国家によって承認されていること[46]」であった。つまり諸国家間の関係は、すでにある社会性をもつ。「国家が国家として互いに承認し合うということのうちには、戦時においてさえ、すなわち違法、暴力、偶然の状態においてさえ、一つの絆が存続する[47]」。戦争中も使節を尊重し、私人の生活を侵害してはならないとする規定は、戦争が過ぎ去っていくべき一過性の事態であることを示していた。「ヨーロッパ諸国民はその立法、習俗、教養の一般的原理に従って一つの家族をなしている[48]」と記したとき、彼は諸国家の相互承認関係に、国際法よりもはるかに根強い水平的な国際秩序を見出していた。

このように近代ヨーロッパでは、国内と国際の峻別、勢力均衡や相互依存といった原理、諸国民の多元性と文明的な紐帯、さらに諸国家を結びつける国際公法や相互承認等、国際秩序概念の要素の多くが導き出されている。主権による独立と排他的な領域性をもつ国民国家が、利害や規範に沿って関係をとり結ぶという国際秩序の原像は、この極めて限られた時代と地域で育まれていた。

四　現代の論争

世界大戦の時代

ところがこの特殊ヨーロッパ的な国際秩序像は、二〇世紀にはその限界を露わにする。カントが展望したように、情報・交通手段の発展は国際秩序の空間性を押し広げていった。帝国主義と二度の世界大戦は、諸国家の関係性を否応なく地球規模にする。一九〇四年には大英帝国の地理学者ハルフォード・マッキンダーが、世界をユーラシア大陸＝世界島内陸部のハートランド、それをとりまく縁辺の半月弧、そしてさらにその外周をとりまく島嶼群の半月弧に区分し、世界史的なランドパワーとシーパワーの対立に注意を促した。彼は「東欧を支配する者はハートランドを制し、ハートランドを制する者は世界島を制し、世界島を支配する者は世界を制する」[49]と述べ、その地政学を民主主義の理念や諸国民の自由といった価値規範と結びつけている。

なるほど第一次世界大戦直後に、アメリカ大統領ウッドロー・ウィルソンがあらためてカントのプロジェクトに取り組んだことは不思議ではない。その国際秩序像では、民族自決原則のもと平和の基盤が民主国家の共同体に求められ、自由貿易と国際法が近代化と文明化を促し、諸国家の権力の共同体が平和な安定的秩序を確立するはずだった[50]。だがE・H・カーによれば、このプロジェクトは平和を諸国家の共通利益と見なし、利益の自然調和を信じるユートピアニズムの産物である。「国際政治に関しては、調和をつくり出す任務を担う組織された力が存在しないのであり、それゆえにこそ、自然的調和を考える傾向がとくに強い[51]」。各国家と世界の利益の一致という理想は、現状維持を願う国家と現状打破を目指す国家の鋭い緊張関係を捉えられなかった。

またカール・シュミットは、世界大戦が従来のヨーロッパ公法秩序の解体を決定的にしたとみる。第一次世界大戦は、ヨーロッパの列強が相互に「正しい敵」として承認しあう戦争として始まったが、その終わりを確定するヴェルサイユ条約はドイツのヴィルヘルム二世を戦争犯罪人として訴追した。[52] かつてバークやヘーゲルが信頼を寄せたヨーロッパの紐帯は、すでに綻んでいた。また歴史性と地域性に根差したヨーロッパ公法は、より一般的な国際法へ変質していく。シュミットにとって、文明諸国家間の万民法（droit des gens）と具体的な領域性を失い普遍化された国際法（internationale Recht）は異質である。それが具体的な領域性を失うにつれ、アメリカ、アジア、アフリカで広域（Großraum）ごとの異なる国際法が現われる。国際連盟は、具体的な空間性をもたない包括的な国際法秩序として設立されたため、現実的な基礎を持たずに失敗するしかなかったと彼は指摘した。[53]

分断された世界と理念の継承

こうして二度の世界大戦は、近代ヨーロッパで培われた国際秩序概念の見直しを余儀なくした。例えば純粋法学で知られるハンス・ケルゼンは、新たな国内類推を国内法と国際法の集積過程に見出そうとする。彼によれば国際連盟や国際連合の構造的欠陥は「これらの組織の中心に、国際裁判所ではなしに、一種の国際政府、すなわち国際連盟理事会および国際連合安全保障理事会をおいたという事実」[54]にある。そのためケルゼンは、国際政府よりも強制管轄権をもつ国際裁判所の設立こそ現実的だと主張した。

しかし戦後の国際秩序は、国際連合によって統合された権力構造ではなく、むしろ分裂へと向かう。アメリカの外交官ジョージ・ケナン（George Frost Kennan, 1904-2005）は、一九四七年に「ソ連邦を世界政治における協力者ではなく、対抗者だと考えていかねばならない」[55]と記し、戦後秩序が異なる価値規範のもとでの二極構造になると予見した。彼はアメリカの自由な民主主義と豊かな資本主義という価値規範を重視し、政治的・経済的・社会的影響力に基づく封じ込め政策を立案したが、それは冷戦下しばしば軍事的優位の追求へとすり替えられ、第三世界での代理戦争や軍事介入の正当化に用いられた。

他方この時期には、国際秩序の理念が再検討されている。英国学派の始祖マーティン・ワイトは、「主権国家の登場以前については、国際関係を当然のこととして語ることはできない」[56]と断ったうえで、国際理論の伝統をホッブズやマキャヴェリの視点を受け継ぐ現実主義者（realist）、ロックやグロティウスに連なる合理主義者（rationalist）、そしてカントあるいはレーニンの展望の実現を目指す革命主義者（revolutionist）に分類した。さらにヘドリー・ブルは、特にグロティウス的伝統を精緻化するなかで、「アナーキカル・ソサエティ」という国際秩序概念を提示する。[57] それは、上位権力を欠いたまま勢力均衡・国際法・外交・戦争・大国といったメカニズムによって諸国家が共存する国際社会の姿であった。ブルやスタンレー・ホフマンは、主権国家からなる国際秩序と人類一般を含む世界秩序をはっきり区別する。[58] 価値規範では民主主義・資本主義対共産主義・計画経済、権力構造でも西側と東側に二極化した世界規模の冷戦下では、互いに知的優位を競い合う国際秩序概念が浮き彫りにされていった。

パックス・アメリカーナの盛衰

もっとも一九八九年の冷戦終結宣言に続いてソ連邦が瓦解すると、第二次世界大戦以降の世界はアメリカの覇権による平和（Pax Americana）として描かれていく。アメリカの国際政治学者ジョン・アイケンベリーは、それをリベラルな多国間主義という価値規範に基づく戦後秩序として概念化した。彼によれば、覇権国が新たな規範体系を提唱し、各国のエリートがそれを受容するのは、圧倒的な実力が示される戦争直後や植民地化のときである。第二次世界大戦終結時、アメリカは政治的には国連憲章に明文化された大国間協調、経済領域ではブレトンウッズ協定等に具体化されるリベラルで非差別的な通商・金融システムを新たな国際秩序像として掲げた。力と規範を兼ね備えた戦後秩序は、ポスト冷戦期にさらに拡大し、「アメリカは、世界の多くで使われている言語や思想や制度的枠組みを提供することにより、世界政治を支配[59]」するに至る。

だがこの「資本主義とデモクラシーの帝国」の持続性には、早くから疑問も呈されてきた。イマニュエル・ウォーラースティンによれば、新世界秩序の象徴とされた一九九一年の湾岸戦争は、すでにパクス・アメリカーナの終わりを暗示していた。アメリカは国際秩序を維持するために剝き出しの軍事力を行使せねばならず、戦費は各国の財政支援に依存し、その戦勝はアメリカの指導者たちに誤った自惚れをもたらす。[60] なるほど、この帝国的な国際秩序の終わりはその絶頂期に始まったのかもしれない。二〇〇一年にアメリカ本土を襲った九・一一同時多発テロは、アメリカに対する反発の広がりと根深さを見せつけた。ネオ・コンサヴァティヴの論客ロバート・ケーガンは、ヨーロッパをカント的世界、アメリカをホッブズ的世界と呼んでアフガニスタンやイラクでの戦争を正当化したが[61]、この欧米の乖離それ自体がすでにアメリカの指導力の低下を示している。民族紛争の現場を取材したマイケル・イグナティエフは、「一時的な帝国主義、即ち軽い帝国が、内戦によって引き裂かれた国家の民主化のためには不可欠な条件[62]」だと表明したが、アフガニスタンやイラクの戦後処理はアメリカには重過ぎる負担となった。

『ポスト・アメリカの世界』の著者ファリード・ザカリアは、アメリカはあらゆる種類の力をもつが、いまや課題の設定や危機の定義、諸国家や非政府組織の支持を集める「正当性の力」だけは失っていると訴える[63]。彼によれば現代は、一五世紀の西洋の台頭、一九世紀末のアメリカの台頭に続く第三の権力シフトの時代であり、「アメリカ以外のすべての国の台頭」の時代である。この時代診断が正鵠を射たものか否かは、歴史の審判に委ねるしかない。だが主導的国家のいない「Gゼロの世界」(イアン・ブレマー)、国家が経済を管理する「北京コンセンサス」への支持、国際社会にも人権を守る義務を課す「保護する責任」論、そしてユーラシア大陸に新たな転回点を見出す「地勢の逆襲」(ロバート・D・カプラン)といった近年の言説は、半世紀以上にわたってアメリカが主導してきた戦後の国際秩序が、いまや権力構造と価値規範の両面で制度疲労を起こしつつあると警告している。

おわりに

以上ここでは、主に欧米の国際秩序概念の歴史的展開を辿り、その権力構造と価値規範を跡付けてきた。第一に、数多の秩序像は、この概念が直線的な進歩ではなく紆余曲折と振幅の産物であることを示している。同じ宗教や言語をもつ古代の都市国家間の秩序、ローマ帝国やキリスト教会の普遍的権威を戴いた中世の秩序、諸国民の多元性を基盤とする近代の国際秩序、そして地球規模の空間性をもつに至った現代の世界秩序は、いずれも各時代に特有の条件のもとでかたちづくられている。そこに連続性を見出すにせよ断絶を強調するにせよ、我々はこの複合概念を「プロクルステスの寝台」のように勝手に引き延ばしたり、切り詰めたりすることにいっそう慎重でなければならないだろう。第二に、ここではその来歴を主に西洋の政治理論の伝統のなかに探っている。だが諸国家を包摂する秩序の概念は決して欧米にだけ芽生えたわけではない。例えば東アジアには、中国との朝貢関係を通して広大な地域と海域にまたがる華夷秩序が培われていた歴史がある。[64] また七世紀以降、価値体系としてのイスラム、規範としてのシャリーア、文明語としてのアラビア語を共有する地域では、国境を越えて宗教的な世界秩序像が抱かれてきた。[65] 主権国家からなる国際秩序が今後も続くとしても、異なる価値規範と権力構造のもとで諸国家を包摂する広域秩序間の差異が重大になるかもしれない。[66] これからの国際秩序研究は、地域的な差異と摩擦にも敏感になる必要があろう。そして最後に、国際秩序概念の検証では、力と規範の双方をみなければならない。振り返れば、国際秩序をめぐる言説は政治思想の広大な伝統のなかに散りばめられてきた。諸国家を枠づけてきた力と規範の布置関係（Konstellation）こそ、この政治的概念を理解する鍵である。「力のない正義は無効であり、正義のない力は圧制である」[67] というパスカルの格言は、異なる時代と地域の国際秩序概念にも当てはまるのである。

付記

本研究は、科学研究費助成事業（基盤研究B「多層化する国民国家システムの正統性の動態分析」）の成果の一部である。

注

（1） この通説の問い直しとして、ベンノ・テシュケ『近代国家体系の形成——ウェストファリアの神話——』（君塚直隆訳、桜井書店、二〇〇八年）、明石欽司『ウェストファリア条約——その実像と神話——』（慶応義塾大学出版会、二〇〇九年）等。

（2） 古賀敬太「国家」（同編『政治概念の歴史的展開　第一巻』晃洋書房、二〇〇四年）一七一—一九一頁。

（3） ダントレーヴ『国家とは何か——政治理論序説——』（石上良平訳、みすず書房、一九七二年）四二頁。

（4） 国際政治の諸概念の後景化については、Martin Wight, "Why is There no International Theory?," in H. Butterfield and M. Wight ed., *Diplomatic Investigations* (George Allen & Unwin, 1966) pp. 17-34. Hans Morgenthau, "The Intellectual and Political Function of Theory," in H. Morgenthau, *Truth and Power: Essays of Decade, 1960–1970* (Praeger, 1970) pp. 248-261.

（5） アリストテレス『政治学』（牛田徳子訳、京都大学出版会、二〇〇一年）四頁（第一巻第一章）。

（6） ヘロドトス『歴史　下』（松平千秋訳、岩波書店［岩波文庫］、一九七二年）一四頁。

（7）木村俊道「帝国」（古賀敬太編『政治概念の歴史的展開　第四巻』晃洋書房、二〇一一年）一二三―一五三頁。
（8）ヘロドトス『歴史　下』（松平千秋訳、岩波書店［岩波文庫］、一九七二年）九七頁。
（9）トゥーキュディデース『戦史　上』（久保正彰訳、岩波書店［岩波文庫］、一九六六年）一八五―一八六頁。
（10）トゥーキュディデース『戦史　中』（久保正彰訳、岩波書店［岩波文庫］、一九六六年）三五三―三五四頁。
（11）キケロー「国家について」（『キケロー選集8』岡道男訳、岩波書店、一九九九年）一二二頁（第三巻第一八節）。
（12）キケロー「国家について」一二四―一二五頁（第三巻第二三節）。
（13）山崎望「シティズンシップ」（古賀敬太編『政治概念の歴史的展開　第六巻』晃洋書房、二〇一三年）二七〇―二七一頁。
（14）アウグスティヌス『神の国　一』二七二頁（第四巻第三章）。
（15）アウグスティヌス「秩序」（『アウグスティヌス著作集1――初期哲学論集――』清水正照訳、教文館、一九七九年）二九〇頁。
（16）J・B・モラル『中世の政治思想』（柴田平三郎訳、平凡社［平凡社ライブラリー］、二〇〇二年）二六頁。
（17）掘米庸三『ヨーロッパ中世世界の構造』（岩波書店、一九七六年）二七〇頁。
（18）オルレアンのヨナス「王の教育について」（『中世思想原典集成6――カロリング・ルネサンス――』三上茂訳、平凡社、一九九二年）三三八頁（第一章）。モラル『中世の政治思想』三二頁。
（19）増田四郎『西洋中世世界の成立』（講談社［講談社学術文庫］、一九九六年）二二五頁。
（20）山田欣吾『教会から国家へ――古相のヨーロッパ――』（創文社、一九九二年）七頁。
（21）オルレアンのヨナス「王の教育について」三三七頁（第四章）。
（22）こうした見方はG・テレンバッハによるものだが、その問題については、山辺規子「ローマ・カトリック秩序の確立」（江川温・服部良久編『西欧中世史　中――成長と飽和――』ミネルヴァ書房、一九九五年）五一―七六頁。
（23）ソールズベリーのヨハンネス「メタロギコン」（『中世思想原典集成8――シャルトル学派――』甚野尚志ほか訳、平凡社、二〇〇二年）八一三頁（第四巻第四二章）。
（24）トマス・アクィナス『君主の統治について――謹んでキプロス王に捧げる――』（柴田平三郎訳、岩波書店［岩波文庫］、二〇〇九年）五四頁。
（25）掘米庸三『西洋中世世界の崩壊』（岩波書店［岩波全書］、一九五八年）一七五頁。

(26) パドヴァのマルシリウス「平和の擁護者」(『中世思想原典集成18――後期スコラ学――』稲垣良典訳、平凡社、一九九八年)五三一―五三七頁。
(27) 樺山紘一「キリスト教会と教皇権の動揺」(朝治啓三・江川温・服部良久編『西洋中世史 下――危機と再編――』ミネルヴァ書房、一九九五年)六一―六二頁。
(28) 高橋良輔「国家主権――自由と安全の動的均衡――」(高橋良輔・大庭弘継編『国際政治のモラル・アポリア――戦争/平和と揺らぐ倫理――』ナカニシヤ出版、二〇一四年)二四七―二八八頁。
(29) ホッブズ『リヴァイアサン(一)』(水田洋訳、岩波書店[岩波文庫]、一九五四年)二〇五頁。
(30) ホッブズ『哲学者と法学徒との対話――イングランドのコモンローをめぐる――』(田中浩ほか訳、岩波書店[岩波文庫]、二〇〇二年)一六頁。
(31) ホッブズ『市民論』(本田裕史訳、京都大学学術出版会、二〇〇八年)一一七頁。
(32) ロック『完訳 統治二論』(加藤節訳、岩波書店[岩波文庫]、二〇一〇年)三〇七頁。
(33) ロック『完訳 統治二論』三四七頁。
(34) ロック『完訳 統治二論』三三一頁。
(35) ルソー「戦争状態は社会状態から生まれるということ」(『ルソーコレクション 文明』宮治弘之訳、白水社、二〇一二年)一八四頁。
(36) ルソー「人間不平等起源論」(『ルソーコレクション 起源』原好男訳、白水社、二〇一二年)九三頁。
(37) ルソー「戦争状態は社会状態から生まれるということ」一九三頁。
(38) ヒューム「原始契約について」(『政治論集』田中秀夫訳、京都大学学術出版会、二〇一〇年)三一七―三四五頁。
(39) ヒューム「勢力均衡について」『政治論集』一〇四、一〇六頁。
(40) モンテスキュー『法の精神 中』(野田良之ほか訳、岩波書店[岩波文庫]、一九八九年)二〇二頁。
(41) エドマンド・バーク『フランス革命についての省察(上)』(中野好之訳、岩波書店[岩波文庫]、二〇〇〇年)一四〇―一五〇頁。
(42) カント『永遠平和のために/啓蒙とは何か 他三編』(中山元訳、光文社[光文社古典新訳文庫]、二〇〇六年)一六二頁。
(43) カント「永遠平和のために」一七九頁。
(44) カント「永遠平和のために」一八五頁。
(45) ヘーゲル「法の哲学」(『世界の名著四四 ヘーゲル』藤野渉・赤沢正敏訳、中央公論社、一九七八年)五九一頁。

(46) ヘーゲル「法の哲学」五八九頁。

(47) ヘーゲル「法の哲学」五九三頁。

(48) ヘーゲル「法の哲学」五九三頁。

(49) マッキンダー『マッキンダーの地政学——デモクラシーの理念と現実——』(曽村保信訳、原書房、二〇〇八年)一七七頁。

(50) G. John Ikenberry, "Woodrow Wilson, the Bush Administration, and the Future of Liberal Internationalism," in G. John Ikenberry, Thomas J. Knock, Anne-Marie Slaughter and Tony Smith, *The Crisis of American Foreign Policy: Wilsonianism in the Twenty-first Century* (Princeton University Press, 2009) pp. 11-13.

(51) E・H・カー『危機の二〇年——一九一九—一九三九——』(井上茂訳、岩波書店[岩波文庫]、一九九六年)一〇六頁。

(52) Carl Schmitt, *Der Nomos der Erde: im Völkerrecht des Jus Publicum Europaeum* (Duncker & Humblot, 1950) S. 236 [『大地のノモス——ヨーロッパ公法という国際法における——』三三八頁]. カール・シュミットの国際秩序思想については、大竹弘二『正戦と内戦——カール・シュミットの国際秩序思想——』(以文社、二〇〇九年)。Louiza Odysseos and Fabio Petito ed., *The International Political Thought of Carl Scmitt: Terror, Liberal war and the Crisis of Global Order* (Routledge, 2007). William Hooker, *Carl Schmitt's International Thought: Order and Orientation* (Cambridge University Press, 2009).

(53) Carl Schmitt, *Der Nomos der Erde*, S. 216 [『大地のノモス』三一〇頁].

(54) ハンス・ケルゼン『法と国家』(鵜飼信成訳、東京大学出版会、一九六九年)一七五頁。なお同書の原題は、*Law and Peace in International Relations* である。

(55) ジョージ・ケナン「ソヴェト行動の源泉」(『アメリカ外交五〇年』近藤晋一ほか訳、岩波書店[岩波現代文庫]、二〇〇〇年)一八七頁。

(56) マーティン・ワイト『国際理論——三つの伝統——』(佐藤誠ほか訳、日本経済評論社、二〇〇七年)二頁。

(57) Hedley Bull, *The Anarchical Society: A Study of Order in World Politics, 2nd edition* (Macmillan Press, 1995) [『国際社会論——アナーキカル・ソサイエティ——』臼杵英一訳、岩波書店、二〇〇〇年].

(58) Stanly Hoffmann, "Is There an International Order?," in *Janus and Minerva*, 1987, pp. 85-121 [「国際秩序は存在するか」『スタンレー・ホフマン国際政治論集』中本義彦編訳、勁草書房、二〇一一年、三一七—三六九頁].

(59) G・ジョン・アイケンベリー『リベラルな秩序か帝国か　下』(細谷雄一監訳、勁草書房、二〇一二年) 四頁。

(60) イマニュエル・ウォーラースティン『ポスト・アメリカ――世界システムにおける地政学と地政文化――』(丸山勝訳、藤原書店、一九九一年) 一六―一七頁。

(61) ロバート・ケーガン『ネオコンの論理――アメリカ新保守主義の世界戦略――』(山岡洋一訳、光文社、二〇〇三年)。

(62) マイケル・イグナティエフ『軽い帝国――ボスニア、コソボ、アフガニスタンにおける国家建設――』(中山俊宏訳、風行社、二〇〇三年) 三頁。

(63) ファリード・ザカリア『アメリカ後の世界』(楡井浩一訳、徳間書店、二〇〇八年) 三二四頁。

(64) 濱下武志「東アジア史に見る華夷秩序」(濱下武志編『東アジア世界の地域ネットワーク』山川出版社、一九九九年)。濱下武志「地政論」(濱下武志・川北稔編『支配の地域史』山川出版社、二〇〇〇年)。

(65) 鈴木董『オスマン帝国とイスラム世界』(東京大学出版会、一九九七年) 四九―六一頁。

(66) サミュエル・ハンチントン『文明の衝突』(鈴木主悦訳、集英社、一九九八年)。

(67) パスカル『パンセ』(由木康訳、白水社、一九九〇年) 一二八頁。

参考文献

Carl Schmitt, *Der Nomos der Erde: im Vöikerrecht des Jus Publicum Europaeum* (Duncker & Humblot, 1950) [『大地のノモス――ヨーロッパ公法という国際法における――』新田邦夫訳、慈学出版社、二〇〇七年].

カール・シュミットの国際政治思想の代表作。「具体的秩序思想」や「陸地取得史」の観点から、ヨーロッパ公法秩序の盛衰と戦争の意味変化を描き出す壮大な筆致は、近年あらためて注目を集めている。

Henry Kissinger, *World Order: Reflections on the Character of Nations and the Course of History* (ALLEN LANE, 2014) [『国際秩序』伏見威蕃訳、日本経済新聞出版社、二〇一六年].

冷戦期のアメリカ国務長官H・キッシンジャーによる国際秩序論。ヨーロッパはもちろん、中東のイスラム圏やアジア、アメリカの歴史をひもときながら、「われわれの時代の世界秩序」を展望する。

Hedley Bull, *The Anarchical Society: A Study of Order in World Politics, 2nd edition* (Macmillan Press, 1995)［『国際社会論――アナーキカル・ソサイエティ――』臼杵英一訳、岩波書店、二〇〇〇年］.

グロティウス的伝統を精緻化しつつ、主権国家からなる社会「アナーキカル・ソサエティ」としての国際秩序を提唱する、英国学派の古典。国際秩序と世界秩序の区別、秩序と正義の相克等、いまなお多くの示唆をもたらす。

David Held, *Democracy and the Global Order: From the Modern State to Cosmopolitan Governance* (Polity Press, 1995)［『デモクラシーと世界秩序――地球市民の政治学――』佐々木寛・遠藤誠治・小林誠・土井美穂・山田竜作訳、NTT出版、二〇〇二年］.

カント的な秩序プロジェクトの現代版。「ウェストファリア・モデル」「国連憲章モデル」「コスモポリタン・モデル」等の類型化のなかで、民主主義理論と世界秩序構想との架橋をはかっている。

Samuel P. Huntington, *The Clash of Civilizations and the Remaking of World Order* (Simon & Schuster, 1996)［『文明の衝突』鈴木主悦訳、集英社、一九九八年］.

ポスト冷戦期に新たな秩序像を提唱した話題作。「西欧文明対儒教＋イスラム・コネクション」という視点には、根深い欧米中心主義もうかがえるが、文明に基づく国際秩序の新たな編成という壮大な展望はいまなお魅力に富む。

篠田英朗『国際社会の秩序』（東京大学出版会、二〇〇七年）。

ヨーロッパ中心主義的な理解を批判的に捉えつつ、国家主権・国民国家・国際組織・安全保障・民主主義・人権・平和等、現代の国際社会で秩序を構成している価値規範を丁寧に解き明かす好著。

細谷雄一『国際秩序――一八世紀ヨーロッパから二一世紀アジアへ――』（中央公論新社［中公新書］、二〇一二年）。

イギリス外交史研究の専門家による体系的な国際秩序論。近代ヨーロッパの政治思想と外交史を架橋することで、国際秩序に「均衡」「協調」「共同体」という三つの基本原理を見出し、グローバル化時代までも展望する。

現実主義

西村邦行

はじめに

末尾を「主義」で終える概念の多くがそうであるように、現実主義もまた、その思想的内実に曖昧さを抱えている。

現代の国際政治学者によれば、およそ次のような視座がこの語で指示されるところと言えよう。曰く、政治の諸主体は互いに衝突し合う多様な利害・関心を有しており、各々が自己の目的を実現しようと試みる中で権力の奪い合いが生ずる。複数の主権国家を水平的に並存させた国際社会体系が確立されて以後、この角逐を止めることはとりわけ困難となった。そこでひとたび紛争が起きてしまえば、最後には武力が物を言う。

ただ、その上で、この論理を成立させている主たる根拠が何かをめぐっては、研究者のあいだでも意見が分かれてきた。現代の理論家の多くは、国際社会の構造にそれを求める。(1) 対して、人間の本性に眠る暴力的衝動をより重視する向きもある。(2) あるいは、懐疑主義的な精神態度こそが現実主義の根幹であるという人々もいる。(3)

さらに言えば、現実主義に何かしら固有の核を認めるべきか否かがそもそも議論の対象となってきた。この語はしばしば、理想主義という等しく曖昧な語と対置される中で意味を与えられてきたのである。(4) 本シリーズ既刊の項目から同じく主義の付く語を引き合いに、例えば、連邦主義における連邦の語などと比べても、現実主義における現実の語は概念史的な考察の始点としてあまりに抽象的であろう。現実に対する何らの見方をも伴わない思想など、はたして存在しうるであろうか。

このように言うとき、思考の順序はもちろん逆転している。特定の指標を基に語りがたい何かであるがゆえに、現実主義という奇妙な名が付けられていると考えるべきであろう。しかし、だとすれば、現実主義とは何かを問う上で、その中身から始めようとすること自体がやはり妥当ではあるまい。

そうなると、注目すべきは、現実主義という語で特定の思想を名指すその行為の方であろう。つまるところ、現実主義は現実を何かしらの形で画定せんとする企図と結びついているはずである。この語の西洋における原語諸語（realism, Realismus, réalisme）に対して写実主義や実在論といった訳語を当てうるのも、この事情を裏付けている。先の国際政治学上の視座を現実主義と呼ぶ行為について言えば、そこには権力政治こそ現実という含意が込められているはずであって、事実、現実主義を標榜する国際政治の理論家たちはしばしば、国際社会の構造を不変的なものと捉え、自分たちの見ている世界像こそが半恒久的な現実であると唱え立ててきたのであった(5)。

現実主義を標榜することとは、政治についての特定の定義を選びとることである。権力概念でもって定義されるべき政治こそを、現実の政治と解するところに、現実主義の現実主義たる所以があるはずである。そうしてわざわざ現実なるものが何なのか述べ立てられるとき、それまで現実と捉えられていた世界像は政治の現実ではないものへと退けられ、権力を道義的に望ましからざるものとする観念には疑義が差し挟まれている。人間性を根拠とするにせよ国際社会の構造を根拠とするにせよ、あらゆる道義的な主張は、その裏に何かしらの利益や権力が潜んでいることが疑われるものであり、普遍的・客観的な正義に基づく政治などというものは存立しえない――このような判断がそこでは下されているわけである。対立項として語られてきた現実主義と理想主義のそれぞれに、政治的と道徳的の各形容詞が冠せられてきた所以である(6)。

現実主義は、政治にとって望ましいこととそれ以外の人間活動諸領域に当てはまる倫理とが高い蓋然性でもって不一致に至るとの認識を基礎に据えている。しかし、政治を日常倫理に沿って望ましいものへ塗り替えていくという策を求めはしない。むしろ権力を通じて推し進められていくものとしての政治をそれとして受け容れ、政治に固有な当為の在り方、「よりましな悪」を模索する中でこそ、この緊張の解決を試みようとする。懐疑主義およびプラグマティズムとの親和性もここに現れるものであって、政治においては、秩序の根底にある道徳をも疑わねばならないがゆえに、正しさを測る指標は他の同等に相対的な価値しか持たない視座を圧する権力に求められ、その場その場の力関係が価値判断の基準となるわけである。

以上のように捉えてもなお、現実主義という語から曖昧さを消し去ることはできない。例えば、規範的な問題を議論から排し、政治権力の動態を分析するからといって、現代の実証主義的な政治理論をすべて現実主義の系譜に数え入れる論者はそうはいまい。むしろ、政治と倫理との緊張関係という普遍性の高いテーマにしか共通項を求めえない点にこそ、現実主義の本質が強く浮かび上がっている。あらゆる知的伝統は何らかの形で合理的再構成を被っているとして、西洋思想史上の一主題としての現実主義は、そうした色彩をとりわけ濃く帯びている。「万人の万人に対する闘争」というその自然状態観から現実主義の伝統を特に代表する存在とされてきたホッブズをとってみても、国際関係に関する彼の議論に着目した研究は一九世紀には未だほぼ皆無であって、テンニエスがわずかに言及を行った一九一二年以後、国際社会が実際に無政府的であるとの認識が共有されるようになった後で初めて、『リヴァイアサン』は現実主義の理論書となったのであった[7]。

こうして後世から再帰的に捉え返された伝統と見るべき点で、現実主義は、同じく主義を従える語の中でも、自由主義などに近い。ただ、やはりその冠している語の抽象性からしても、思想の実質はより曖昧なように思われる。現実主義は、単一の概念というよりも、利益、権力、正義といった種々の論争的な概念の附置関係から立ち昇る独特の雰囲気のようなもの——E・H・カー（E. H. Carr, 1892-1982）の言葉を借りれば「徴候」——であって、その内実は、個々の時間・空間においてそれら概念を人々がいかに認識し、現実（の政治）全体をどう捉えたかにかかってきた[8]。現実主義的な政策とは国益を追求するものであるとして、ではその国益とは何かという問いもまた、時代・場所ごとの文脈から発せ続けられてきたのであった。

したがって、現実主義の系譜を辿ろうとするならば、トゥキュディデスに始まり、マキャヴェリ、ホッブズを経て二〇世紀の理論家たちへと至る、あの繰り返し提示されてきた歴史叙述から出発せざるをえない[9]。その上でなお、概念史的な接近を試みるとすれば、これらの思想家が捉えた権力、利益、自由、正義といった諸概念に関する変遷を追わねばなるまい。ただ、これら諸概念自体についてはシリーズの各論考で扱われているところであって、また、本章の著者にはそのすべてを詳細に扱うだけの能力もない。そこで以下では、右の代表的論客たちを焦点に、政治と倫理との緊張関係についてその大まかな変遷を跡づけていくことで、現実主義の輪郭を浮き上がらせてみたい。

一　古典古代

国際社会の無政府性を前提に政治現象を分析する理論としての現実主義は、主権国家の成立を待っていた古代・中世の世界に見出しうるものではない。けれども、先述のような政治の定義とともに立ち現われてくる思想としての現実主義について言えば、ギリシアのポリス社会にその芽が見出されたとしても驚くにはあたらない。ソフィストの台頭は、伝統的な自然道徳の衰退という時代の流れを示す一つの兆しであったとも解しうるし、プラトンの諸著作を見ても、『ゴルギアス』のカリクレスや『国家』のトラシュマコスにおいては、既存の日常倫理的な基盤が揺らがせにされる中で力こそ正義という政治的帰結が導き出されていた。

ポリス社会におけるこうした思潮の変化が、ペルシア戦争からペロポネソス戦争へという具体的な政治情勢の展開と並行関係にあったと言いうるならば、トゥキュディデスのテクストに現実主義の一端が認められてきたのも不思議ではない。『歴史』第五巻のよく知られたメロス対話において、圧倒的軍事力を背景にメロスへ降伏を勧告するアテナイは、行動の正当性は問わず利益だけを考えて発言するよう提議し、せめて共通利益の考慮をという請願に対しても、殺戮の回避という消極的な利得の授与で応じる。最終的に成年男子の処刑と婦女子の奴隷化という手段に出る中では、軍事力の大小を基準とした自国の振る舞いに対し、形式的な面ですら道徳的な正当化を試みることがない。アテナイはむしろ、自己利益の実現のために周辺国の反発をすら望むのであって、同盟に加わらない形で友好関係を保ちたいとするメロスへのアテナイの返答は、「友誼が弱さの証拠として、憎悪が力の証拠として被支配者の目に映る」というものであった[10]。

現代の国際政治学者たちは、こうしたアテナイの行動の源泉を諸ポリス間の上位権力不在の構造に見出す中でこそ、トゥキュディデスを現実主義の思想家と同定しがちである。[11] ただ、力に物を言わせ利益の実現を図るアテナイは、同時に自滅の道を転がり落ちていく存在でもあった。その傲慢《ヒュブリス》を罰せられるかのごとく戦争に敗れていくアテナイの姿は、神の法に歯向かいその報いを受ける『アンティゴネー』の王クレオンにも擬せられる悲劇性を含んでいる。『歴史』の中で語られるメロス対話とは、帝国アテナイが過剰拡大していく流れを決定づけた非合理的な政策の例であって、カタルシスへの山場を彩る挿話でもあった。[12] 中庸《メソテース》と思慮《フロネーシス》の人ペリクレスから扇動家クレオンへという内政史上の展開としても描かれるこの過程においては、既存の正義概念とそれを超越せんとする権力政治的な試みとのあいだに独特な緊張関係を見てとることができる。そこでは、もはやポリスを自己充足的に完結した共同体としては捉えることができない一方で、しかし理想としてのポリスはそういうものであって欲しいという、トゥキュディデス自身の葛藤が現れているとも言えよう。つとに指摘されてきたように、『歴史』は相容れない諸要素を併存させたテクストであって、その雑居性にこそ、未曾有の出来事を理解しようとする——現実が何かを見定めようとする——史家の努力も反映されている。[13] 利益・権力と正義とのせめぎ合いを軸にしつつ、同時代の複雑さを複雑なままに提示しようとした点においてこそ、この歴史家の中に、引いては彼の同時代の世界の中に、現実主義的なものの片鱗を認めることも可能であろう。

こうして共同体の倫理的基盤の崩壊と現実主義的なものの台頭が手を携えて進展していく中で、プラトンからアリストテレスへ至るギリシアの哲学者たちは反動ともいえる知的営為を繰り広げたわけであるが、当のポリスが地中海世界再編の中で諸帝国の下に組み入れられるに至り、社会の倫理的基礎をめぐるこうした緊張は思想的な問いとしてのアクチュアリティを減じていった。もはやポリスが価値判断の最良の参照枠たりえなくなったローマの人々にとって、倫理との向き合い方はより私的な問題となった一方、その意味で平等な諸個人が築きうる共同体は宇宙的な規模にまで延び拡がっていった。初期近代以降盛んに取り上げられたようにキケロやタキトゥスの著作には共和国の理性といった言葉が認められたとして、その理性なるものを規定したのも利益と権力ではなく宇宙を統べる神ないしは理であった。イデア論をより超越論的に彫琢した新プラトン主義に至って、その彼岸志向な思惟様式は神秘主義への道すら開いたであろう。ヘレニズム期以降の古代世界においては、カルネアデスのような懐疑主義者をわずかな例外とすると、後世から現実主義的と名指されることになる思潮は概して後退していった。

二　中　世

古代ローマで出現し始めた統一体としてのヨーロッパが、続く中世にはキリスト教共同体という形で枠づけられたとすれば、現実主義がこの時代に依然として退潮傾向にあったのは自然と言える。ひるがえって、現実主義的な政治と倫理との葛藤が見られたとすれば、それは宗教的権威の自明性が脅かされたこの時代の初期および晩期においてであった。

この点、一方ではプロティノスから影響を受けつつも、此岸の世界が自然的な調和に至る可能性に対してより懐疑的な視線を投げかけたアウグスティヌスは、現実主義者として捉えられてきたのも肯んじうる存在である。未だ勝利を見ぬ「神の国」が「地の国」と抗争を繰り広げている現世において、政治とは、私欲に基づく権力闘争の領域に他ならない。地の国は「一般に、不和や争闘や戦争によって勝利を追求し、それ自身の内部で反目しあって分裂するのである[14]」。

二〇世紀のアメリカでキリスト教現実主義を掲げたラインホルド・ニーバー（Reinhold Niebuhr, 1892-1971）なども、人間が理性の命令を超えて悪を為しうる自己愛に塗れた存在であること、ゆえに政治的支配の問題が出来することを看破した点にこそ、アウグスティヌスの政治的現実主義者としての功績を認めている。そして、この悪の思想からは、世界政府といった秩序構想からも権力的な統治の要素は取り去ることができず、国際社会における平和は常に何らかの覇権的な権力を伴うとの知見も導き出しうることとなる[15]。他方、こうした「地の国」も「神の国」との戦いの中に滅びて行くべきものだったのであれば、ここで問題となっていたのもやはり、利益と権力とから定義された政治が（キリスト教的な日常）倫理とのあいだに有していた緊張関係であった。

ただ、だからといって、アウグスティヌス自身が現実主義を信奉していたと言い切ることにはいくらか問題があろう。結局のところ、彼の思想において、そもそも此岸の政治は大した重要性を持たなかったとも見ることができるからである。いわゆる政治的アウグスティヌス主義の視点において、王権は教権に回収されるものと捉えられていた。何より、『神の国』一九巻の平和論においても、此岸の世界の平和は終局的な形での平和とは捉えられていない。「この世でのいまの平和は、それがすべての人々に共通のものであっても、あるいは、わたしたち（神に仕える者）に固有のものであっても、幸福のよろこびとなるような平和であるよりもむしろ悲惨にたいする慰めとなるような平和である」[16]。実に、この世界で展開されていく抗争の歴史そのものが時間の外部にいる神の（世界創造の副）産物なのであって、仮に「地の国」と「神の国」とが帝国と教会とに対応するとの見方が妥当としたところで、その両者も結局はキリスト教共同体という枠組みの中に存在していたのであった[17]。

アウグスティヌスは、現実主義の伝統の中でいささか厄介な位置を占めている。その彼岸的な思考において、政治は倫理の中に解消されてしまうものであったとも言いうるし、此岸の政治自体はやはり権力闘争の世界として受け容れていたという点を強調することも可能である。そして、後者の立場を採るにしても、思想史の流れからすれば、彼はやはり一つの例外であった。先の政治的アウグスティヌス主義にしても、それ自体としてアウグスティヌスに関する妥当な解釈を提供しているかはさておき、彼以後アクイナスに至るまでのキリスト教社会で支配的となっていく教義を指す言葉として用いられてきたわけである。『神の国』執筆の背景として四一〇年の西ゴート族によるローマ市侵入が挙げられるように、彼の思想の背後には相次ぐ異民族の侵入に悩まされていた頃の未だ不安定なキリスト教社会の姿が認められるとすれば、ひるがえってこの動乱期が過ぎた後のヨーロッパ世界においては、現実主義的な思惟様式がまとまった形で前面に躍り出てくる契機は薄められていった。

一二世紀ルネサンスにおける合理主義的な精神の高まりも、この思潮を直ちに変更するには至らなかった。アリストテレスらの復活によって現れた理性の問題を神への信仰に包摂せしめたアクイナスの永遠法体系において、統治の問題は高度に徳治主義的な視点から眺められていたのであり、国際政治の次元で見た彼の共同体思想は、恒久平和論とも言うべき世界政府論の一種であった。ただ、しかし、こうしてキリスト教共同体の論理基盤が完成を見たまさにその時に、同じ共同体の綻びは透け始めていたとも言える。アクイナスの同時代、フリードリヒ二世の進歩的な政治運営の裏では、既に独特の共和政を開始していたイタリア諸都市が近代主権を先取りする自由の観念を培い始めていたのであって、その戦いの矛先が同盟者であった教皇庁へ向けられたとき、アクイナスを悩ませた理性と信仰の問題は、アヴェロエス主義を経たパドヴァのマルシリウスにおけるように、教会の法的・政治的な権限を抑制し世俗権力を肯定する見方を導き出したのであった[18]。

三　近代以降

自治を獲得していった中世イタリアの諸都市が、同時に、内部分裂を深め、専制君主の台頭を許していった中、人文主義者たちのあいだでは統治における徳の問題が枢要な知的争点の一つを形作ることとなった。とは言え、概ね一四世紀あたりまでは、依然として、個人道徳が命じるところは妥当な政治的判断に重なるものと理解されていたであろう。対して両者の隔絶を強調し始めるところに、近代が開始されていった。

マキャヴェリはこの思潮の急先鋒にいた。「自分の身を保持しようとする君主は、よくない人間となりうることを習う必要があり、またこの態度を、時に応じて行使したり、行使しなかったりする必要がある」[19]。このように述べる彼もやはり、倫理的なものを真っ向から退けているわけではなく、倫理と政治とのあいだには緊張関係を認めている。マキャヴェリが説いたのは、あくまで「よくない人間となりうる」技量の問題であり、それは「時に応じて行使したり、行使しなかったりする」ものであった。だからこそ、同じことを説くにあたって彼は、「できうれば、よいことから離れずに、それでいて必要やむをえぬときは、悪にふみこんでいくことが肝要である」といった裏返しの表現を用いてもいるのであって、当時の日常一般的な意味での道徳はそれ自体として称賛されるものではあった[20]。ただ、共同体の安定のためには必要に応じてそこから逸脱することこそが望ましい場合もあるというのが、彼の主張であった。

ここに生まれる共同体間の関係は、確かに権力の衝突に彩られたものだったであろう。また、政治において道徳が固有な形をとることを指摘したマキャヴェリは、そうすることによって現実を理想から峻別されるべきものとして画定しようともしていた。「よくない人間となりうる」ことを勧める先の引用の直前において、彼は次のようにも述べていたのである――「これまで多くの人は、見たことも聞いたこともない共和国や君主国を想像のなかで描いてきた。しかし、人の実際の生き方と人間いかに生きるべきかということとは、はなはだかけ離れている」。こうして存在と当為を峻別する中でこそ、先のような結論も導き出されているのであって、続けて彼が言うところ、「だから、人間いかに生きるべきかということのために、現に人の生きている実態を見落としてしまうような者は、自分を保持するどころか、あっというまに破滅を思い知らされるのが落ちであ」った[21]。

実際、共和国の安定を願うマキャヴェリにとって最大の問題とは、人間共同体にまとわりつく時間的な有限性であった[22]。「もとより時はいっさいのものをもたらし、善をも悪をもどれこれかまわず連れてくる」[23]。けれども、「かりに運命が人間の活動の半分を思いのままに裁定することができるとしても、すくなくともあとの半分か、または半分近くは、運命もわれわれの支配にまかせているとみるのが真実であろうと私は考える」[24]。したがって、人々を動かす地位にある君主としては、可能な限り運命を御さねばならない。「運命の神は女神であるから、彼女を征服しようとすれば、うちのめしたり、突きとばしたりすることが必要である」[25]。運命《フォルトゥナ》に抗して力量《ヴィルトゥ》を発揮する君主は、そうすることによって現実の在り方を見定めているのである。

この点、トゥキュディデスには甘受すべき悲劇とされていた歴史も、マキャヴェリにおいてはそれを力でねじ伏せようとする人為に余地を残していたと言える。それだけに、自然道徳と政治的道徳の裂け目はマキャヴェリの場合の方が遙かに大きかった。ただ、それでもなお二人が論じていた課題自体はいくらか似通っている。繰り返すように、マキャヴェリにおいても、君主が善ならざる術を用いるべきか否かは、「時に応じて」判断されるべきものであった。「いったい人間の行動には必要《ネチエシタ》に迫られてやる場合と、自由な選択の結果による場合がある。そして、その行動が威力を発揮するのは、選択の威力が発揮できない……時と考えられる」[26]。マキャヴェリにおいて、人為と自然との緊張関係は消え去っていたわけではなく、むしろ複層的なものへと変化していた。

実に、マキャヴェリがその知的営為を展開していた背後では、古典再生の潮流の中、トゥキュディデスの『歴史』が政治の普遍的な原理を捉えた書として読まれるようになっていた[27]。マキャヴェリの死から一世紀ほど後、ホッブズもまた同書を翻訳する中で政治の普遍的な型を見出そうとしたであろう[28]。ホッブズの場合、女性として語られるような歴史観念は既に捨て去られていたかもしれない。しかし、万人の闘争から社会契約へという人間集団の法則的な動きを論じる上で彼が問題にしたのも、自然状態に対して人為がいかに修正を加えるのかというまさにその点であったし、あらゆる物事の背後にそれを必然としているところの原因を見る機械論的な世界像においては、この動きもまた力学的な観点から説明されねばならなかった[29]。

ホッブズにおいては、人々を闘争状態に置いていたのがそもそも、欲望の追求という人間の本性と、個体間の能力差の僅少さという二つのいずれも自然的な条件であった。「能力の平等から、目的達成にさいしての希望の平等が生じる。それゆえ、もしもふたりの者が同一の物を欲求し、それが同時に享受できないものであれば、彼らは敵となり、その目的（主として自己保存であるがときには快楽のみ）にいたる途上において、たがいに相手をほろぼすか、屈服させようと努める」[30]。他方、この本性を抑制せざるをえない状況の創出もまた自然の命ずるところであって、「平和のために、また自己防衛のために必要であると考えられるかぎりにおいて、人は、他の人々も同意するならば、万物にたいするこの権利を喜んで放棄すべきである」というのが理性の要請であった[31]。自然状態において人はこの法に従わずとも非難されないが、しかしそこから生ずる闘争はその遵守を必要とさせていくのであった。ピューリタン革命を受けて世界が不断に生成するものであることを認識する中、ホッブズが試みていたのはいわば、固有の運動法則を持った自然界のその只中に、人間社会が存続する根拠を見出すことであった。その上で、国内秩序の成立に関するこの論理は、その対外的関係を自然状態として捉える視座へ連なっており、そこにホッブズを現実主義者と見る国際政治学上の視点も提出されてきた[32]。ただ、この自然状態も社会契約を通じて克服されうるのかは、ホッブズが国際関係について多くを語っていないこともあり必ずしも明瞭でなく、国家のあいだには人間におけると同様の自然的平等を想定しうるか、経験的に言っても歴史上どれほどの数の国家が死を経験してきたかといった点を中心として、ホッブズの論理から導き出される国際秩序の在り方については、相互に対立するような複数の解釈が現れてきた[33]。さらには、現実の国際社会が自然状態と言いうるか否かについて、論者ごとの評価がここに重ねあわせられることで、議論は錯綜の度を増してきた[34]。

本章著者としてここでこの論争に何かしらの決着を与えようなどと試みるつもりはないが、差し当たって重要なのは、このいずれの解釈においても、ホッブズの政治観に占める権力の役割には根本的な差異がないことである。リヴァイアサンによる秩序を担保していたのは、究極的には力であって、その下でこそ自然法道徳も効力を発揮したはずである。したがって、彼の具体的な政治構想はやはり、倫理による政治の塗り替えではなく、政治が権力闘争の世界であることを受け入れた上でのその統制を目指すものだったのであって、その限りでホッブズを現実主義者と呼ぶことには、彼が世界政府の擁護者であったにせよそうでなかったにせ

よ、大きな問題はないと思われる。(35)

その上で、彼の言説が現実主義思想史上に占める位置づけへ目を移すならば、やはりその機械論的な構成に着目すべきであろう。トゥキュディデスにおいては自然の下で道徳とより緊密なつながりを有していた歴史、あるいは、アウグスティヌスにおいて時間の外から神が創造した歴史は、より没価値的なものへと脱色されている。ここにこそ、自然から人為へという図式で語られるような近代化の過程も透けて見えようが、現実主義の伝統に含められてきたその後の諸思想もまた、こうした意味で絶えず流れゆく歴史との対決を抱えていたし、その戦いの中で歴史からますます自然道徳的な意味合いを剝ぎ取っていくこととなった。マイネッケも言うように、「人々の生活の目標であった国家のきわめて独自な利害は、必然的に他国家の利害つまり特殊なかつ不易の運動法則を認識し、それをみならうようにさせずにはいなかったのであ」って、必要に基づいて力量の適用可否を判断するマキャヴェリ的君主は、法則的に展開する歴史の観念と国家が採る普遍的な振る舞いの型とを導き出していった。(36)

ひるがえって、現実主義的な政治概念と対峙する倫理の側は、次第にその核が何であるのかを曖昧にしていった。ルソーの一般意志を経て至りついたヘーゲルにおける現実的なものと理性的なものの統合において、権力に基づく政治は歴史が担保するところの理性を体現する営みとなったであろう。しかし、この楽観的な見通しは、同時に、国家による権力の行使を無制限に容認する相対主義的な倫理観に道を開きもした。巧みな勢力均衡策を実現したビスマルク以後、帝国主義の角逐を経て第一次世界大戦へ至った時代のウェーバーにおいて、倫理的なものが有する根拠は遙かに脆弱となっていた。意図の純粋さを問う心情倫理よりも結果への対応を問う責任倫理こそを彼が政治家に要求したとき、そこでは、政策の決定と実行に必要なのは結果として生ずる悪を引き受けることだとの認識が示されていたが、それというのも、善き目的のための手段は往々にして倫理的に妥当なものではないというのが彼の理解するところだったからであって、この背景にあったのは、脱魔術化された世界で価値対立解決の絶対的根拠はないという見識であった。(37)

こうした世界観こそ、国際政治の理論家として最初の現実主義者たちが受け継いだものであった。(38) 理想主義対現実主義の図式を持ち出したことで知られるカーの著作『危機の二十年』において、現実主義という言葉は、既述の通り、特定の概念というよりもいくらか漠然とした思潮を表す用語であった。ただ、権力政治、プラグマティズム、相対主義が渾然一体としてそこに混ぜ込められているのを見るならば、ウェーバーにおけるのと同様の問題意識は――マンハイムを経る形で――カーにも共有されていたと言えよう(39)。今日思われているほどには現実主義という言葉を用いていなかったハンス・モーゲンソー（Hans J. Morgenthau, 1904-1980）にしても、主著の一つ『科学的人間対権力政治』などには、その題名からして示唆的なものが含まれているところであって、そこで説かれていた政治と倫理との関係も、ウェーバー的なそれであった――曰く、「政治的行為が不可避的に悪であると絶望をもって知り、にもかかわらず行為に出ることは、道徳的な勇気である(40)」。近代以降の相対主義的な思潮の高まりが、世界大戦という具体的な状況を経て一段と押し上げられたとき、国際政治理論としての現実主義は産声を上げたのであった。

四　現代の論争

その後、二〇世紀後半以降の英語圏の国際政治学では、現実主義を具体的な政治事象の分析道具へ改鋳する試みが進められていった(41)。他方、近年は、その思想的な内容に関する検討がいくらかの復権を見ている。

まず政治哲学における潮流として、ロールズ以来の規範理論を批判的に捉えるところからより実際の政治に寄り添った思索を目指す議論がある。バーナード・ウィリアムズ（Bernard Williams, 1929-2003）やレイモンド・ゴイス（Raymond Geuss, 1946-）ら〈ケンブリッジ・リアリスト〉によって牽引されてきた流れがそれである(42)。ただ、この動きは、少なくとも現状、実質的な知見を整理して提示するには至っておらず、英語圏の政治哲学および倫理学にやや固有な論争といった感も否めないとの評もある(43)。

国際政治学における潮流としては、まず、実証理論としての現実主義をめぐる摩擦がある。国際社会の無政府的な構造を根拠に権力政治的な国際社会を描くケネス・ウォルツ（Kenneth N. Waltz, 1924-2013）とその批判者たちという構図で描かれる理論上の対立がこれであり、一方では本章冒頭でも触れたような現実主義的政治観の根拠に関わる見解の相違が、他方ではそもそも現代国際社会を無政府的と捉えることの有効性が論点とされてきた(44)。

これらの議論は、現実主義の思想史的な理解に直接の関わりはないが、過去の現実主義思想家に関する研究の潮流にいくらかの影響を与えてもきた。例えば、ペロポネソス戦争の原因を考察したトゥキュディデスが、国際社会の無政府的性格をせいぜい二次的なものとしか見ていなかった点などは、近年、幾人かの論者らが指摘するところである。(45) 関連して、現実主義の伝統全体を捉え直す研究も現れてきた。(46) 旧秩序が解体され新秩序の創造が始まる過渡期の思想家という位置づけから、トゥキュディデス、クラウゼヴィッツ、モーゲンソーを新たな共同体規範の定率者と捉えるリチャード・ニッド・ルボウ（Richard Ned Lebow, 1942-）の議論や、テクスト解釈により重点を置く形ながら、ホッブズ、ルソー、モーゲンソーをやはり新秩序の構想者として捉えるマイケル・ウィリアムズ（Michael C. Williams, 1960-）の議論は、この好例と言える。(47) あるいは、カー、モーゲンソー、ニーバーら二〇世紀の主要な現実主義者が国際秩序の漸進的改良を目指していたとするウィリアム・ショイアーマン（William E. Scheuerman, 1965-）のより最近の論考なども、この流れに棹差すものと言える。(48)

おわりに

ここまで古代から現代へ至る現実主義の変遷を粗描してきた。一方で、そこに通底していたのは、ある種の没落史観であった。古代においては人為が自然的な倫理体系の中に包み込まれていたのに対し、マキャヴェリの近代以降は両者のあいだの断絶が明確になっていったというわけである。他方、この流れの中に置かれている各思想家において、権力を通じて人為的に政治の現実を画定していこうとする企図と、その試みが倫理体系とのあいだに持つ緊張関係の在り方は、比較可能な程度には共通する面が存在していた。

そのやや戯画化された近代観およびそれに基づく思想史観と同列に並べられるような歴史観が既に多くの批判に晒されてきた今日において、現実主義がなお意義を認められているのは、こうして一定の普遍性を持った思考の型がともあれ導き出されてきたことによると言えよう。前節で粗描した今日の動向においても、政治哲学では観念論に偏った支配的言説を問い直すために、国際政治学では権力政治的な世界像を相対化するためにと、奇しくも対照的な形で議論が展開されていたわけであるが、既存の倫理体系と政治との緊張関係という極めて一般的な論点を軸にしてこそ、こうした相反する動きを共に現実主義の語で語ることも可能となっているように思われる。ひるがえって、このことは、現実主義がどこか漠然とした修辞のようなものに過ぎないという問題を改めて露わにしている。現実主義がなぜ今日また論じられなければならないのかと問われても、結局のところ、それ自体として（政治の）現実に関する何かしらの規定を伴わないようないかなる回答も困難であるとすれば、「徴候」としてのそれを生む精神風土が存在するからという以外には説明のしようがないのかもしれない。しかしその意味でこそやはり、以上の論争においても、現実主義という言葉で各論者が何を意味しているかをどこまで明確にできるかが今後の動向を左右するであろうし、こうした再解釈の中でより洗練された知的伝統へと昇華されていく道と、むしろ伝統としての地位を否定されていく道との、その両者のあいだを時々の知的文脈の下で揺れ動くことでこそ、現実主義は思想史上の主題たり続けるように思われる。

注

（1）ケネス・ウォルツ『国際政治の理論』（河野勝・岡垣知子訳、勁草書房、二〇一〇年）。
（2）Annette Freyberg-Inan, *What Moves Man: The Realist Theory of International Relations and Its Judgment of Human Nature* (State University of New York Press, 2004).
（3）Michael Loriaux, "The Realists and Saint Augustine: Skepticism, Psychology, and Moral Action in International Relations Thought," *International Studies Quarterly* 36 (December, 1992), pp. 401-420.
（4）だからこそ、今日、現実主義を国際政治学の基礎的なパラダイムとする見方への異議にしても、理想主義の再評価という形で申し立てられてきている。Brian Schmidt (ed.), *International Relations and the First Great Debate* (Routledge, 2012).
（5）Robert Gilpin, *War and Change in World Politics* (Cambridge University Press, 1981).
（6）例えば、シモンヌ・ド・ボーヴォワール「道徳的理想主義と政治的現実主義」（『展望』五五、杉捷夫訳、一九五〇年）六―三〇頁。
（7）David Armitage, *Foundations of Modern International Thought* (Cambridge University Press, 2013), p. 70.
（8）E・H・カー『危機の二十年――理想と現実――』（原彬久訳、岩波書店［岩波文庫］、二〇一一年）四二四頁。

（9）こうした歴史叙述の例として、マイケル・J・スミス『現実主義の国際政治思想——M・ウェーバーからH・キッシンジャーまで——』（押村高ほか訳、垣内出版、一九九七年）第一章。

（10）トゥキュディデス『歴史2』（城江良和訳、京都大学学術出版会、二〇〇三年）七七頁。

（11）例えば、ウォルツ、前掲書、一六六—一六七頁。

（12）Margaret Herzo, "Thucydides, Plato, and the Kinesis of Cities and Souls," in Lowell S. Gustafson (ed.), *Thucydides' Theory of International Relations: A Lasting Possession* (Louisiana State University Press, 2000), pp. 42-63.

（13）James Boyd White, *When Words Lose Their Meaning: Constitutions and Reconstitutions of Language, Character, and Community* (University of Chicago Press, 1984), pp. 87-88.

（14）アウグスティヌス『神の国（四）』（服部英次郎・藤本雄三訳、岩波書店［岩波文庫］、一九八六年）一八頁。

（15）Reinhold Niebuhr, "Augustine's Political Realism," in *Christian Realism and Political Problems* (Charles Scribner's Sons, 1953), pp. 119-146.

（16）アウグスティヌス『神の国（五）』（服部英次郎・藤本雄三訳、岩波書店［岩波文庫］、一九九一年）一〇九頁。

（17）次も参照。J. Doody, K. L. Hughes, and K. Paffenroth (eds.), *Augustine and Politics* (Lexington Books, 2005).

（18）クエンティン・スキナー『近代政治思想の基礎——ルネッサンス、宗教改革の時代——』（春秋社、二〇〇九年）第一部。

（19）マキァヴェリ「君主論」（『世界の名著 一六』池田廉訳、中央公論社、一九六六年）一〇五頁。

（20）同、一一五頁。

（21）同、一〇五頁。

（22）J・G・A・ポーコック『マキァヴェリアン・モーメント——フィレンツェの政治思想と太平洋圏の共和主義の伝統——』（田中秀夫・奥田敬・森岡邦泰訳、名古屋大学出版会、二〇〇八年）第一部および第二部。

（23）マキァヴェリ「君主論」五四頁。

（24）同、一四四頁。

（25）同、一四七頁。

（26）マキァヴェッリ『ディスコルシ――「ローマ史」論――』（永井三明訳、筑摩書房［ちくま学芸文庫］、二〇一一年）二七頁。

（27）Katherine Harloe and Neville Morley, "Introduction: The Modern Reception of Thucydides," in Harloe and Morley（eds.）, *Thucydides and the Modern World: Reception, Reinterpretation and Influence from the Renaissance to the Present*（Cambridge University Press, 2012）, esp. pp. 4-8.

（28）高野清弘『トマス・ホッブズの政治思想』（御茶の水書房、一九九〇年）第五章、Terence Ball, "Hobbes's Linguistic Turn," in *Reappraising Political Theory: Revisionist Studies in the History of Political Thought*（Clarendon Press, 1995）, pp. 83-106.

（29）次も参照。川添美央子『ホッブズ 人為と自然――自由意志論争から政治思想へ――』（創文社、二〇一〇年）。

（30）ホッブズ「リヴァイアサン」（『世界の名著 二三』永井道雄・宗片邦義訳、中央公論社、一九七一年）一五五頁。

（31）同、一六〇―一六一頁。

（32）Stanley Hoffman, *The State of War: Essays on the Theory and Practice of International Politics*（Praeger, 1965）, p. 27.

（33）Timo Airaksinen and Martin A. Bertman（eds.）, *Hobbes: War among Nations*（Avebury, 1989）.

（34）Glen Newey, "Leviathan and Liberal Moralism in International Theory," in Raia Prokhovnik and Gabriella Slomp（eds.）, *International Political Theory after Hobbes: Analysis, Interpretation and Orientation*（Palgrave, 2011）, pp. 56-77.

（35）この点については、今日の議論で中心的な参照点となっている次の研究も参照。チャールズ・ベイツ『国際秩序と正義』（進藤榮一訳、岩波書店、一九八九年）第一部。

（36）フリードリヒ・マイネッケ『近代史における国家理性の理念』（菊盛英夫・生松敬三訳、みすず書房、一九六〇年）一九九―二〇〇頁。

（37）マックス・ウェーバー『職業としての政治／職業としての学問』（中山元訳、日経BP社、二〇〇九年）。

（38）スミス、前掲書。

（39）マンハイムのカーへの影響については、Charles Jones, *E. H. Carr and International Relations: A Duty to Lie*（Cambridge University Press, 1998）, chap. 6.

（40）Hans J. Morgenthau, *Scientific Man vs. Power Politics*（University of Chicago Press, 1946）, p. 203.

（41）例えば、次を参照。鈴木基史『平和と安全保障』（東京大学出版会、二〇〇七年）。

（42） Bernard Williams, *In the Beginning Was the Deed: Realism and Moralism in Political Argument* (Princeton University Press, 2005); Raymond Geuss, *Philosophy and Real Politics* (Princeton University Press, 2008).

（43） David Runciman, “What Is Realistic Political Philosophy?” *Metaphilosophy* 43 (January, 2012), pp. 58-70.

（44） Robert O. Keohane (ed.), *Neorealism and Its Critics* (Columbia University Press, 1986).

（45） David A. Welch, “Why International Relations Theorists Should Stop Reading Thucydides,” *Review of International Studies* 29 (July, 2003), pp. 301-319; Arthur M. Eckstein, “Thucydides, the Outbreak of the Peloponnesian War, and the Foundation of International Systems Theory,” *The International History Review* 25 (December, 2003), pp. 757-774. また、Jonathan Monten, “Thucydides and Modern Realism,” *International Studies Quarterly* 50 (March, 2006), pp. 3-26.

（46） 以下で触れている諸著作のいずれでも言及があるように、この流れにおいて、モーゲンソーの位置づけは格別の重要性を有している。特に邦語では、宮下豊『ハンス・J・モーゲンソーの国際政治思想』（大学教育出版、二〇一二年）。

（47） Richard Ned Lebow, *The Tragic Vision of Politics: Ethics, Interests and Orders* (Cambridge University Press, 2003); Michael C. Williams, *The Realist Tradition and the Limits of International Relations* (Cambridge University Press, 2005).

（48） William E. Scheuerman, *The Realist Case for Global Reform* (Polity, 2011).

参考文献

フリードリヒ・マイネッケ『近代史における国家理性の理念』（菊森英夫・生松敬三訳、みすず書房、一九六〇年）。
国家理性論における古典的研究。現実主義の全体像を捉える上で今日でもなお示唆に富む文献と言える。

R. W. Dyson, *Natural Law and Political Realism in the History of Political Thought, 2vols.* (Peter Lang, 2005 and 2007).
自然法的思惟との相克という観点から書かれた現実主義思想史。単独の著者による通史としては最も浩瀚な研究。

Jonathan Haslam, *No Virtue Like Necessity: Realist Thought in International Relations since Machiavelli* (Yale University Press, 2002).
近代以降の現実主義思想史を文脈主義的な視点から追った研究。ハンドブック的な有用性がある。

Duncan Bell (ed.), *Political Thought and International Relations: Variations on a Realist Theme* (Cambridge University Press, 2009).
今日における現実主義研究の水準を示した論集。シュトラウスやアーレントなど二〇世紀の思想家が多く取り上げられている。

安全保障

内田　智

はじめに

問題の所在と目的――「暴力からの安全保障」の歴史的再構成

「暴力装置でもある自衛隊……ある種の軍事組織でありますから」[1]。これは仙石由人官房長官（当時）の発言である。この発言は一部で話題となったが、その際に焦点となったのは暴力装置という言葉である。ウェーバーを引くまでもなく、政治学において国家が暴力を独占する装置として捉えられることは決して奇異な解釈ではない。

しかしながら、この暴力という用語は何を意味するのであろうか。国際関係学における用語としての「安全保障」というテーマを歴史的に議論するにあたって、この暴力概念との関係を整理することは不可避である。というのも、安全保障の意味内容は常に――「国家」や「社会」、「人間」などいかなる接頭辞を付そうとも――何かしらの危険や脅威を、誰かしらの人々に対してもたらす暴力に対処する手段をあらわすものだからである。デュードニー（Daniel Deudney）はこの点を次のように述べる。

> ［人々の］安全が保障されていないということ（insecurity）は暴力に対する制約の不在に由来し、安全保障は暴力に対する制約があるということに由来する。論理的にいって、ありうる制約の源泉は二つしかない。物質的文脈（material context）に

よる制限か、政治的な慣行や構造によって生み出される制限のいずれかである。(2)

こうした点をふまえ本章は安全保障概念の歴史を、それが対処しなくてはならない「暴力」概念とそれを追求する人々をあらわす「市民」概念との関係性への着目を通じて、再構成することを試みる。ただし以下で詳述するが、ここでいう「暴力」の意味は単に物理的作用に還元できないし、また「市民」の意味も単なる有象無象の大衆や市場社会において自己利益を目的に経済活動を行う私的個人ではないという点に注意されたい。

先行研究が指摘するように、そもそもセキュリティという言葉が国際関係学において安全保障という政治概念として位置付けられるのは二〇世紀、それも第一次世界大戦以降のことである。日本語としての「安全保障」が登場するのは国際法学でも一九三〇年前後のことであり、現代では一般に普及した national security という語が政治概念として使用されるようになったのもこの時代からである。後に改めて論じるが、戦後に「国家安全保障」として日本語でも常用されるこの語は、アメリカの政治的文脈のなかで「社会保障（social security）」という用語の登場とともにあらわれた。現代において日常的に理解される「国家間の関係において用いられる特殊な用語」としての安全保障はごく近年に到って定着したに過ぎない。(3)

加えて、ここ八〇年ほどの歴史のなかで安全保障概念が頻用されているにもかかわらず、その概念分析が本格的に展開されるようになったのはごく最近のことである。ウォルファーズ（Arnold Wolfers, 1892-1968）はすでに一九五二年に、国家安全保障というシンボルは詳細な分析なくしては意味論的混乱を招く要因でしかないと断じているが、(4)これは後の展開を予見したかのような分析だった。現代の議論の多くが安全保障という語の意味を分析せずに多彩な接頭辞を添える状況を生み出している。(5)

さらに重大な問題は、英米圏の政治哲学者ですら原語であるセキュリティ自体の概念分析を十分に試みてこなかったことである。ウォルドロン（Jeremy Waldron）が「政治哲学者たちによってセキュリティという主題に払われてきた関心のあまりの少なさには衝撃を受ける」(6)と慨嘆するように、こうした状況は国際関係学だけでなく概念分析をこそ特長とするはずの分析的政治哲学でも同様なのだ。安全保障概念は、政策用語としての定着とは裏腹に政治概念の分析対象としては長らく「空白域」におかれてきた。

とはいえ現代において安全保障をめぐる課題は優れて政治的な問いであり、政治概念として分析を試みることは国際政治思想が引き受けるべき課題である。加えて「人間の安全保障（human security）」を典型として、政治学・国際関係学においてこの概念が「国際関係の特殊な用語」を越える構想（conceptions）を備えてきていることも確かである。本章はこうした拡がりを踏まえて安全保障概念を歴史的に論じるために「暴力からの安全保障」という意味内容に沿った分析を試みる。

これらの理由から本章はセキュリティ概念自体の史的分析を厳密には試みないが、次の点だけは確認しておきたい。安全保障はSecurity（英）、Sécurité（仏）、Sicherheit（独）の翻訳語でありラテン語のSecūrus／Secūritās に由来する。

セキュリティとともに「安全、安心」といった訳語があてられるSafetyとの言語学的な相違に着目すると、セイフティはラテン語のSalūsの翻訳語であり、このラテン語は「全ての、欠けの無い」という whole の意味をもつ印欧語根のSol-に由来する。そのため、セイフティは「欠くことが無くそのままにあること」、「安寧」といった状態という意味合いが強い。

これに対してセキュリティはsē（without）+cūra（care）、つまり「配慮、心配」の「ない」という意味であり、配慮や心配の不要な状態を結果としてもたらすための行為に焦点をあてる概念である。このラテン語はエピクロスによって示された「アタラクシア（心の平静）」を古代ローマの自然哲学者ルクレティウスが翻訳したものである。その後の歴史展開において、この語は「心の平静」の意味を越えて、「平和」や「確実、担保」あるいは「軽率、迂闊」そして「安全保障」といった積極・消極両面の意味を時代によって付加され、また忘却されてゆく(7)。

「暴力」概念と安全保障

冒頭に示した政治家の発言を手掛かりに暴力概念について分節化することから始めよう。当人の意図を知ることはできないが直後に「実力組織」と訂正していることからすると、おそらくその意味はドイツ語のGewaltに含まれる「正統な権威による管轄・統御」と「それに伴う力」であろう。

上野成利によれば、暴力は「人間主体を不意に衝き動かす力」と「他者に無理やり言うことを聞かせる強制力」という要素をあわせもつ。[8] つまり暴力の契機は、単に物理的な力が加えられることだけではなく、統治機構を通じた強制力の行使にも含まれうる。換言すれば暴力は、統治機構を欠くという意味でのアナーキーな状態――時にそうした状態として国際関係は描かれる――にのみ生じるものではなく、統治機構を伴った政治社会の内にも常に見出されうる。

暴力はまた直接的な物理的作用にとどまらず、社会経済的構造によって引き起こされる抑圧や搾取も含意する。[9] ガルトゥング（Johan Galtung）のいう「構造的暴力（structural violence）」はこうした意図せざる暴力の作用を指す。その定義によれば、暴力が現出している事態とはある人物が「現実に身体的、精神的に実現しえたものが、彼のもつ潜在的実現可能性を下まわった」事態である。齋藤純一が指摘するように、それが「構造的」である理由は必ずしも直接の暴力をもたらした行為者や意図を特定できる因果関係を明らかにできないからだ。[10]

これらの点に加えて暴力の物質的文脈もまた、安全保障の歴史的展開を分析するにあたり留意しなければならない点である。産業構造の変化や科学技術の発展といった具体的な物質的文脈が変化するにつれて暴力への対応の仕方も異なった形態にならざるをえない。ある時点のレジームにおいて安全を保障することが可能だろうと思われた政治的編成も、地理的、時間的空間の変化に対応するために常に変容を迫られるのである。

「恐怖」感情と安全保障

ところで何故に暴力は安全保障にとっての問題と把握できるのか。その理由として人間のもつ「恐怖」の感情が挙げられる。「恐怖はもっとも密接に安全保障と結びつく感情である。いかにして恐怖感情を統御するのかが安全保障をめぐる政治でもっとも根本的な問題の一部をなす」[11]。シュクラー（Judith. N. Shklar, 1928-1992）に従えば「恐怖について、それは身体物理的であるのみならず、普遍的でもある……生きるということは恐れることである」[12]。

暴力からの安全保障が一貫して人間のもつ基本的関心事であるといえる理由の一つは、人間が損なわれやすく（vulnerable）、可死の身体からなる存在であるという事実にある。確かにたいていの人間は死への恐怖と対峙する。生存（survival）に向けて、人々は暴力の縮減に否が応でも関心を払わざるをえない。生（life）はそれ自体一つの価値であり、生を脅かし不安の感覚を引き起こす恐怖感情は人々に警戒や注意を払うための認識をもたらす。

だが生への不安、恐怖という感情は客観的確率に関わりなく想像上の脅威を対象として増幅する可能性がある点が決定的に重要である。イマジナリーな相の下で生じる「恐怖への恐怖」、それに伴う過剰な恐怖は人々の認識を歪曲させ破滅的なまでになし崩しにしてしまう[13]。ウォルドロンがセキュリティ概念を分析する際に指摘する「主観的な恐怖の水準への内在的な参照」という心性の契機を日本語の安全保障概念もまた伴っており、概念分析を困難なものにする[14]。

これら恐怖感情の諸側面を踏まえると、極度の暴力と結合したアナーキーがいかに物理身体的に安全の保障されていない事態であるかは自明であろう。こうした暴力を縮減させるために政治社会を構築することがたいていは求められる。だが暴力は必然的にアナーキーとのみ結びつくわけではない。このことは統治機構が人々に行ってきた暴力的掠奪の歴史を振り返れば明らかであろう。政治社会をいかに編成するのかもまた人々の恐怖感情を統御する上で重要な課題である。著しい暴力をもたらすアナーキーもハイアラーキーも根本的には恐怖感情を背景とする生への不安をもたらす。そのいずれもが「暴力からの安全保障」にとって問題の対象なのである。

「市民」概念と安全保障

一定の物質的制約のもと、人々はいかにして生を脅かし不安の感覚を引き起こす恐怖感情を統御するのか。これが安全保障という概念にとって第一の課題であり、あらゆる政治的編成において求められる最小限にして常に不可欠となる条件である。

ここで注意すべきことは、実際の政治社会はこの「人々」の境界線をめぐって緊張を伴ってきたということであり、こうした政治社会の成員を境界づける概念が「市民（citizens）」であったということである。それゆえ安全保障を追求する政治社会の成員、すなわち「人々」は誰かという問いは「市民」とは誰かという問いと表裏一体なのである。

市民概念の歴史的展開については本シリーズ別巻の「市民」や「シティズンシップ」などに託したい[15]。だが本章との関連で強調すべき観点は、第一に市民概念が常にその対象となる人々の範囲に境界線を引いてきたということ、第二に市民とは誰か、つまり安全保障を追求する人々とは誰かという問いは政治社会の編成様式と不可分であることの二点である。

前者に関して言えば、これから安全保障を考察する際にも明らかになるように歴史的にみて「市民」とは特定の人々に宛てられた名辞である。その境界線は常に引かれながらも流動化してきた。それは決して名宛人を普遍的に固定化できる概念ではない。

他方、後者の問題は「市民」概念の普遍性にかかわる。冒頭に述べた通り、本章にいう市民とは市場社会において自己利益を目的に経済活動を行う私的個人ではない。市民とは、具体的文脈において形成される関係性のなかで、他者の意思に一方的に依存せず、自らの生活様式を追求することのできる自由――恣意的支配の不在としての自由（freedom as non-domination）――を平等に享受することを目指す政治社会の成員のことである。(16)

恣意的支配を縮減してゆくためには市民による集合的な自己支配（self-rule）が最低限の必要条件となるが、この条件は市民の直接的な政治参加、徳の涵養という意味だけに限定されない点に注意されたい。恣意的支配という暴力を縮減していく試みは、政治社会内部での権威の分割と相互抑制、制度の多元化といった仕組みも内包している。ここでいう自己支配とは、政治社会内部で生じうる恣意的な権力の行使を常に市民自身の間で問い直すための契機、回路を政治的編成のうちに備え、再審可能性にひらかれているということである。

政治社会内部で生じる市民に対する暴力への対処もまた安全保障の課題である。というのは前述の通り、アナーキーのみならず位階的な政治社会の統治機構もまた著しい暴力をもたらす源泉となりうるからである。暴力からの安全保障を目的として編成されたはずの政治社会それ自体が生み出す恣意的暴力をいかに制約し縮減するのか。位階的な政治社会において生じる暴力を縮減するためには、政治社会の全成員間に対称性のある正統な相互関係を必要とする。こうした課題が政治社会の編成をめぐる問題であったとともに、歴史的には政治社会の成員資格である「市民」の地位に左右されてきたことを見逃すべきではない。

以上、本章が再構成する暴力からの安全保障の歴史に関連する諸概念について先に分析してきた。安全保障が決して物理的な国防に還元できないことはすでに明らかだろう。安全保障の追求は人間が常に抱く感情としての恐怖を統御し、恐怖を生み出す暴力を政治社会の成員である市民が縮減するためにいかなる制度を構想してゆくべきかという思惟と実践の総体である。こうした概念の関連性を明らかにすることなしには、文脈によって様相を一変させる「鵺」のような安全保障という概念が抱える問題を歴史的に理解することは難しい。

一　古典古代・中世

古代と近代を対比して前者を市民の徳が顕現する政治参加によって特徴づけることは政治理論において伝統的見解である。だがこうした理解は古代都市共同体の政治的編成や思想理解に対して歪んだ認識を生みだす可能性がある。というのは古代においても常に地理や技術といった物質的制約と暴力からの安全保障を連関させる思惟、実践があったにもかかわらず、徳と政治参加を理想とする側面が過度に強調されるあまりにそれらが後景へと退いてしまうからである。以下でみるように暴力からの安全保障の追求は古代と近代以降とで種類ではなく程度という点で異なる議論を継続的に展開していた側面がある。

ギリシャ――都市共同体を包囲する物質的制約と安全保障

例えばアリストテレス（B.C. 384-B.C. 322）『政治学』は、なぜポリスは専制に陥ることなく、市民による集合的自己支配を実現できるのかについて、風土の面から説明する。[17] 彼の議論によれば、人間理性は自然本性として弱いものであり温和な中間地帯であるギリシャという地理的条件によって補完されている面がある。つまりそれは民衆の気質を政治参加のための徳と閑暇を有する市民へと方向づける一因と考えられていた（第七巻第五章）。

土地の肥沃さに関していえば、彼自身は「鷹揚」であると同時に「節制」が可能な程度としか指摘しないものの（第七巻第五章）、古代の政治思想において自給自足を越えた過剰な富をもたらす肥沃さは尚武精神の衰退と内乱を引き起こす原因として忌避されていた。[18]

こうした物質的文脈への言及のなかでもポリスの規模は重要な位置を占める。理想のポリスは、かなり簡略化していえば自由で平等な市民による相互支配だった。ここでいう市民とは、商業と農業を非―市民である奴隷などに任せ、もっぱらポリスの外的防衛と内的公事に携わる階層である。そして市民は抽籤による公職者の選出によって役割交換を繰り返し、時に扇動家が恣意的に惹き起こす恐怖にも適切に対応できる徳を涵養することが求められた。「蝿がそばに飛んでくるのも怖がるくせに、飲み食いの欲望が起これば暴飲暴食のはてを知らず、たった四分の一オボロスのためにもっとも親しい友を破滅させる」人々からなる政治社会が暴力からの安全保障を追求するなど無理筋であると考えられていた（第七巻第一章）。

理想のポリスは自給自足が可能で、直接的に「一目で見渡すことができる程度」の小さな規模と人口でなくてはならない。また他のポリスや「蛮族」による暴力からの安全保障には海軍力を備え、海岸に面して城壁で取り囲むことが望ましいとされた（第七巻第五章）。当時の限られた情報、軍事技術において政治社会の規模と人口を過剰に拡大することは、内的には公職者たちに対する市民自身による統制を弛緩させ相互支配を掘り崩し、外的には軍事的統率と防衛を不可能にすることを意味していた（第七巻第四章）。要するに、当時の物質的文脈において内外で生じる暴力からの安全保障を追求するためには、政治社会は小規模なものでなければならないと考えられていたのである。

国際関係学において辛辣な現実主義者とみなされるトゥキュディデス（B.C. 460?–B.C. 395）の『戦史』もまた、市民が内外で生じる暴力からの安全保障を追求する際の政治的編成の在り方に対する警告として理解できる。確かに「メロス島の対話」をはじめ、彼が描くペリクレス以後のアテナイの姿は民主的な外交政策の内在的不適格性に対する痛烈な告発であり、外交政策はエリートに任せるべきだとする主張と理解することもできよう。だが史学の祖という評判にもかかわらず極めて選択的な彼の歴史叙述は、むしろ横柄な英雄がもたらした「成功、自信過剰、誤算、そして崩壊」の物語、誤ったポリスの政治的編成がもたらす「悲劇」と理解する方が妥当であるとも考えられる。(19)

だがいずれにせよ、アリストテレスが理想の実現可能性を求めた小規模な政治社会による暴力からの安全保障は、マケドニアに征服された歴史が示すように、強大な勢力からの防衛に資するものではなかった。この経験は、後代において暴力からの安全保障を追求する思惟と実践にとって大きな課題となる。

国際関係学はトゥキュディデスやギリシャへと注目をむける一方で、古代ローマにはあまり関心を抱いてこなかった。だが、暴力からの安全保障という観点からするとギリシャとともに古代ローマの思惟と実践が近代以降に及ぼした影響を見逃すことはできない。

ローマ――拡大共和政体と安全保障

古代ローマは前三世紀ごろから急速に共和政体として発展した。地中海地域が「どのような国家体制によって、わずか五三年にも満たない間に征服され、ローマというただ一つの覇権のもとに屈するにいたったのか」は哲学者にとっても関心事であった。現存する古典のなかで、これに最も取り組んでいるのがポリュビオス（B.C. 204?–B.C. 125?）の『歴史』である。[20]

ポリュビオスはこの問いに対してローマ共和政の政治的編成に解を求めた。それは君主政、貴族政、民主政という三政体の要素を組み合わせ、各々の政体がもつ利点を保持しつつも腐敗が妨げられるよう構成されている。執政官、元老院、民会という三つの要素からなるローマ共和政はその「いずれかひとつが膨れ上がって他を圧迫し、度を過ぎた力をふるおうとしても……暴走しようとしても引き止められ……すべてが現状のままにとどまり続ける」（第六巻第一八章）。ポリュビオスが評価するのは三政体の盛衰が歴史的に循環するなかで、ローマ共和政は相互の制約と均衡を可能とする混合政体を確立し、一見したところこの循環を止めた点にある。

混合政体は、一方で老練な政治的指導者から構成される執政官と元老院が相互に抑制する仕組みを備え、外交・軍事政策などを遂行することで市民に対する負荷を軽減する。他方で、民会は公職者の選出や法案への賛否、裁判を担い、執政官や元老院による恣意的な暴力を常に市民自身の間で問い直すための回路となる。こうした相互抑制を可能にする政治社会は、制度の様式によって僭主、貴族、民衆の支配やアナーキーが生み出す暴力への恐怖を縮減し、宗教的習慣を通じて市民の恐怖感情を統御することで、内外の暴力からの安全保障を追求することができる。これが彼の混合政体論の基本モチーフである（第六巻第三―一八章、第五六―

五七章)。

この相互抑制という観点が組み込まれることにより、共和政体が拡大していくことは問題とはならなかった。むしろ古代ローマは、征服地を属州化しつつもその対内的自律性の保持を認めて直接税を課すこともなかった。その代わりにローマ以外の属州間の同盟は禁じられ、同盟都市にはローマの将軍が指揮する軍団が置かれるとともに兵役が要求された。

一見この制度によってローマ共和政は完成したかのようだが、歴史が示すように、征服を繰り返し拡大することで外的な安全保障を求めたこの政治社会は内部から崩壊する。その理由の一つは征服によって政治社会内に流入する物質的富と、奴隷を用いた属州将軍や行政官による大規模農営が、ローマ共和政の経済的支柱であった自由農を圧迫し、社会経済的階層化を進展させたことである。こうした事態は貧窮する無産階級を増大させた。

もう一つの理由は継続的な拡大がもたらした軍事的帰結である。地理的拡大は、指揮命令系統の分散化と、属州を治める将軍が独自に常備兵を抱えることを許した。こうした事態は元老院とローマ市民から軍事に対する統制の手段を徐々に奪っていくとともに、市民の連帯意識を分散化させていった。その結果ローマは約一世紀にわたる内紛をひきおこし、同盟市戦争(前九一年—前八七年)を経て共和政時代は終焉を迎える。

混合政体と拡大によって市民による集合的自己支配の契機を保持しようとするローマの実践は、最終的にその統制の鎖を腐食する地理と物質的文脈によって廃棄される。大規模な政治社会の制度と暴力からの安全保障の追求は、制度内で崩壊したのである。

古典古代のギリシャとローマの歴史は近代以降の国際政治思想に多大な影響を与えたが、暴力からの安全保障に関する限り、モンテスキュー(Charles-Louis de Montesquieu, 1689-1755)の次の言葉にまとめることができるだろう。「共和政体は小規模ならば外国勢力によって破壊され、共和政体が大規模ならば内部の欠陥によって自滅する」[21]。こうした地理や社会経済的構造に由来する人間の生に対する物質的制約は中世においても変わることはなく、近代にいたってこの課題の克服に向けた思惟と実践が展開されることになる。

二　近代以後

近代の始まりについては論争の余地を残すが、少なくとも完全な自己決定権を独占する近代的主権国家とその国家間関係が一七世紀に実際に成立したという見解は、暴力からの安全保障を理解する上で単純化が過ぎる。[22]それでも近代国家という思惟が一七世紀に生成されたと考えられるのは、やはり個人主義的、機械論的な「新たな政治学の成立」を謳ったホッブズ（Thomas Hobbes, 1588-1679）によるところが大きい。彼は国際関係学において「囚人のジレンマ」と安全保障を考える際も常に引かれる論者である。[23]

ホッブズはいかなる意味で「安全保障」論者であるのか

だがその頻用に反してホッブズがセキュリティを定義していなかったことはあまり知られていない。彼は『リヴァイアサン』においてこの概念を少なくとも二七回用いるが、他の主要概念と異なり定義と分析はなく「怠慢」の意で用いる場合もある。これは概念の定義に最も厳格であった政治哲学者ホッブズとしてはかなり意外である。無論、自然的人間像の転換を示す第一三章、政治社会の成立に関する第一七章においてはセキュリティがセイフティとともに用いられ安全保障を意味してもいる。[24]

確かに、人々が強力な主権者に服従し政治社会を樹立するのは、暴力からの安全保障を確保するためであることは間違いない。だがそれは手段であり、自然的自由を放棄して主権者の命令に服従する目的は人間の自己保存、セイフティの欲求に由来する。この意味でこそ安全保障は彼の議論の出発点を形成している。

問題はこのセイフティの内実である。それは政治社会の設立によって充足されるものなのか、国家間での戦争状態はなぜホッブズにおいて許容されるのか、という点はこの内実に依存する。以下では臣民のセイフティに対する主権者の責任について分析する『市民論』の一節からこの概念を析出し、暴力からの安全保障という観点からみたホッブズの安全保障論の限定性を指摘してみたい。

ここで人々ということで意味されているものは、一つの政治的人格（civil person）つまり統治する政治社会（city）それ自体などではなく、統治される臣民たちの群集（the multitude of subjects）を意味する。というのも政治社会はそれ自身のためではなく、臣民たちのために設立されたものだからである。だが、顧慮されなければならないのは特定の誰彼ではない。というのは、統治者が統治者たるかぎり、普遍的な法によって、他でもない人々のセイフティを給仕するものだからである（第一三章第三節［強調点筆者］）。

ここでいうセイフティの内実は「普遍的な法」によって定められるが、少なくとも「セイフティという語が意味するのは単にある条件下での生命の保存ではなく、可能な限りの幸福な生と理解すべきである」（第一三章第四節）。だが結局のところそれはいずれも普遍的な法、一般法の原則に依拠しているのであって何か具体的な基礎づけがあるわけではなく、生存以上の「幸福な生」が一方的に規定されることはない。つまり、ホッブズの依拠する一般性（generality）それ自体はこの法の内実に前もった判断を下すことがない。(25)

このようにセイフティの内実が普遍的な法に依存していて生存以上の要素は不可知であるために、なぜ人々は集合的に主権者に服従することに合意できるのか、特定の主権者たちは互いの関係という点で自然状態ではなく単に戦争状態にあるのか、あるいは自然状態を脱するために主権者は数量的にどれくらいのものでなくてはならないのか、といった問いにこれだけで経験的な回答をすることは困難である。というよりも正確にはそれはホッブズの課題ではなかった。内乱の体験を背景とする彼の主題は、民衆の意志をまとめ上げ国内平和と外敵に対抗する相互援助を遂行できるだけの政治社会という器を構想する事であった。それは強大な権力を付与された主権者が剣をもつ政治社会である。彼は「相互的恐怖こそが人びとに平和を求めさせ、刑罰への恐怖が人びとを統治へ服従させる」ことを物理と人間性の検討から引き出すことでこうした結論を導出した。(26)その際に政治社会の領域性は与件とされ、政体の具体性や国際関係への視座は決して問いの中心にはない。安全保障の内実が数によってではなく恐怖によって左右されることは彼自身によって強調される点であり（『リヴァイアサン』第一七章）、それは一貫して偶然性を帯びた物質的文脈と人間の認知的側面に委ねられる問題である。その証左に彼は死刑に反対し、戦場からの逃亡の自由も人々に認めており、この点で彼の描く政治社会は綻びが生じる可能性を残している。(27)

こうしたホッブズの安全保障論が抱える問題は、シュクラーも批判するように、彼のいう政治社会が一方でアナーキーな状況下における恐怖と暴力からの離脱を図りながら、当の政治社会は全くもって位階的であることを度外視するために「寛容」の余地を残していない点にある。ホッブズは統治機構が強制できる限界についての適切な設定に失敗している。第一節で指摘したように暴力とそれに伴う恐怖感情は位階的な政治社会においても常に生じうる。この点へのホッブズの回答は上記の通り死刑制度の否定と戦場からの逃亡の自由であるが、これらだけが過剰な恐怖の源泉ではない。彼女がホッブズにおける「公私の境界線」の無視を問題にする理由は、人々が政治社会の市民として、統治機構自体がもたらす暴力と過剰な恐怖の可能性をいかに制約、統御しうるのか、という観点をホッブズが欠いていることに由来する。(28)

ホッブズが見抜いた、人間が抱く暴力死への恐怖、恐怖への恐怖という感情は、確かに暴力からの安全保障の模索にとっての要諦である。そして生存と自己保存という身体的統合性（bodily integrity）の観点もその追求にとって前提条件となるだろう。だが、もしもホッブズを通じて「政治的人格、つまり統治する政治社会」の創出が充足すべき暴力からの安全保障のすべてであるとか、自然状態論をそのままに政治社会間へ移行させて、この論理が国際関係における暴力からの安全保障のすべてであると考えるのであれば、その安全保障論と国内類推は彼の論議を歪曲させている。彼の議論は暴力からの安全保障の一部分を抽出したものであり、それ以上の観点を主題としていない。

大共和政体としての欧州と連合共和政体としてのアメリカ――規模問題の克服？

古代以来の安全保障と規模の法則――「小さければ外的に破壊され、大きければ内的に崩壊する」――に対する克服の試みは、むしろ啓蒙期の思想家たちによって模索された。モンテスキュー、ヴァッテル、ギボンら主だった啓蒙期の論者は、欧州全体を複数の政治社会からなる新種の「大共和政体（Great Republic）」と考える思惟を生み出し、この観点から規模問題に応えようとした。

これは古代ローマ帝政の実践を復興させようとする「普遍君主政」と、古代ギリシャの実践への憧憬を過度に抱く「ポリス的共和主義」に抗するなかで製錬されてきた(29)。

これらの思惟は近代国家の領域性を与件とする。各国家は単一の意志をもつ人格、大政治社会の「一市民」とみなされた。こうした理解は当時の思想家にとって決して奇妙なものではなかった。一八世紀中葉以降、欧州は政治的管轄権を主張する個別の政治社会から構成されているという認識が定着し始めていた。だが同時に協働と競合の両面において、政治社会間の相互作用はその度合いを深めてもいる。共和政体の自由な市民とは、相互的関係性のために油断なく協働し、自分たちの安全保障の追求が多元的な抑制の様式に依存することを認識している人々のことである。地図上の管轄権で区切られつつも商業と貿易を通じて社会経済的関係性を深める欧州諸国にこうした状況を類推し、欧州を分権化された「諸社会からなる社会」として理解することは、さほど困難ではなかったのである(30)。

「諸政治社会＝市民」からなる政治社会という等式化は、政治社会間の慣習法的秩序が欧州において観察可能であり、また暴力からの安全保障の追求にとってもその政治的編成が望ましいという認識によっていた。こうした見解の根拠の一つとして用いられたのが商業社会化の進展である。近代において商業と貿易がもたらした認識変化を本章はモンテスキュー『法の精神』を主な手掛かりに素描することにしたい。

商業社会化の進展は、近代欧州が君主政体を中心とする社会でありながら、政治社会の内部とその間に安定をもたらす源泉となると彼は考える。商業と貿易を通じた相互関係の進展は当事者間に契約の遵守という意識を生み出すため、一方で彼らは自己利益を求めつつも他方で共通のルールを自らすすんで遵守する「厳密な正義についてのある感情」を生成する（第二〇編第二章）。そうした感情を生成する商業と貿易は富の増大と流動性の高まりをもたらすことで、恐怖感情だけを背景とした単一の人間による恣意的支配を意味する専制（despotism）による政治社会の成立を阻止する（第二〇編第二三章、第二一編第五章）。商業化の進展は旧来の個々の共和政体に求められた人々の尚武精神や自己犠牲といった徳と衝突するものでもあるが、他方で当時の欧州全体からみればそれらの徳はもはや不可欠なものでもない。なぜならば商業は人々の習俗（mœurs）を温和なものとさせ、共通の礼儀作法の下で

「破壊的な偏見を矯正」し「商業の自然の効果は平和へと向かわせる」からである（第二〇編第一、二章）。ここに到って小規模な共和政体において忌避された富と奢侈は、逆に欧州の諸政治社会＝市民の間に穏当な関係性と安全保障の追求を可能にする土壌を構築するものへと位置付けられた(31)。

ただしこの類推に基づく思惟は、一貫して国内／国際という密接に連関するが位相を異にする二段階の視座から暴力からの安全保障という課題を捉えるものであった点には注意すべきである。モンテスキュー自身、欧州の近代国家に適合する政体は君主政であり、内的な安全保障の可能性を「君主政に隠れた共和政体」、イングランドにみられる制限された国制に期待していた（第五編第一九章、第一一編）。「諸社会からなる社会」という視座は、国際社会における暴力からの安全保障の模索を諸国家という市民たちの位相での分割や均衡が遂行される類のものへとずらすことを意味した。この点を無視して当時の欧州で単一の連邦制という展望を描くことは国内における暴力からの安全保障という契機を軽視する恐れがあった。

こうした警戒からモンテスキューは一方で外部からの征服という恐怖が動機づける部分的な連邦共和政体の可能性を認めつつも、決してヨーロッパを一つの連邦制に組織化させようとするサン・ピエールのような主張を支持することはなかった。ルソーが批判したように現実の欧州における主要プレイヤーは自身の栄達と名誉を求める「劣化版の社会契約に基づいた」君主政体であった。こうした現実のなかで全世界が共和政体からなる大社会となることを展望するなど、常に物質的文脈と人間の社会性への考慮を念頭に置いたモンテスキューには肯定できなかったのである(32)。

国内社会と国際社会の問題は関連するが別系統のものであり、暴力からの安全保障の模索は各々において追求されるべき課題である。近代欧州における安全保障の追求と規模問題への対峙は新たに定着しつつあるこうした認識の下で展開された。国内／国際の分節化を含意するこうした国内社会の人々と国際社会の諸政体を類推する思考が、その後の国際法体系の知的基盤を構成していったのである(33)。

欧州の知的文脈が政治社会間における暴力からの安全保障を「諸社会からなる社会」という理解を通じて模索したのとは対照的な展開をみせたのが、『ザ・フェデラリスト』を代表とする建国期アメリカの思惟と実践である。それらは暴力からの安全保障を追求する際に古代より障壁となってきた規模問題を連合（union）という組織化によって克服しようとする試みであった。[34]

マディソン（James Madison, 1751-1836）をはじめパブリウスたちは、いまだ一三邦の準―国家間条約によって成立している当時のアメリカが、欧州のような諸社会からなる社会に留まることを暴力からの安全保障を追求する上で危うい事態であると見なしていた。その理由の一つは、諸邦間の規模が不均一で、大邦が小邦を征服する緊張と競合の生じる恐れがあるという点である。加えて一部の邦が中央集権化を過度に強めて専制化するならば、もはや当初の規約を維持することはできないだろう。こうした事態は党派対立の固定化と相まって一三邦の連盟（confederation）を内部から瓦解させる危険性を帯びている。二つ目の理由は欧州からの干渉可能性に対する恐れである。相対的に欧州から孤立した地勢にあるアメリカ大陸といえども、いまだ英仏西などの植民地と接する一三邦にとって対外的な暴力からの安全保障を模索することは自明の課題であった。

こうした理由から連合会議を越える強力な統治機構を備えることを彼らは一方で主張した。だが、他方でそれはアメリカ一三邦をまとめる統一国家を作ることではない点も強調される（『ザ・フェデラリスト』第三九章）。彼らの意図は複合共和政体を安定的に可能にする政治的編成を構想することであって、市民の統制から遠く隔たった執行府の恣意的な裁量を認めることではなかった。それゆえそこで描かれる制度編成は、対外的な安全保障のために執行府が一定の独立性を保持するがそれは立法府によって制約され、その立法府も上院を邦市民の代表、下院を連合市民の代表によって構成するように分割することで大規模化した共和政が陥る連帯と忠誠心の分散化を防ぎ、さらには「多数の暴政」を防ぐために司法審査を認めるといった、極めて複合的なものであった。連邦憲法へと結実するこうした構想によって、欧州とは異なる暴力からの安全保障を彼らは追求したのである。

とはいえ、この思惟と実践が最終的に市民による暴力からの安全保障という手段を「確立」したかといえば、無論それは否である。産業革命の進展とともに国際環境が大きく変化するなかで、複合共和政体アメリカの安全保障をめぐる課題は変容してゆく。それは程度の差こそあれ、アメリカのみならずあらゆる地域でみられた物質的文脈の変化である。

「社会保障」と「国家安全保障」――資本主義の展開と暴力からの安全保障

一九世紀後半の産業革命の進展は輸送とコミュニケーションに著しい技術革新を現出させ、安全保障の追求にとって根本的に新しい物質的文脈を生みだした。この変化の背景には産業革命と資本主義経済の進展がもたらした時空間的な距離認識の変化という問題の登場があった。技術革新は地理空間上の隔たりを短縮する一方で、時間的な確実性に対する認識に新たな不安と恐怖をもたらした。資本主義経済体制の世界大での進展は人々の生の不確実性を拡大させるとともに、不安と恐怖の感情の対象を変容、拡大させる。こうした不安と恐怖が、暴力からの安全保障にとって新たな課題として顕在化したのである。政治社会による将来への期待の保証といった社会保険の発想もこの動向のなかで生成された。[35] 国民国家単位での暴力からの安全保障を模索する「国家安全保障」という概念は、こうした文脈のなかで「社会保障」とともに出現した。これらの言葉の登場によって、安全保障を追求する政治社会の成員たる市民はすなわち国民であるというフィクションが名実ともに自明視されるようになる。

社会保障という言葉が歴史上、明確な意味をもって登場するのは一九三〇年代中葉のアメリカである。三四年にF・ルーズヴェルト大統領は「国家の男性、女性、子どもの安全保障を私は第一に置く」と標榜し経済安全保障委員会を設立した。ここに始まる一連の社会政策計画が翌三五年の社会保障法へと結実する。これが「社会保障」と「国家安全保障」の歴史的語源である。

当初の構想から社会保障の狙いは単なる社会福祉政策の実施にとどまるものではなかったし、国家安全保障も単なる軍事的防衛のことを指すものではなかった。そこには社会保障こそが国家全体を強化し、国防を可能にする手段であるという理解があった。つまり対内的な社会保障と対外的な国家安全保障は、截然と分かたれた、目的を異にする政策戦略などではなかったのである。むしろ両者は経済安全保障（economic security）という観念を媒体として分かち難く結びつけられていた。[36]

社会保障という構想は、統治機構の活動を通じて資本主義経済が生み出す不平等に対処するという目論みの下で展開された。ここに社会保障という観念がもつ排他的側面もあらわれる。それは経済的な独立独行を実践する人間像、そうした人々による内面的な自己管理を要求する側面である。政治社会の国民国家化に伴う行政管理の専門化は、単に身体的な死への恐怖をもたらす物理的暴力からの安全を保障することだけではなく、個人の能動性の喚起によって国民経済の維持発展に向けた労働力の再生産を保障することも含意していた。つまり資本主義経済が生み出す人間の生に対する抑圧と搾取といった構造的暴力への対応に迫られたのである。このような「生―政治」の働きは、特定の生の在り方を正常化させることで「市民たる国民」の境界線を画定させることを意味していた。[37]

「民族自決（self-determination）」の標語にはじまる二〇〇ほどの国民国家体制の構築と、第二次世界大戦後のブレトン・ウッズにはじまるアメリカ主導の国際経済体制の構築も、こうした発想の延長上に位置付けられる。要するに、暴力からの安全保障の問題を各々の国民国家単位の責任の下に再編し、それによってグローバルな資本の動きを統御する試みとして、社会保障と国家安全保障は歴史に登場したのである。これは各々の国民国家が自助と分業の体系を構築すべきであるということを含意した。つまり、対内的には経済的に自立した人々の再生産を図り、そうした国民＝市民によって暴力からの安全保障が模索されることを理想とする。同時にそのことは、対外的には独立した諸国家による属地的管理と防衛を与件として、共存のための国民国家体系が構築されることを理想とするというわけである。この理想の下支えとして一八世紀以後の欧州にみた国内／国際の分節化という発想が援用されたことを看取するのはさほど難しくないだろう。だが、資本主義経済の拡大と政治社会の国民国家化のなかで、国家安全保障が社会保障とともに内外という区分など不可能なほど編み合わされた様式で展開されていた点を見逃すことはできない。暴力からの安全保障の歴史と現代の課題を理解する上で、こうした近現代に特殊な認識を無視すべきではない。[38]

産業革命以後の国民国家化の進展は、境界線を労働能力の伴った国民によって区切ることで、国内的には規律訓練された具体的な国民像を再生成し、国際的には各国民国家に統治責任を負わせて資本主義経済を統御することを暗にふくんでいた。無論、こうした国民国家化の過程に、国内的には「生―政治」特有の「異常な、再訓練されるべき」落伍者へのスティグマと排除、国際的にはナショナリズムの高揚による総力戦化という新たな暴力の契機を看取できることはいうまでもない。一九世紀末以降の思惟と実践は国民＝市民というフィクションを基本にして、国民国家による統治と調整というかたちで展開された。

三　現代の論争

だが、空間的な距離短縮とともに時間的な不確実性を増すグローバル化がより切迫して認識される現代において、国民国家単位での安全保障の模索が困難に直面していることは直観的に理解されるところであろう。核兵器拡散と小型武器拡散、民間軍事会社や無人爆撃機の登場による戦争の構造転換は国民＝市民を基本単位とする安全保障論に新たな課題を提起している。(39) 本章では特に「人間の安全保障」論に限定してその意味と課題について検討しよう。

人間の安全保障と国家安全保障の相補性とその課題

国民＝市民による領域分割の理想を与件とすることは、植民地時代の管轄権以上の理由をもたない国境を固定させる一方で、市民の連帯を生み出すだけの資源を欠くいびつな政治社会を部分的に生み出した。この領域において「国家による暴力の独占」がいかに空虚であるかは明らかだ。そこにあるのは、過度に恣意的な境界線を伴った「国民国家」を支持する特段の理由も持てない人々、連帯の契機を別の個別具体的な集団に求めざるを得ない人々が分散化された暴力手段を保持するまさに虚構の空間である。

こうした「破綻国家」とも称される領域に対して外部から改めて統治機構を機能させるよう補完する動きが生じるのも、近現代下の国民＝市民による安全保障の模索というフィクションを振り返れば理解はそう難しくはない。産業革命以後の時空間上の不確実性に対する不安を回収するはずの「国民国家」がいまだに機能しない紛争と抗争に満ちた領域が存在する。こうした領域は、「諸社会からなる政治社会」の成員のなかで相互性をまったく期待できない「破綻国家」という「非―市民」として表象されるために、人々に不安と脅威の感覚を抱かせる。それゆえ、他の諸国家や国際組織を媒介とした積極的な支援と援助を通じて、その領域が一人前の「市民」になってもらわない限り成員として信頼することはできないという論理が成立するのである。

この点は「人間の安全保障」と呼ばれる一群の諸構想が、基本的に現状の「諸社会からなる社会」と「国家安全保障」の論理に挑戦するものではない所以でもある。両者は緊張しうる側面はあっても本質的に相反する概念ではない。人間の安全保障の構想は、基本的に国家が機能しない領域にいる、言い換えれば実質的に国内的にも国際的にも「非─市民」の境遇におかれている人々自身が抱く不安、恐怖原因の漸次の除去を強調する。その目的は基本的に人間の安全保障による国家安全保障の超克ではなく、国民国家化が生み出す空白域を補完しつつ、紛争地域における国家安全保障と社会保障の機能を充足させることで当該地域を国際社会のなかに再包摂することである。(40)

「人間の安全保障」という概念にとってここで難問となるのは、この言葉の含意する再包摂に向けた動向が特殊近代的な能動性を要求しうる点である。要するに「正常な、礼節を知る」マジョリティである先進諸国の政府と人々による、「異常な、再訓練されるべき」マイノリティである紛争、貧困地域の政府と人々に対するパターナリスティックな強制の契機を見ることができてしまうのである。

現在の国際社会の法規範と政治的編成を出発点にしつつ、いかにすれば一方的な保護の対象とされがちな紛争、貧困地域のサイレント・マジョリティの声を聴くことができるのか。国境横断的な批判的意見や異なる視点を取り入れるフォーマルな制度を十分に構築できているかどうかは大いに論争の余地を残しているといえる。人間の安全保障論が有する射程と可能性を吟味する際には、こうした課題を念頭においたさらなる分析と検討が今後も求められる。(41)

おわりに

──安全保障という「厄介な言葉」といかに向き合うか──

本章が論じてきた「暴力からの安全保障」の歴史とは、安全保障をめぐる思惟と実践が時空を超えて一義的な結論を持つことはついになかったという歴史でもある。古典古代以来、各々の物質的文脈に制約されながら、政治社会の成員である市民が安全保障を追求、模索し続けてきた。それは、主観的な恐怖感情を統御し、恣意的暴力を縮減するために、いかなる政治的編成を各々の文脈に応じて構想してゆくべきかという思惟と実践の総体であった。最後に、一義的な意味内容の固定化を許さない安全保障という

「厄介な言葉」と今後、我々が向き合ってゆく上で少なくとも求められる姿勢について考えてみたい。

それを知るための手掛かりは、前述の「人間の安全保障」論が現代において注目された背景について今一度、振り返ることから引き出すことができるだろう。なぜこうした論議が冷戦後の世界にあって衆目を集めることになったのか。その一つの要因として、主に先進諸国の人々の間に共感（compassion）が涵養され、増大してきたことを見逃すべきではないだろう。遠隔地の人々の受苦と不安に対しても当事者意識を抱く人々が増えることは「市民」の境界線を揺さぶる資源を生み出す。

メディアの発達に伴う情報と表象の多元化は、一方で国民＝市民の境界線を自明視している人々に対して、それとは異なる境界線の引き方が当の国民の間に多元的に潜在しているという認識を、例えば国内に住まう性労働者や移民労働者のおかれた過酷な実態への感受を通じて、喚起する。他方でこの多元化は国境を越えた遠隔地の人々の受苦に対して当事者意識を抱く人々に、現行の国民＝市民の境界線がいかに多数の境界のうちの一つであるのかという意識を涵養してもいる。

こうした共感が直ちに安全保障に向けた政治的編成の変容をもたらすわけではない。加えて、この表象の多元化がかえって人々が現状の認識のうちへと自らの思考を閉塞させる可能性も否定しがたい。とはいえ、前述の変化が国内／国際の二分法を相対化し「共通の制度の下に生きている我々」という「市民」の境界線を動揺させる機会を生み出していることは確かである。この揺さぶりを受けて、集合的な恣意的暴力の縮減を目的とする「暴力からの安全保障」の内実と範囲がどのような変化をみせるのかは今後の展開を待つほかにない。

だが次のことは明らかである。文脈に応じて変化する「安全保障」という言葉の本来的に多義的な性質をふまえるならば、少なくとも安全保障とは誰かによってだけ享受することのできる「もの」ではない。加えて、何かによって一方的に完遂されるような「もの」でもない。暴力からの安全保障の歴史的再構成を通じて本章が明らかにしてきたことは、安全保障に向けた思惟と実践が常に物質的制約のなかでその内実と境界線を変化させてきたということであった。

人間の身体的な次元に対する物理的暴力への恐怖を縮減していくことも安全保障にとっての一つの課題であり続ける。国家の安全保障を中心とする政治的編成もさしあたり存続するだろう。だが、安全を保障するという営みは決して生存の次元、国民国家体系の次元に還元することのできない射程を伴っている。恐怖感情を惹起し、生への不安を抱かせる恣意的な暴力の契機は政治的にも社会経済的にも多元的に存在している。いかにしてこうした契機に警戒し、我々のうちに生じる恐怖感情を引き受けてゆくことができるのか。暴力がもたらす（潜在的）恐怖感情に対して我々の間で不断に応じてゆく試みそのものが、安全保障に向けた思惟と実践への第一歩であり、恣意的暴力の縮減に向けた政治的編成を再考していく上で最低限にして欠くことのできない必要条件である。

こうした政治的感性を欠くならば、安全保障という言葉が本来的にもっている多義的な意味を歴史的にも理論的にも理解できるはずもない。現実社会において人々が抱く恐怖感情を消し去ることはおそらく永遠にできない。恐怖感情を皆無にするなど望むべきでもない。しかし、否、だからこそ安全保障について、我々の間で思案し応答してゆくことが不断に求められるのである。してみると、恐怖感情とともに共感が国内／国際社会を横断して増大する現在に生きる我々が安全保障を論じる上で必要とする姿勢とは、観察者として冷静に恐怖感情を生み出す現状を分析し、当事者として共感の増大と拡大を受けとめる勇気（magnanimity）をもつことにこそ見出されるべきものではなかろうか。

注

※邦訳のあるものについては参照したが、原文に照らして適宜訳語に変更を加えている。

（1）「平成二二年一一月一八日　参議院予算委員会議事録」、http://kokkai.ndl.go.jp（二〇一四年三月三一日確認）。

（2）Daniel H. Deudney, *Bounding Power: Republican Security Theory from The Polis to The Global Village* (Princeton Uni. Press, 2006), p. 27.

（3）中西寛「安全保障概念の歴史的再検討」（赤根谷達雄・落合浩太郎編著『新しい安全保障論の視座』亜紀書房、二〇〇一年）、土山實男「安全保障の終焉？」（『国際政治』一一七号、一九九八年）を参照。

（4）Arnold Wolfers, "'National Security" as an Ambiguous Symbol', in *Political Science Quarterly*, Vol. 67, No. 4 (1952), p. 483.

（5）こうした事態にあっても、国際関係学の視点から「実直に」安全保障概念の分析に取り組む近年の先行研究として、前掲注（4）の他に以下などを参照。Barry Buzan, *People, States, and Fear*, 2nd ed.（Harvester Wheatsheaf, 1991), David Baldwin, 'The Concept of Security' in *Review of International Studies*, Vol. 23, No. 1（1997), Ken Booth, 'Security and Emancipation' in *Review of International Studies*, Vol. 17, No. 4（1991), James Der Derian, 'The Value of Security: Hobbes, Marx, Nietzsche and Baudrillard' in Rorrie D. Lipschutz ed. *On Security*（Columbia Uni. Press 1995).

（6）Jeremy Waldron, 'Safety and Security' in *Nebraska Law Review*, Vol. 85, No. 2（2006), p. 456. ウォルドロンはセキュリティ概念を「財（goods）」のような抽象的に純化された「もの」として理解することの弊害を説く。概念を抽象的な「もの」としてだけではなく、個別の文脈に作用する「機能（function）」の面から捉える観点は執筆にあたり参考になった。セキュリティを「名辞」ではなく「形成の原理（a principle of formation）」として捉える必要を説く以下の研究も参照。Michel Dillon, *Politics of Security*（Routledge, 1996), Mark Neocleous, *Critique of Security*（McGill-Queen's Uni. Press, 2008).

（7）市野川容考「安全性の政治——近代社会における権力と自由——」（大澤真幸編『社会学のすすめ』筑摩書房、一九九六年）、辛島恵美子「社会安全学構築のための安全関連概念の再検討」（『社会安全学研究』創刊号、二〇一一年）を参照。市野川と村上陽一郎による対談である「思想としての安全学——「安全性」とは何か——」（村上陽一郎編著『安全学の現在』青土社、二〇〇三年）も参照。

（8）上野成利『暴力——思考のフロンティア——』（岩波書店、二〇〇六年）六一頁。

（9）ヨハン・ガルトゥング『構造的暴力と平和』（高柳先男ほか訳、中央大学出版部、一九九一年）五頁。

（10）齋藤純一『自由——思考のフロンティア——』（岩波書店、二〇〇五年）四〇—四一頁。

（11）Deudney, *Bounding Power*, p. 32.

（12）Judith N. Shklar, 'The Liberalism of Fear' in *Political Thought and Political Thinkers*（University of Chicago Press, 1998), p. 11.［「恐怖のリベラリズム」『現代思想』大川正彦訳、二〇〇一年六月号、青土社、一二六頁］. 国際関係学において恐怖感情に着目する研究として以下も参照。Richard N. Lebow, *A Cultural Theory of International Relations*（Cambridge Uni. Press, 2008).

（13）Shklar, 'The Liberalism of Fear', p. 19［邦訳、一三六—一三七頁］, Deudney, *Bounding Power*, p. 32.

（14）Waldron, 'Safety and Security', pp. 466-469.

（15）的射場敬一「市民」（古賀敬太編『政治概念の歴史的展開　第四巻』晃洋書房、二〇一一年）、山崎望「シティズンシップ」（古賀敬太編

『政治概念の歴史的展開　第六巻』晃洋書房、二〇一三年）、宇野重規「市民社会とデモクラシー」（齋藤純一・田村哲樹編著『アクセスデモクラシー論』日本経済評論社、二〇一二年）などを参照。また概念史研究としては、植村邦彦『市民社会とは何か――基本概念の系譜』（平凡社、二〇一〇年）が詳しい。

（16）「恣意的支配の不在としての自由」については、山岡龍一「政治的自由」（押村高・添谷育志編著『アクセス政治哲学』日本経済評論社、二〇〇三年）ならびに以下の論考を参照。Philip Pettit, *Republicanism: A Theory of Freedom and Government* (Oxford Uni. Press, 1997), James Bohman, *Democracy across Borders: From Dêmos to Dêmoi* (The MIT Press, 2007).

（17）アリストテレス『政治学』（牛田徳子訳、京都大学学術出版会、二〇〇一年）を参照。

（18）古代の政治思想の奢侈と富に対する警戒については以下を参照。*Deudney, Bounding Power*, pp. 94-101, J. G. A. Pocock, *Virtue, Commerce, and History* (Cambridge Uni. Press, 1985)［『徳・商業・歴史』田中秀夫訳、みすず書房、一九九三年］.

（19）トゥキュディデス『歴史（一、二）』（藤縄謙三ほか訳、京都大学学術出版会、二〇〇〇―二〇〇三年）。『戦史』を「悲劇」として捉える解釈については以下を参照。Richard N. Lebow, *The Tragic Vision of Politics* (Cambridge Uni. Press, 2003).

（20）ポリュビオス『歴史（一―四）』（城江良和訳、京都大学学術出版会、二〇〇四―二〇一三年）。引用は第一巻第一章。以下では文中に参照箇所を示す。混合政体論の分析は犬塚元「混合政体」（古賀敬太編『政治概念の歴史的展開　第六巻』晃洋書房、二〇一三年）を参照。

（21）モンテスキュー『法の精神（上、中、下）』（野田良之ほか訳、岩波書店、一九八九年）、第九編第一章。

（22）近代成立理解の一つである「ウェストファリア条約以後の主権国家の成立」という曲解に精緻な再考を迫る研究として明石欽司『ウェストファリア条約』（慶應義塾大学出版会、二〇〇九年）を参照。

（23）ホッブズ政治思想については藤原保信『藤原保信著作集（一）ホッブズの政治哲学』（新評論、二〇〇八年）と佐藤正志「ホッブズ――リヴァイアサンと平和概念の転換――」（『政治思想史における平和の問題――年報政治学――』岩波書店、一九九二年）を参照。また安全保障とホッブズを直結させる現実主義に関しては、例えばMichael J. Smith, *Realist Thought from Weber to Kissinger* (Louisiana State Uni. Press, 1987)［『現実主義の国際政治思想』押村高ほか訳、垣内出版、一九九七年］がその問題性を突いている点で有益である。ホッブズからの引用はEarly English Books Online（Chadwyck-Healey）が提供する一六五一年版の英文原典を主に参照した。邦訳は『リヴァイアサン（一）―（四）』（水田洋訳、一九八二―一九九二年、岩波書店）、『市民論』（本田裕志訳、二〇〇八年、京都大学学術出版会）を参照。

（24） Waldron, 'Safety and Security', p. 457.「怠慢」の意味で用いる文脈は第一九章（邦訳、五六頁）と第二六章（邦訳、一七四頁）の二回である。

（25） Waldron, 'Safety and Security', p. 478.

（26） 前掲佐藤「ホッブズ」、二一一二四頁、及び『リヴァイアサン』第一七章（邦訳、三三一三五頁）。

（27） Deudney, *Bounding Power*, p. 74.「認知的側面」に焦点を当ててホッブズと現実主義を再考する文献として以下も参照。Michael C. Williams, *The Realist Tradition and the Limits of International Relations* (Cambridge Uni. Press, 2005). 死刑への反対と逃亡の自由については『リヴァイアサン』第二一章（邦訳、九七一九八頁）を参照。

（28） Shklar, 'The Liberalism of Fear', pp. 6-7 [邦訳、一二三一一二四頁].

（29） こうした経緯の詳細は Deudney, *Bounding Power*, chap. 5 を、モンテスキューについては以下も参照。押村高「モンテスキューの国際政治思想（上、下）」（『青山国際政経論集』（三一、三五）、一九九四一一九九五年）。

（30） Deudney, *Bounding Power*, pp. 139-142 を参照。「地図と管轄権」の歴史はジェレミー・ブラック『地図の政治学』（関口篤訳、青土社、二〇〇一年）第五章が詳しい。

（31） 近代以降における商業と奢侈に対する認識の逆転についてはA・O・ハーシュマン『情念の政治経済学』（佐々木毅ほか訳、法政大学出版局、一九八五年）を参照。

（32） 前掲モンテスキュー『法の精神』第九編第一一三章、ルソー「永久平和論批判」（川出良枝ほか選『ルソー・コレクション　文明』白水社、二〇一二年）、ならびに Deudney, *Bounding Power*, pp. 152-154 を参照。

（33） この経緯について、押村高『国家のパラドクス』（法政大学出版局、二〇一三年）第一章、及び、菅波秀美『国際社会論』（臼杵栄一訳、信山社、一九九四年）を参照。

（34） A・ハミルトン／J・ジェイ／J・マディソン『ザ・フェデラリスト』（齋藤眞ほか訳、福村出版、一九九一年）。以下も参照。Deudney, *Bounding Power*, chap. 6, Peter Onuf and Nicholas Onuf, *Federal Union, Modern World: The Law of Nations in an Age of Revolutions, 1776-1814* (Madison House, 1993).

（35） T・H・マーシャルほか『シティズンシップと社会的階級――近現代を総括するマニフェスト――』（岩崎信彦ほか訳、法律文化社、一九九三年）を参照。

（36） Mark Neocleous, 'From Social to National Security', in *Security Dialogue*, Vol. 37, No. 3 (2006), pp. 370-371.

（37） 国民国家化に伴う能動的な統治の自己内面化、「生―政治」の問題については、齋藤純一『政治と複数性』（岩波書店、二〇〇八年）第五章や前掲の齋藤『自由』、上野『暴力』を参照。

（38） Neocleous, 'From Social to National Security', pp. 378-379.

（39） 核兵器拡散問題は Deudney, *Bounding Power*, chap. 9 を、民間軍事会社と無人爆撃機による戦争形態の変容については、ピーター・W・シンガー『戦争請負会社』（山崎淳訳、NHK出版、二〇〇四年）、同著『ロボット兵士の戦争』（小林由香利訳、NHK出版、二〇一〇年）を参照されたい。小型武器拡散問題についてはジュネーブ高等国際問題研究所が発刊している *The Small Arms Survey Yearbooks* を参照。

（40） 国家安全保障と人間の安全保障が対立するものではないという点は「人間の安全保障委員会」の報告書『安全保障の今日的課題』（朝日新聞社、二〇〇三年）でも一貫している。「人間の安全保障」の多義性については前掲押村『国家のパラドクス』第四章や栗栖薫子「人間の安全保障」（『国際政治』一一七号、一九九八年）を参照。

（41） こうした課題については、内田智「国際社会におけるデモクラシーの可能性」（前掲齋藤・田村編著『アクセスデモクラシー論』）を参照。

参考文献

Arnold Wolfers, '"National Security" as an Ambiguous Symbol', in *Political Science Quarterly*, Vol. 67, No. 4 (1952).

第二次世界大戦後の国家安全保障論の嚆矢となった古典的論考。安全保障とは「獲得された価値に対する脅威の不在」であると定義づける一方で、すでに「安全保障」という概念が「曖昧なシンボル」として機能することの危険性も示唆している。この分野において、まずは顧みられるべき研究の一つである。

Daniel H. Deudney, *Bounding Power: Republican Security Theory from The Polis to The Global Village* (Princeton Uni. Press, 2006).

政治思想における共和主義の伝統に依拠しつつ、「安全保障」という論争的な概念を古代から説き起こし、「暴力に対する恐怖」という観点から再構成することを試みた野心的論考。本書は二〇〇八年度アメリカ政治学会国際関係史・政治部門の最優秀著作に選出されている。

Jeremy Waldron, 'Safety and Security' in *Nebraska Law Review*, Vol. 85, No. 2 (2006).

政治哲学者である著者が、セキュリティ概念の内実をセイフティ概念と対比させながら明らかにしようとする論考。概念を「財（goods）」のような抽象的に純化された「もの」として理解することの弊害を説き、個別の文脈に作用する「機能（function）」の面から捉える視点を提供している。本論文は概念分析の方法をめぐっても一石を投じるものであり、「安全保障」のような意味内容の一義的理解をゆるさない概念をいかに捉えるべきかを考える際に参考になる。

赤根谷達雄・落合浩太郎編著『新しい安全保障論の視座』（亜紀書房、二〇〇一年）。

人間、経済、環境といった多彩な接頭辞を帯びている近年の「新しい安全保障論」の動向を紹介する研究書。「教科書的な使われ方」も意図されており、近年の安全保障概念の拡がりを知る際に有益である。特に第一章の中西寛「安全保障概念の歴史的再検討」は、日本語で読むことのできる、数少ない「安全保障」概念の史的分析である。

人間の安全保障委員会『安全保障の今日的課題』（朝日新聞社、二〇〇三年）。

国連の要請を受け、緒方貞子、アマルティア・セン氏らが中心となって取りまとめた報告書。グローバル化する現代においては、伝統的安全保障に加えて、貧困、保健衛生、紛争後地域の平和構築といった「人間本位の安全保障」という視座が重要となっていることを指摘する。

土山實男『安全保障の国際政治学――焦りと傲り――［第二版］』（有斐閣、二〇一四年）。

伝統的安全保障論を長年にわたって研究してきた著者の知見を概観することのできる論考。国際関係学における伝統的安全保障論、戦略研究の展開を知るうえで基本となる視座を与えてくれている。

帝国主義

前田幸男

はじめに

「国民国家」と呼ばれる政体の歴史は近代国家が形となる一八世紀あたりから説き起こすことが可能なのとは対照的に、帝国の歴史は紀元前の古代アッシリアあたりから始めなければならないが、この点について「帝国」概念は既に別の項目で論じられており、ここでは屋上屋を架すことは避けたい(1)。

まずは「帝国」と「帝国主義」の違いについて確認し、本章では後者に焦点を絞っていきたい。スティーヴン・ハウによれば、「広大で、複合的に、複数のエスニック集団、もしくは複数の民族を内包する政治単位であって、征服によって作られるのが通例であり、支配する中央と、従属し、ときとして地理的にひどく離れた周縁とに分かれる」のが「帝国」であるのに対して、「帝国主義」は、「そのような巨大な政治単位をつくり、保持する行為なり姿勢を指すことに用いられるが、同時に、ひとつの国民なり国が、他をそれほど明確でも直接的でもない形でコントロールないし支配する意味でも用いられる」としている(2)。

ここでは「帝国」が政治単位の状態を示す概念であるのに対して、「帝国主義」がそうした政治単位を保持するプロセスを指していることがわかる。また帝国主義という概念は、近代国家誕生以降、その領土や影響力拡張の事実を明確に非難するのに使用されることが多く、特にこの概念が注目されるようになったのは、資本主義が拡大し国民国家が政体として精緻化され始める一九世紀を経てからであり、それ以前は存在しなかったと指摘されることが多い。歴史学の世界でも、「帝国主義」という概念を一九世紀から二〇世紀にかけてのヨーロッパ列強の世界展開に限定して使用すべきだと考える見方は根強い。しかし、その枠組みの中で思考する限り、ヨーロッパの列強が帝国主義的に行動できるようになった条件に関する長期的で歴史的な考察はできない。

近代化の一つのクライマックスだった第二次世界大戦が終わり、以前の植民地が次々と宗主国から独立を勝ち取るに至り、公式の植民地主義は終焉を迎えたが、帝国主義はいまだ終わっていない。サイード（Edward W. Said, 1935-2003）に言わせれば、それが「特定の政治的・イデオロギー的・経済的・社会的慣習実践のみならず文化一般にかかわる領域に消えずにとどまっている[3]」からである。今日、帝国主義はむしろシステムが十全に機能する中心では論争の俎上にさえ載ってこないが、その中で虐げられてきた人々の歴史を理解できるかどうかは歴史への触れ方にかかっている。それは「ヨーロッパと西洋の言説を相手に、そこに分け入り、それらとまじりあい、それらを変容させ、これまで周辺に追いやられたり抑圧されたり忘れられたりした歴史を認めさせる営為」といえるが、サイードはそれを「遡航（voyage in）」と呼んでいる[4]。

今日「帝国主義」概念はすでに廃れたと見る者もいるが[5]、果たしてそうだろうか。本章は他でもない西洋中心主義思考を裏で支えてきた暴力性を帯びた「聖性」と「俗性」の交錯に注目して帝国主義を論ずる。この観点からすれば帝国主義は、古代から現代まで形を変えつつも厳然と存在してきたということができる。それを理解するために以下では世界史に登場してくる諸帝国の拡張や保持のプロセスを支えた駆動因を改めて遡航し、確認したい。

一　古　代

ローマ市民権

特定の者に市民を限定し、閉鎖性の高かった共和主義的なギリシアのポリスとは対照的に、ローマは結果的に共和政から帝政へと変貌を遂げたが、その勢力が拡大したのは共和政の時代である。そこではいったい何が起こったのだろうか。

共和政ローマがその版図を拡大できたのは、戦争に勝利したからというのは言うまでもないが、その拡大した領土を維持するため、それまで外部に位置していた人々を取り込むのに「ローマ市民権」を付与したからだった。

前三世紀前半にローマは、諸都市を制圧していく中で、ローマとの同盟だけを認め、諸都市間の同盟は禁止していく。その過程で、植民市を作ると同時に、支配下に入った自治市や同盟市に住む人々には、税制面でローマ市民と同様の待遇を与え、ローマ法の保護下におくも、共和政ローマの公職に対する参政権は与えなかった。他方で、各都市の上層民にはローマ市民権を（場合によっては元老院の議席さえも）付与し、共和政の中に各地の有力者を取り込んでいった。つまり、共和政ローマは、都市「間」の差別化／分断、および都市「内」での身分の差別化をはかり、排除しながら包摂するという、いわゆる分割統治により、諸勢力が団結し反乱が起きるのを阻止しつつ、その勢力を拡大・維持していったのである。

しかし、こうした差別化を原理とする統治は長くは続かなかった。長引く戦争による農地の荒廃、植民市からの安価な穀物の流入、征服事業で得た奴隷を利用した貴族の大土地所有（ラティフンディア）の拡大が相まって、中小土地所有農民は没落し、ローマ市に流入し大量の貧民層になっていく。

こうした貧民層に注目したマリウス（Gaius Marius, B.C. 157-86）は、ローマの徴兵制を志願兵制へ転換し、国が自前で用意すべきだった武具を用意し、給与を支払い、退役後は土地と年金を与えることにした（マリウスの軍制改革）。その結果、戦争の際、ローマの貴族が納税によって戦費を負担する一方、ローマ市民の軍が犠牲の多い中核部隊を担っていた以前とは異なり、改革後の戦争は徴収された属州からの属州税によって賄われ、軍は志願兵が専ら担うこととなった。これにより、農民が兵役から解放されたと同時に、希望する失業者は兵士として雇われたが、その適用範囲はローマ市民だけに限定されたため、ローマ以外の都市に住む人々は依然として徴兵された。そうした中、前九一年にイタリアの同盟市がローマ市民権を要求して反乱を起こした（同盟市戦争）。ローマはイタリアの全自由民に市民権を与えてこれを抑えたが、ローマ市民権が一種の特権であるという意識が人々の間に広がったことは明らかだろう。

また軍隊も属州でローマ市民を生み出す重要な役割を担っていく。正規軍団（レギア）に入隊できない部族の男性を補助軍（アウクシリア）として組織化し、ローマ式軍隊生活を経験させ、退役後はローマ市民権を付与していった。[6] 例えば、ガリア遠征などで周辺部に軍が進めば、そこで自ずとローマ市民が誕生するわけで、それは市民の中に一度もローマに行ったことのない「ローマ人」が増えていく過程だったといえる。そして遂に二一二年、カラカラ帝によって帝国の全自由民にローマ市民権が付与され（アントニヌス勅令）、市民権付与のダイナミズムはここで終局を迎える。[7]

ここまでの過程でローマは周辺の集団を受け入れ、常に新しい息吹を吹き込まれ、そこでの「ローマ市民」とは予め出自で決まった人々だけの特権的地位ではないことがわかる。ローマとは、属州生まれの非ローマ人や奴隷でさえも、社会的に成功し、身分が上昇しうる開かれた政体だった。そして、このローマが「限りない帝国」たりえたのは、要職にローマ市やイタリア都市出自の伝統ある一部の者だけが選ばれたからではなく、有能で幸運に恵まれていれば誰でも任官しえたためであった。つまり、領土が拡大するのと並行して、力ある「新しいローマ人」が現れては、ローマ帝国を支えたのだった。ローマ時代の版図拡大の過程を帝国主義と捉えるのであれば、その一連の流れはローマ市民権をめぐって展開したというべきだろう。

ローマ帝国とキリスト教

ローマ帝国内でのキリスト教の広がりと国教化の歴史は、その後の帝国主義の歴史を考える上で避けて通れない。というのも、初期の共和政ローマの時代から「市民権の付与」という統治の技法に並行して、もう一つの統治の技法がキリスト教を通した人心掌握だったからである。それはどのようになされたのか。神を信じ、神の下に人が集まったが、そこでの「神の存在は、秩序としては構成上「秩序づけ（ordinatio）[8]」を意味した。言い換えれば、「布置すること（dispositio）」（忘れてはならないが、これは「オイコノミア」のラテン語訳である）とは、神によってなされたのである。キリスト教がローマ帝国において不動の地位を得たのは、三九二年のテオドシウス帝（Theodosius I, 在位 379-95）によるキリスト教の国教化によってだが、その布石はミラノ勅令（三一三年）によって打たれていた。特にコンスタンティヌス帝（Constantinus I, 在位 307-37）のキリスト教への帰依と同皇帝によるニカイア公会議の開催（三二五年）は、皇帝の権威を高めるために、キリスト教が組み込まれたことを示している。加えて、政治的司教とされるアンブロシウス（Ambrosius, 340–397）の影響下、ヴァレンティニアヌス朝ではアリウス派の駆逐が行われる一方、伝統宗教を信じる人々も迫害されていく。そこに立ち現れてくるローマ帝国とは、かつての開かれた政体ではなく、「キリスト教徒」たる「ローマ人」が、異教も異端も国家の反逆罪として禁圧する排他的な共同体であり、その外部を「蛮族」として排斥する帝国であった。(9)

加えて四三一年のエフェソス公会議でネストリウス派が異端とされ（アッシリア東方教会の登場）、四五一年のカルケドン公会議で非カルケドン派なるものが登場し、東方諸教会（オリエンタル・オーソドックス）という概念が登場してくる。東方諸教会に属する人々の多く住む地域は結果的に人々の意識の中で徐々に、キリスト教帝国となったローマから分離されていく。公会議自体がローマ帝国の皇帝によって開催されてきた以上、そこで導き出された宗教的正統性（教権）には、常に帝権が寄り添っているという意識は、すでにローマ帝国市民に芽生えていたといえる。

こうして「ローマ市民であること」と「キリスト教徒であること」をめぐって、人々はローマ帝国の拡大・持続・衰退を経験したのだが、それはとりも直さず中世的統治への道を用意したのだった。

二　中　世

反キリストを抑止する者

西ローマ帝国の滅亡後も存続したローマ教会が、カトリック（普遍的）を称しはじめ、教皇をキリスト教会の首座に置くことで、西ヨーロッパ世界における空間的な「中心」の位置が改めて確認されていく。ただし、その当時、東方教会がキリスト教の保護者としてのビザンツ皇帝を庇護者としていたのに対して、ローマ・カトリック教会は自らの正統性を担保してくれる政治的保護者を欠いていた。

他方、七世紀以降イスラム世界との接触の中、東方教会は偶像崇拝を排撃するようになり、ビザンツ皇帝レオン三世（Leo III the Isaurian, 在位 717–41）が七二六年に聖像禁止令を出すと、ローマ教会は反発し、東西教会の対立が決定的となる。

西方世界は、八〇〇年のローマ教皇によってフランク王カール（Charlemagne, 768-814）が「ローマ皇帝」として戴冠し、教権と帝権を備えるようになり、東ローマ帝国から完全に自立する。もっとも、両権は突然確立されたものではない。数世紀を経る中で、皇帝が「〈地上における神〉（deus in terris）」、教皇が「〈地上におけるキリスト〉（Christus in terris）」とそれぞれ呼ばれるようになり、両権の至高性が人々の精神構造を規定していく。(10) しかも、その過程で皇帝と教皇の間にしばしば叙任権をめぐる激しい対立があったわけだが、それは絶対的な対立ではなく、「キリスト教共同体の統一は一瞬たりとも問題とはされなかったのである」。(11)

そして国教化されたキリスト教が、今度はローマ帝国の外部への膨張の際、正統性を付与する源泉として重要な役割を果たすようになる。きっかけは聖地イェルサレムの巡礼を圧迫していたセルジューク朝に対して、ビザンツ帝国の皇帝が脅威を感じ、ローマ教皇に援助を求めたことにあるが、それが十字軍の始まりだとされる。「十字軍によってフランス、イギリス、ドイツの騎士や商人たちは近東を知るようになった」。(12) これは人々（今でいえばヨーロッパの人々）の意識の中に起こった空間革命の一つといえるが、それはヨーロッパの外部に対し、自らを「反キリストを抑止する者」、すなわちカテコン（Kat-echon）として把握することで初めて可能だったのである。(13) その意味で、ここでは「正しい敵（justus hostis）を承認するという能力がすべての国際法の第一歩」(14) であるにもかかわらず、彼らが「戦争のための法（jus ad bellum）」や「戦争における法（jus in bello）」といった概念を、イスラム教徒に対して適用することがほとんど無意味だと認識していたことが重要である。なぜなら、彼らが「イスラム教徒たち自身、剣が届くところではどこでも異教徒とみれば改宗させるか根絶してしまわなければならぬと心に決めている熱狂家だった」(15) と認識していたからである。それゆえ異教徒に対する戦争の場合は、罪からの赦免を得ることさえできたのである。(16)

ところが、フランクの騎士たちによる大規模な膨張運動となった十字軍を、キリスト教信仰とだけ結び付けて理解することには限界がある。というのも、それが遺産相続の問題と深いつながりがあるからである。相次ぐ外部勢力の侵入が王権の弱体化を招いたため、弱者らは外敵から自らの安全と財産を守るために身近な有力者である封建領主（貴族）の保護を求め、農奴となっていく。他方で、王に対して貴族らは、領地（封土）を与えられて保護される見返りとして、軍事的奉仕の義務を負う「封主＝封臣関係」にもあったが、王が貴族に与える封土がなくなってくると、今度は王国内部で領主間闘争が起こるか、新たな土地を求めて王国の外部に注目が集まるようになる。というのも、フランク王国では財産相続に関して、一族の財産を本家へ集約させて継承させるために長子相続制が採用されていたからである。その結果、土地を持たない貴族や増えすぎた分家は王国内にとどまる限り、持たざる者であり続けなければならなかった[17]。

「封建時代の飽くことのない土地への渇望が、領域的な自己充足性という束縛を断ち切らせ[18]」、彼らを十字軍に向かわせた。教皇は貴族たちの矛先を異教徒へと向けさせ、「土地や戦利品だけでなく、永遠の救いまで約束[19]」した。こうして十字軍という一大事業は、聖性と俗性の混成体として立ち現れるのであり、そのどちらかだけでは実現しなかったのである。

内陸交易ルートの断絶とペスト

一九世紀から二〇世紀にかけて興隆したヨーロッパ列強による国民国家型の帝国主義が可能となった条件の一つに、一三世紀から一四世紀にかけて帝国型帝国主義がシステムとして下火になったことを挙げなければならない。この点、ジャネット・L・アブー＝ルゴド（Janet L. Abu-Lughod, 1928-2013）は、ヨーロッパが東洋を追い越し優位に立てた理由を、チンギス・ハーン（Genghis Khan, 在位 1206-1227）が統一したモンゴル帝国の衰退に求めている[20]。モンゴル帝国はその領域の広大さと移動の活発さが特質だったがゆえに、後に二つの深刻な問題に直面しなければならなかった。すなわち、内部対立と疫病の拡大である。モンゴル帝国では第五代大ハンにフビライ（Khubilai Khaan, 在位 1271-94）が即位し緩やかな連合国家へと再編されると、関税を撤廃して商業を振興していた同帝国では国際交易が隆盛し、ユーラシア大陸全域を覆う平和の時代が訪れる（パクス・モンゴリカ）。しかし、帝国内部の抗争により一大交易ネットワークは分断され、またこの時期の腺ペストが猖獗を極めたことによりモンゴル帝国は荒廃し、帝国主義は内側から食い破られていく。

疫学的観点からすれば、この隊商路網の北方への拡大は、ひとつの重大な結果を引き起こした。草原にいた野生の齧歯動物が未知の感染症の保菌者と接触することとなり、その伝染病の中に、まちがいなく腺ペストが入っていた[21]。

モンゴル帝国が広大な領域に拡張したため、それまで相対的に隔離された地域は架橋され、生命を危険に陥れる伝染病の拡大を用意する結果をもたらし、それが一四世紀後半のヨーロッパでの黒死病の大流行へと至る。[22] マクニール（William H. McNeil, 1917-）によれば、一二五二年以降モンゴル人が雲南やビルマに侵攻すると、そこで彼らの乗用馬がペスト菌に感染したノミの安全な宿主となり、これを北方の草原地帯の地下に生息する齧歯動物の生息地に瞬く間に移すこととなる。その後、中国にそれが侵入する一方、「アジアの隊商路を旅し、一三四七年クリミアに到達する。ここからペスト菌は船に乗って飛び火し、各地の港へ、そしてそこから内陸へ放射状に延びる道を通って、ヨーロッパと中東のほとんどすべての地域へと侵入した[23]」。

モンゴル帝国の衰退の引き金となった疫病と反乱がアラブの心臓部を抜ける陸路のバイパスを破壊したのである。その後この地域はティムール帝国として統一されるもそれも短命に終わり、西アジアはかつての繁栄を取り戻せなくなる。世界システムを交易ルートの一大ネットワークと捉え、その重要な結節点が繁栄すると捉えるならば、この一連の流れにより、コンスタンティノープルから中央アジアの陸地を横切る「北方ルート」は断絶することとなり、そこを経由した東洋興隆の可能性は閉じられてしまう。その代替ルートとして、地中海とインド洋をバグダート、バスラ、ペルシャ湾へと結ぶ「中央ルート」と、アレクサンドリア―カイロ―紅海とアラビア海そしてインド洋を結ぶ「南方ルート」があったが、前者は十字軍とモンゴル帝国の間で押しつぶされてしまい、交易システムの中心は数世紀をかけ、後者へとシフトしていく。

二つの含意

しばしば見落とされがちだが、ここでは後に登場してくるヨーロッパで展開される国民国家型の帝国主義にとっての二つの含意に言及しておきたい。

一つの含意は、一四世紀ヨーロッパでペストが猖獗を極めたことが教権の絶対性を揺るがした点である。ヨーロッパにおける一三四七年から一三五〇年にかけての、黒死病伝播の最初の衝撃は凄まじかった。この四年間でヨーロッパの全人口の三分の一が死亡したと推定されており、それが恢復するには一六世紀初めまで待たなければならなかった。黒死病によって健康だった人物が二四時間もたたないうちに理不尽に斃れていくことはざらにあった。気まぐれで説明のつかない破滅に対して、世界の神秘を説明しようとする主知的神学（例えばトマス・アクイナス（Thomas Aquinas, 1225–1274）のそれ）の権威は揺らいだ。僧侶も例外なく大勢斃れ、残された十分に訓練を受けていない後継者による説教も、不条理なペストに晒された人々には何の意味も持ちえなかった。[24] つまり、反教権主義は、教会の腐敗に対する民衆の不信に起因していただけでなく、疫病が突き付ける過酷な現実に対して教会が救いの手を差しのべられなかったことへの不信にも起因していたのである。このことは信徒が神秘主義や終末論的信仰といった方向に進み、教会が発揮したい司牧権力の磁場から零れ落ちるのを食い止めようとする歴史、さらには後の宗教改革が成功していく歴史に連なる先鞭だったと見ることができる。[25] 言い換えれば、この一連の出来事が人々をまとめ上げるための権力パラダイムを、教権に内在する司牧権力から徐々に国家の生権力へとシフトさせる端緒だったともいえる。ただし、その移行は極めて緩慢で、神学から国家を経由して人種へと政治的なるものの中心概念が移行していく近代をまたなければならなかった。

もう一つの含意は、感染症が引き金となったモンゴル帝国の衰退と、明朝の海上支配からの撤退がヨーロッパ興隆の条件を整備した点についてである。今日の「常識」とされる歴史によれば、世界の交易ルートを制したのは西洋なのだが、それは単に西洋が優れていたからという理由では説明できない。ヨーロッパが覇権を握ることができたのは、先行システムの「退化」のゆえであり、西洋に先行システムを乗っ取る力があったからとか、ヨーロッパの内的特質ゆえに西洋が優位になったからではない。[26] 中国で明朝が誕生するも、一五世紀半ばまでに明は重大な経済危機に直面しており、艦隊の撤退を余儀なくされた。それはインド洋交易に権力の空白をもたらし、結果的にこの空白は、まずポルトガル、ついでオランダ、最後にイギリスによって埋められていく。

こうして一五世紀末から始まる新たな時代に登場するヨーロッパの国々には、幸運な条件が重なったためにヨーロッパが興隆し始めたということがわかった。以上を踏まえ、次節では新大陸発見と世界一周の航行によって世界が球体であることが実証されたことで、ヨーロッパ列強がその外部に対してどのような行動に出たのかについて見ていきたい。

三　近　世

新大陸発見

世界が球体であることが判明した後、ヨーロッパはいまではアメリカ大陸と呼ばれる場所を「新大陸」として認知した（コロンブスはインドであると主張していたが）。新大陸には、すでに先住民が紀元前より住んでいた上に、一〇世紀末にはグリーンランド（ヴィンランド）やニューファンドランド島にノルマン人が到達していたのだが[27]、世界史の中では新大陸発見は一四九二年になされたと語られるようになる。このことは、旧約聖書の創世記の中で登場してくるノアの三人の子孫セム、ハム、ヤペテは全人類の起源とされ、それぞれアジア人、アフリカ人、ヨーロッパ人の先祖になったと理解されるが、新大陸発見を契機に登場してくるアメリカ先住民とはいったい何者なのか、という問いと関係がある。一六世紀末まで続いた論争の中で、とりあえず南アメリカの生物相がアジアの生物相と共通点が多いとして「アジア人の子孫」であることが語られる[28]。しかし、アメリカ先住民が、布教対象としての適格性を備えているのか否かが論争対象となっていたことが象徴しているように、「この突如出現してきた新しい世界は新しい敵としては現われず、自由なラウムとして、すなわちヨーロッパによる先占と拡張のための自由なフィールドとして現われたということが、本質的なものであり、また後の世紀にとって決定的[29]」だったのである。

略奪による蓄積とは他の手段による戦争の継続

その結果、新世界をめぐるヨーロッパ内部の闘争は「巨大な陸地取得における粗野なひったくり」へと変わったのだが、それは言い換えれば主権国家併存型の帝国主義時代への突入であり、植民地獲得競争時代への突入でもあった。しかし、なぜヨーロッパに主権国家が併存する環境が温存されたまま、この時代は幕を開け、展開したのだろうか。なぜ統一された主権国家帝国が、ヨーロッパで新たなローマ帝国として登場し、新大陸を独り占めしなかったのか。

その答えは、ヨーロッパで行われていた戦争形態の中にある。新大陸発見以降、ヨーロッパで行われた戦争には大砲が導入され、その攻撃により要塞は陥落の危機にみまわれたため、短期間でその現実に適応した要塞へと改良されていく。それは「溝の陰に降りることで砲火に対して身を守り、大地の斜堤を利用して身をかくまう幕壁を設置すること」が可能な「稜堡を備えた要塞」となった[30]。その登場によって防衛が攻撃の優位を相殺し始めたのである。その結果、防衛と攻撃のバランスは再び拮抗し、勝ち負けのはっきりしない戦争だけが残された。このことは一人勝ちする主権国家の出現を阻止した。その中身が現在の主権国家とは似ても似つかないものだったとしても、「ほぼ対等な、相競合する領域国家の民衆が生き残ることを確実なものにした[31]」。もし当時、戦争が攻撃に有利で、要塞が容易に陥落していれば、その結果は、カトリック（スペイン）とムスリム（オスマン帝国）という互いに対峙しあう二つの帝国主義のみが存在していたかもしれないが、歴史はそうはならなかった。「勢力均衡」という言葉の文字通りの起源を辿れば、それはこの「攻撃」と「防衛」の均衡だったというべきなのであり、国家間の力の均衡を意味するようになるのはずっと後になってからだった。

むしろこの近世の時代に繰り返された戦争は、ことごとく王位継承戦争だった。つまり、ここでの主権国家の存続は、王朝の存続にかかっていたのである。「継承権をめぐる一族の争いは、王朝間に張り巡らされた網の目のような血縁関係のおかげで、ほとんど自動的にヨーロッパのすべての国家を巻き込むこととなり、ちょっとした跡目争いがヨーロッパ全体を火の粉に包むような大戦争へと発展することも珍しくなかった[32]」。

こうした勝敗の決しない長引く戦争を継続するためには、常備軍と比較しても安上がりな傭兵を雇う必要があったが、そのためにも十分な富が必要だった。しかし、一六世紀末から一七世紀にかけての時期、ヨーロッパでは未だ臣民から富を吸い上げる官僚的徴税制度（ウェーバー）は確立しておらず、ましてや産業革命を用意することとなる資本の本源的蓄積（マルクス）も見当たらなかった。そこでヨーロッパの絶えない戦争を継続できるかどうかは、ヨーロッパ外部から引き出された富を手に入れる能力にかかっていたのである。特にこの時期に実質的な植民地支配を司った東インド会社や西インド会社のような特許会社は「様々な方法で」資本蓄積を行った。例えばそれは、①金銀の採掘とヨーロッパへの持ち込み、②プランテーションによる栽培作物の商品化と販売、③胡椒や衣類のアジアとの貿易、④アメリカ大陸へ投資したヨーロッパの投資家に対する利益の還元、⑤奴隷取引、⑥海賊行為といった実に多様な方法である[33]。つまり、ここでは戦争と交易の両方を担う「ヨーロッパ企業」と、ヨーロッパでの内紛との間の、絶えざる相互作用が存在していたのである。「ヨーロッパ企業」の海外膨張は、ヨーロッパ人同士の「内紛に対してより一層の資源を供することになったし、またかなりの程度その内紛によって引き起こされもした[34]」。

膨張を支えた聖性と俗性

しかし、このようなプロト資本主義的蓄積（マルクスがいうところの資本の本源的蓄積とは異なる[35]）は、いかなる理由づけによって正統性を確保し、遂行されたのだろうか。

新大陸発見後、間もなく世界はヨーロッパを起点とした分割ラインを引かれることになる。最初のグローバルな分割ラインが、スペインとポルトガル間の分割ライン——*Raya*——である[36]。このグローバルな分割ラインは、非キリスト教的な君主や人民たちの土地をキリスト教徒の土地から国際法的な審級の資格において区別するものであり、「それ故に、ラヤは、キリスト教徒の君主や人民たちが、伝道委任を教皇から与えられうるという権利をもち、この伝道委任に基づいて彼らは非キリスト教的な地域を伝道し、そして、その伝道のさらなる過程において先占するということを、前提にしているのである[37]」。こうして伝道の地帯は航海や貿易の地帯から区別できなくなる。

その後に続く、もう一つのグローバルな分割ラインが、宗教間対立を背景とするスペインとフランス間のカトウ・カンブレシス条約に伴って引かれた友誼線——*Amity Lines*——である。この取り決めによれば、フランスの航海者たちが、スペインやポルトガルの船を攻撃することは、北回帰線のこちら側では禁じられるが、友誼線のかなたでは、はっきり許されることになる。このラインでヨーロッパは終わり、「新世界」が始まる。したがって、ラインのあちら側ではヨーロッパの公法は適用されないことになる。ローマ教皇が権威をもつラウム秩序の枠内での内輪の境界画定のラインだったラヤとは異なり、友誼線は陸地取得のための闘争ラウムを境界の範囲外に取り出す。

この点、シュミット（Carl Schmitt, 1888-1985）はラインのかなたでは単に実行的な先占の権利以外の分割原理は存在しえないという点を強調し、闘技的性質をもつ友誼線は配分的性質をもつラヤとは根本的に異なることを示してくれるが、逆に言えば、ラヤと友誼線の双方の線引きに関わった者たちには、共同のキリスト教的なヨーロッパの存在が想定されていたのである。つまり、政治神学の観点からすれば、キリスト教が国教化されたローマに始まり、十字軍、大航海時代を経て一七世紀の宗教戦争の時代に至ってもなお（さらにはその後にまで）大きく影を落としている以上、プロセスとしての帝国主義には聖性がつきまとうことを認めざるをえないのである。つまり、聖性と帝国主義は、ある種の連続体として捉えるべきということになる。

こうして「グローバルなライン思考」に基づいて、先に指摘したプロト資本主義的蓄積が正統化されたわけだが、この蓄積が何よりも海を渡ろうとする人々の欲望を経由して国家を膨張へと駆り立てた結果として実現したという側面は改めて確認しておきたい。例えば、ヨーロッパで長子相続制が採用されている地域で長男以外の小貴族たちは、その地域に留まって生活するにはあまりに貧しいがゆえに、選択肢として傭兵になったり、あるいは海に向かうことで金を稼ぐ方法を見つけたが、それは十字軍の時代の構図と基本的に変化しなかったことを意味している。またスペインによる新大陸への進出は、金銀の採掘や大農園での労働のための奴隷を捕獲し、売買するといった明らかな収奪が目的だったことはいうまでもない。この時代から初期近代にかけて行われた大西洋奴隷貿易が経済事業としてなされた歴史がいまだに影を落としている。こうして原理的には、かつての十字軍と同様、新大陸への進出は聖性と俗性の混成体として展開されてきたといわなければならない。

ヨーロッパ帝国主義的膨張を可能にした疫病

ただし、いくら正統化がなされ、人々の欲望を動員できたとしても、実際に新大陸を征服できなかったならば、一五世紀末から始動するヨーロッパ帝国主義の物語は、そもそも存在しなかったはずである。征服を可能にした条件とは何だったのだろうか。これまではしばしば、火薬革命による武器の高度化、印刷革命による軍隊の手引書の量産・配布といった新しいテクノロジーの登場がヨーロッパの支配を世界中に広げたと語られることが多かった（いわゆる拡散主義（diffusionism））。

しかし、能力の高さゆえに優位に見えるヨーロッパも、偶然の条件が積み重なった結果として、その後の発展があったのだとすればどうだろうか。マクニールは、モンゴル帝国がユーラシア大陸の陸路を制覇できなかった理由の一つを腺ペストの蔓延による社会の衰退に求めたように、新大陸発見から征服への一連の流れを可能にした条件として新大陸での感染症の拡大に着目している。「新世界は、旧世界の総体としての大きさと生態的複雑さに比較したとき、いわば一個の巨大な島でしかなかった」[38]。つまり、アメリカ大陸は旧大陸での動植物の生存競争の激しさから隔離されていたのであり、そこに住んでいた免疫のまったくないインディオに、ヨーロッパとアフリカに存在する病原菌の保菌者が到来すればいったい何が起こるだろうか。例えば、コルテス（Hernán Cartes, 1485-1547）が到来してから五〇年でメキシコの人口はほぼ一〇分の一になってしまった[39]。征服者たちは比較的少人数だったが感染症から何の影響も受けなかったのに対して、インディオの死者数は短期間に劇的な水準に至ったため、征服者たちは軍事的抵抗にはほとんどあわなかったほどである。しかも、神の恩寵を受ける側と、悪疫を通して神罰を受ける側がここまで明確に分かれて顕在化すると、インディオが伝統的な宗教を捨て、キリスト教を受け入れるようになったとしても不思議ではなかった[40]。

こうした新大陸発見から植民地支配確立までの一連の出来事が、疫病を引き起こすミクロ寄生が支配因だったとすれば、これまでの帝国主義の歴史は再考を余儀なくされる。なぜなら、帝国主義を仮にヨーロッパ文明が世界に拡散していく過程として捉えた場合、アメリカ大陸の先住民が感染症に対して免疫をもっていなかったという事実は、かれらが劣っていたからではなく、単に偶然免疫をもっていなかったからである。加えて、その後の鉱物資源の採掘や奴隷制によるプランテーションによって得られた富の蓄積が可能だったのもその偶然の結果から引き出されているに過ぎないからである。

いわばマクロな群れの統治が、人間に備わるビオス（政治的・社会的生）とゾーエー（生物的な生）という二つの側面のどちらをも縒り合せて、かつ多くの人々をまとめ上げる行為だとすれば、これまで政治思想は一部の例外を除けば暴力、社会契約、自由、平等、民主主義のような前者（ビオス）に関わる概念に注目し、健康や病気といった後者（ゾーエー）に関わる概念を脇に追いやる傾向があったのではないだろうか。帝国主義的膨張やその失敗の歴史が、その両方を含みこんだものであったことは言うまでもないにもかかわらずである。

その理由の一つに、疫病の「飼育化」があるという。旧世界と新世界との間の菌の交換あたりから、感染症の世界的な規模での均質化が次第に完成されていった。そして「子供を除くすべての住民に複雑なパターンの免疫が出来てしまった場所では、一流行期間内に共同体の成員の半ばを斃死させてしまうような古いタイプの間歇的な悪疫は、もう起こり得なくなっていた」[41]のである。

このことは二重に皮肉な結果をもたらしたといえる。一方で、本来統治にとって重要な生（ゾーエー）の管理にかかわる感染症の問題に対してほとんど意識しなくてよい環境が整ってしまうことで政治思想の領域でも、その偶発的条件があまり重要視されなくなったということ。他方で、後に近代化の進展の中で悪疫は西洋文明によって克服されたという意識が根付いたことで世俗化（例えばウェーバーのいう「魔術からの解放」）が進んだように見えるものの、実際は科学と二人三脚でユートピアへと向かう黙示録的思想が広がっていったということである。その結果、疾病のような偶然の条件についての考察は疎かにされていく一方で、聖／俗パラダイムだけが顕在化するようになる。

こうしてヨーロッパの外部に「文明と人」が国家という枠組みを経由して広がるという思考が広がるための条件が整備されたのだった。

四　近代以降

アメリカ合衆国の登場

イギリスとの戦争を経て独立したアメリカ合衆国の登場により、帝国主義の歴史は大きな変容を遂げることになる。当時、ヨーロッパはナポレオンが失脚し、ウィーン体制の下、南米での独立運動への干渉が行われる一方で、イギリスの自由貿易帝国の影響は絶大なものになりつつあった。こうした背景の下、ヨーロッパの君主政のすべての政治体系に対する挑戦として出された一八二三年のモンロー宣言は、ヨーロッパとは一線を画するアメリカ大陸の孤立化を示唆したものだった。これは、ヨーロッパの国々が世界を分割し、支配下に置くための正統化事由としてのラヤや友誼線とは異なり、アメリカ大陸をヨーロッパとは別のラウム秩序であるとする「西半球のライン」が引かれたことを意味する[42]。

このラインは、宗教戦争とその後新大陸へ移ってきた人々とその子孫が創った共和国によって自覚的に引かれたのであり、腐敗した旧世界の帝国主義を拒否するという意味を持った。共和国フランスと異なり、首を切るべき王がそもそも存在しない共和国アメリカ。封建制は不在で、自由主義的理念のみが存在した[43]。旧世界の腐敗には未だ感染していない新世界は、旧世界とは別の状態でなければならないと考えた[44]。新世界は防衛されなければならなかったのである。「アメリカが、選民たちが自らを救い、そこにおいて処女的な諸条件のもとに新しい一層純粋な現存を導いた土地であるならば、アメリカの土地に関わるヨーロッパの要求はすべて崩壊する[45]」ことになる。

こうしてアメリカは、かつての先占が可能な無主地でも、ヨーロッパの国々の土地でも、古い友誼線の意味での戦場でもなくなり、それらとはまったく別のラウム秩序の下に置かれることになった。この西半球のラインは明らかにアメリカの新しい真のヨーロッパたろうとする意識から引かれたものだった。それを担うアメリカの選民意識は、カルヴァン的＝ピューリタン的態度に由来しており、建国時の理神論的な形態を経て、さらにはマニフェスト・デスティニーの思想も経由して高まっていった。これと並行して、この西半球のラインの内側では、「自由なアメリカの土地」における陸地取得が行われたが、そのプロセスは、先住民を排除し、人種概念を利用しながら黒人と貧しい白人を反目させつつ、白人には（無主の！）土地の所有権を付与し、フロンティアを西へと拡張するものだった。フロンティアが消滅すると、今度は太平洋の島々を経由して中国における門戸開放宣言へと至る。結局、そのプロセスは新世界における帝国主義2・0だったのであり、中南米諸国、太平洋の島嶼部やフィリピンに対する行動は、ヨーロッパ列強の帝国主義的行動と確実に連続性を帯びていた。ただし、そのプロセスはアブラハム以来の旧約聖書およびイエス登場以来の新約聖書の物語を再現したもの（「約束の地カナン」を求める物語であり、かつ「丘の上の町」たろうとする物語）であると同時に、貧しき移民たちとその子孫による土地と富の獲得への欲望が交差した、聖性と俗性の混成体としての帝国主義だったという意味で、それはキリスト教帝国ローマ以来の歴史の反復だったといわねばならない。

旧世界ヨーロッパの帝国主義

アメリカ合衆国が独立し、国力をつけ始める中で西半球のラインを引いた一方で、一九世紀末のヨーロッパ列強は帝国主義の全盛期を迎える。鉄道や蒸気船の発明により以前には不可能だった距離を多くの物と人を乗せて移動できるようになる。また蒸気船は、河川を川上に向けて内陸深くにまで進むことも可能となった。またキニーネの発見により熱帯の内陸でも感染に悩まされずに活動が可能となり、銃の性能向上と量産による生産コストの低下で植民地支配が以前よりも容易になった。一九世紀のヨーロッパ列強は、まさしく機会と技術革新を最大限に利用し、地理的にも文字通りグローバルに勢力を伸ばした経済的な帝国だったのであり[46]、それゆえ帝国主義間の競合が第一次世界大戦へとつながっていく。その意味で、これまで頻繁に参照されてきたホブソン（John A. Hobson, 1858-1940）やレーニン（Vladimir Lenin, 1870-1924）の帝国主義論をはじめとするその他多くの論は、帝国主義を一九世紀から二〇世紀にかけての特有の現象として捉えるべきであると論じていたのだった。というのも、この時代の帝国主義は、それを担う主要な政体が国民国家になったという点で、それまでの帝国主義とは一線を画すると理解されたからである[47]。

国民国家型帝国主義と人種主義

例えば、ヨーロッパで英仏両国を取り上げても「文明化」のプロセスは著しく異なるものの、一九世紀に本格的に海外へと帝国主義的展開を果たす頃には国民国家として外部に向き合うことになる。これまでの帝国が、多様な民族・宗教・階層の人々を包摂してきたのに対して、いわゆる国民国家型の帝国主義は「征服を行った場合には、異質な住民を同化して『同意』を強制するしかない」[48]。なぜなら、征服された非-国民からは被統治者の同意をほとんど得られないからである。そしてヨーロッパ列強による帝国主義が進展すると、必ず被征服民族は民族意識と自治の要求とに目覚めることになった。その結果は、皮肉にもヨーロッパ列強内部での、抵抗する植民地住民が帝国を受け入れないことに対する不信と、自民族が彼らよりも優れているという意識の醸成だったといえる。

理念として国家内部の成員である国民は等しく扱われるべきだとされるが、実際は国内で生じる格差や差別がなくなることはない。そこに人種的偏見を利用し、特定の対象を狙い撃ちすれば、内部の諸矛盾から目が逸らせるというのは歴史の常だが、今度は人種には区別と等級があることを科学的に証明できるという言説によって正当化が行われた。つまり、人種差別的発想は古くから存在していたが、ここへきて近代国家における権力の根本的メカニズムとして定着したのである。[49] そして「権力は人口を諸人種の混在として扱えるようになり、引き受けた種を人種という下位区分に分割できるようになる」。[50] 本国と海外の植民地が同一の統治システムにあったとしても、その中で「生物学的連続体に区切りを入れること」が容易なのは明らかだろう。したがって、この時期活発に議論された思想としてのリベラリズムのみならず啓蒙思想それ自体が、文明と野蛮の図式を立て、後者は帝国主義の展開を通して改善が可能だと考えていたことは驚くにあたらない。

ドイツ第三帝国《ライヒ》

文明や理性や社会主義といった思想を信頼するということは、ある種の理想形態がその先には存在する。古代から近代への道のりは、キリスト教的信念の後退と軌を一にしているとしばしば理解される一方で、ユートピア思想、特に「進歩」という近代的理念は、実はキリスト教的信念の遺産だとの指摘がある。[51] 終わりに近づきつつあるという黙示録的物語を完成させるために「進歩」を目指すという思考は用意されたとの指摘である。

この議論に従えば、なぜナチス・ドイツがホロコーストを行ったのかが理解できる。彼らは自らを神聖ローマ帝国、ドイツ帝国の正統性を受け継いだ、第三帝国と称し、「来るべき理想の国家」を目指し、先行する英仏などの帝国主義に対抗し、自らが別様の帝国主義を進めた。しかしドイツは依然として国家であり、先に指摘した国民国家への同化への同意を他の民族から得られないという矛盾に突き当たる。そこでヒトラー（Adolf Hitler, 1889–1945）は「「最悪」人種を確立」し、「「最良」人種を支配者としてその他の被征服民族・被抑圧民族を適宜変更可能なようにその間に格付けした秩序を創り出す」ことで、「「最悪」人種以外の人種に何ほどかの優越感」を抱かせようとした。[52] その「最悪」人種に、第三帝国のアーリア人選民主義にとって「手強い競争相手」[53] だったユダヤ人を配置したのだった。しかしこの理解だけでは十分ではない。これは古代ローマ帝国で国教化されて以来の迫害の歴史、およびに中世ヨーロッパで悪魔的力をもつとされたユダヤ人への迫害の歴史が近代に復活したという理解が必要になる。つまり、ドイツ第三帝国は、近代の人種主義的思想に終末論的神話を融合させることで歴史上前例のない犯罪を起こしたのである。(54)

五　現代の論争

ネグリとハートの〈帝国〉論が二〇〇〇年に登場して以来、帝国論は錯綜しており、関連して帝国主義を扱う文献も著しく増加した。その関連でアメリカ合衆国を「帝国」と呼ぶべきか否かという点で論争がある。アメリカを現代の帝国主義国家として同定すべきかどうかについても百家争鳴の状況だが、そこでしばしば争点となるのは、世界への影響力の低下、軍事力の高低、善意の有無といった要素である。この文脈でアメリカは覇権国(ヘゲモン)であって帝国ではないという議論も根強い。他方で藤原帰一のように、他国に対して「独立を認めつつ介入を辞さない」(55)姿勢をもってアメリカを「非公式の帝国」と捉えられるかもしれない。結論を先取りしていえば、アメリカは帝国として理解しうる。ただし、それは政治神学の流れに引きつけて初めて深い理解へと至ることができる。なぜ大統領就任式の際に歴代の大統領が聖書に手を置いて宣誓するのか。そこではなぜ牧師による祈禱が欠かせないのか。なぜ聖歌隊の合唱が欠かせないのか。一度考えてみる必要があるだろう。二〇世紀のアメリカ合衆国大統領の演説だけに絞ったとしても、神にかかわる無数の言説に気づくはずである。例えば、レーガン大統領のソ連に対する「悪の帝国」発言や、ジョージ・W・ブッシュ大統領の北朝鮮・イラン・イラクに対する「悪の枢軸」発言である。これらは解釈の問題ではなくすべて史実である。

確認しておくべきは以下の二重性である。一方で、モンロー宣言の際、アメリカが孤立主義を採用した理由は、汚れた旧大陸を遮断し、「選民として自らを救う」という福音の要素を含んでいた(近年でいえばオバマ大統領が「われわれは世界の警察ではない」というときの含意)。他方で、かつてウィルソン大統領(Thomas Woodrow Wilson, 1856-1924)が国際連盟加盟反対者たちを批判する一九一九年の演説の中でアメリカが「世界の解放と救済(56)」を担うと考えていた(あらゆるアメリカ世界戦略の根底にある思想)。

つまり、外に対して消極的だろうと積極的だろうとアメリカの行動原理には、政治神学的メンタリティが基層を占めており、そこから目を逸らせば、本質を見誤りかねない。その意味で、アメリカ合衆国をローマ帝国と類比することは、その本質を理解する手立てになるかもしれない[57]。つまり、共和政として始まり、開かれた政体だったものが帝政へと移行した後にキリスト教を国教化したローマと、連邦制として建国され旧大陸からキリスト教を信ずる移民を吸収し、大統領権限を強大化させていったアメリカとの類比としてである。

おわりに

以上のように、帝国主義の歴史は「聖性」と「俗性」が交差する歴史だった。確かに、従来の一九世紀から二〇世紀に限定して帝国主義を理解することで、資本主義・国民国家・人種主義の関係性について鋭く切り込むことはできるものの、二〇〇〇年のスパンで聖／俗の交差の中で西洋中心主義的心性が世界へ広がっていったことは捉えられない。本章ではあえて概念の適用を通史的な形で行った。聖／俗の交差は、時代ごとに形を変える帝国主義の中で見出すことができた。古代のローマでは市民権とキリスト教をめぐって。中世では十字軍と貴族の社会的成功をめぐって。近世ではキリスト教共同体による世界の分割のための境界画定と略奪による蓄積をめぐって。近代では、黙示録的な進歩の思想と人種主義的差別に基づく帝国主義政策をめぐって。

もちろん、時代ごとに帝国主義のあり方には大きな違いが存在していた。特にキリスト教との関わり方によって帝国主義のあり方が変わった。中でもラヤと友誼線による二つの境界画定および、ペストの役割とヨーロッパ興隆の関係性という要素が、その後のヨーロッパ中心主義的な心性の醸成に寄与したことは確認しておかなければならない。さらにアメリカ合衆国の登場・西半球ラインの設定・その後進展したヨーロッパ帝国主義とホロコーストという一連の出来事の中に、人種主義と黙示録的思想が見え隠れしていたことも見逃してはいけない。

こうして見ると帝国主義の概念は、歴史の中の重要な政治的概念（市民権、政治神学、戦争、国民国家、人種）との組み合わせによって、ラディカルに変化する概念だったといえるが、同時にあまりにも多くの人々がそのプロセスの中で犠牲になったという点も忘れてはならない。

注

(1) 木村俊道「帝国」（古賀敬太編著『政治概念の歴史的展開　第四巻』晃洋書房、二〇一一年）一一三頁。
(2) スティーヴン・ハウ『帝国』（見市雅俊訳、岩波書店、二〇〇三年）四四頁。
(3) Edward W. Said, *Culture and Imperialism* (Knopf, 1993), p. 9 ［サイード『文化と帝国主義1』（大橋洋一訳、みすず書房、一九九八年）四一頁］.
(4) *Ibid.*, p. 216. 邦訳『文化と帝国主義2』四六頁。
(5) Michael Hardt and Antonio Negri, *Empire* (Harvard University Press, 2000) ［ネグリ、ハート『〈帝国〉』（水嶋一憲ほか訳、以文社、二〇〇三年）］.
(6) 南川高志『新・ローマ帝国衰亡史』（岩波書店［岩波新書］、二〇一三年）二五頁。
(7) ただし、この帝国内の全自由民への市民権付与により、属州民という地位は消滅し、ローマの重要な財源であった属州税も消滅してしまうと同時に、ローマ市民権の取得を狙いとする非ローマ市民の兵役参加も無くなった。言い換えれば、ローマ人のアイデンティティが、勝ち取るものという能動的性質から、一方的に与えられる受動的なものへと変質したのである。
(8) ジョルジュ・アガンベン『王国と栄光――オイコノミアと統治の神学的系譜学のために――』（高桑和巳訳、青土社、二〇一〇年）一七六頁。
(9) 弓削達『永遠のローマ』（講談社［講談社学術文庫］、一九七六年）八八、九七頁。
(10) Ernst H. Kantorowicz, *The King's Two Bodies: A Study in Mediaeval Political Theology* (Princeton University Press, 1957), p. 92 ［カントーロヴィチ『王の二つの身体：中世政治神学研究』（上）（小林公訳、筑摩書房［ちくま学芸文庫］、二〇〇三年）一四五頁］.
(11) Carl Schmitt, *Der Nomos der Erde im Völkerrecht des Jus Publicum Europaeum* (Duncker & Humblot, 1974), p. 31 ［シュミット『大地のノモス：ヨーロッパ公法という国際法における』（新田邦夫訳、慈学社、二〇〇七年）四二頁］.
(12) カール・シュミット『陸と海と：世界史的一考察』（生松敬三・前野光弘訳、慈学社、二〇〇六年）七〇頁。

(13) Schmitt, *op.cit.*, S. 29. 邦訳、三九頁。
(14) *Ibid.*, S. 22. 邦訳、二八頁。
(15) Michael Howard, *War in European History* (Oxford University Press, 2009), p. 5［ハワード『(改訂版) ヨーロッパ史における戦争』(奥村房夫・奥村大作訳、中央公論新社［中公文庫］、二〇一〇年) 二一―二二頁］.
(16) ただし、アラブ世界から見た記録では、フランクの兵士は食糧難による飢餓からやむなく死肉を口にしたのではなく、積極的にサラセンの人肉を食したことが残されている（アミン・マアルーフ『アラブが見た十字軍』(牟田口義郎・新川雅子訳、筑摩書房［ちくま学芸文庫］、二〇〇一年) 八七―八九頁)。
(17) Benno Teschke, *The Myth of 1648: Class, Geopolitics, and the Making of Modern International Relations* (Verso, 2009), p. 91［テシィケ『近代国家体系の形成：ウェストファリアの神話』(君塚直隆訳、桜井書店、二〇〇八年) 一三五頁］.
(18) *Ibid.*, p. 95. 邦訳、一四〇頁。
(19) *Ibid.*, p. 103. 邦訳、一五〇頁。
(20) Janet L. Abu-Lughod, *Before European Hegemony: The World System A.D. 1250-1350* (Oxford University Press, 1989)［佐藤次高ほか訳『ヨーロッパ覇権以前：もう一つの世界システム（上・下）』岩波書店、二〇〇一年］.
(21) William H. McNeill, *Plagues and Peoples* (Anchor Press, 1976), p. 134［マクニール『疫病と世界史（下）』(佐々木昭夫訳、中央公論新社［中公文庫］、二〇〇七年) 一二頁］.
(22) Abu-Lughod, *op.cit.*, p. 171. 邦訳（上）、二二五頁。
(23) McNeill, *op.cit.*, p. 175. 邦訳（下）、二九頁。
(24) McNeill, *op.cit.*, p. 195. 邦訳（下）、五九―六〇頁。
(25) ミシェル・フーコー『安全、領土、人口：コレージュ・ド・フランス講義一九七七―一九七八年度』(高桑和巳訳、筑摩書房、二〇〇七年) 一九七八年三月一日講義。
(26) Janet L. Abu-Lughod, *op.cit.*, p. 361. 邦訳（下）、一七八頁。
(27) Alfred W. Crosby, *Ecological Imperialism: The Biological Expansion of Europe, 900-1900* (Cambridge University Press, 1986),

chap.3［クロスビー『ヨーロッパ帝国主義の謎：エコロジーから見た一〇～二〇世紀』（佐々木昭夫訳、岩波書店、一九九八年）第三章］.

（28） アコスタ『新大陸自然文化史（上・下）』（増田義郎訳、岩波書店、一九六六年）。

（29） Schmitt, *op.cit.*, S.55. 邦訳、七八頁。ただし、シュミットは新大陸と創世紀の関係について、考察さえしていないといわねばならない。

（30） Paul Hirst, *War and Power in the 21st Century: The State, Military Conflict and the International System*（Polity, 2001), p. 12 ［ハースト『戦争と権力：国家、軍事紛争と国際システム』（佐々木寛訳、岩波書店、二〇〇九年）一五頁］.

（31） *Ibid.*, p. 13. 邦訳、一六頁。

（32） Teschke, *op.cit.*, p. 226. 邦訳、三〇五頁。

（33） James M. Blaut, *The Colonizer's Model of the World: Geographical Diffusionism and Eurocentric History*（Guilford Press, 1993), p. 188.

（34） Howard, *op.cit.*, p. 38. 邦訳、七四頁。

（35） ハーヴェイはプロト資本主義的蓄積を「略奪による蓄積」と呼んでおり、彼もマルクスが「略奪と虚偽、暴力に基づく蓄積を、もはや今では関係のない「原初の段階」に追いやってしまっている」点が弱点であると指摘している。つまり、「資本蓄積の長きにわたる歴史と地理における「原始的」あるいは「原初的」蓄積という略奪的慣行の継続と維持について広く考え直す必要がある」としている（David Harvey, *The New Imperialism*（Oxford University Press, 2003), p. 144 ［ハーヴェイ『ニュー・インペリアリズム』（本橋哲也訳、青木書店、二〇〇五年）一四六頁］)。

（36） 詳細は以下を参照。Schmitt, *op.cit.*, S. 57-58. 邦訳、八〇―八一頁。

（37） *Ebd.*, S. 59-60. 邦訳、八三―八四頁。

（38） McNeill, *op.cit.*, pp. 208-209. 邦訳（下）、八二頁。

（39） *Ibid.*, pp. 212-213. 邦訳（下）、八七頁。

（40） *Ibid.*, p. 20. 邦訳（上）、二五頁。

（41） *Ibid.*, p. 233. 邦訳（下）、一一八頁。

（42） Schmitt, *op.cit.*, IV5. 邦訳、第四部第五章。

（43）ルイス・ハーツ『アメリカ自由主義の伝統：独立革命以来のアメリカ政治思想の一解釈』（有賀貞訳、講談社、一九九四年）。

（44）ただし、これは政治神学的な観点でのアメリカ理解であり、生態学や疫病パラダイムからすれば、新大陸はすでに感染済みなのであり、そこに息づいていた先住民や生物相は駆逐されたという皮肉の上に成り立っているということは確認しておくべきだろう。

（45）Schmitt, *op.cit.*, S. 265. 邦訳、三七八頁。

（46）Daniel R. Headrick, *The Tools of Empire: Technology and European Imperialism in the Nineteenth Century*（Oxford University Press, 1981）［ヘッドリク『帝国の手先：ヨーロッパ膨張と技術』（原田勝正ほか訳、日本経済評論社、一九八九年）］.

（47）木畑洋一『イギリス帝国と帝国主義：比較と関係の視座』（有志舎、二〇〇八年）一五頁。

（48）Hannah Arendt, *Imperialism, The Origins of Totalitarianism; Part.2*（Harcourt Brace Jovanovich, 1968）, p. 125［アーレント『全体主義の起原2――帝国主義――』（大島通義・大島かおり訳、みすず書房、一九七二年）六頁］.

（49）ジョン・グレイはミシェル・フーコーとほぼ同じことを指摘している。「人種的偏見は遠い昔からあるものかもしれないが、人種主義は啓蒙の産物である」（John Gray, *Black Mass: Apocalyptic Religion and the Death of Utopia*（Penguin, 2007）, p. 61［グレイ『ユートピア政治の終焉：グローバル・デモクラシーという神話』（松野弘監訳、岩波書店、二〇一一年）八八頁］）。

（50）ミシェル・フーコー『社会は防衛しなければならない：コレージュ・ド・フランス講義一九七五―一九七六年度』（石田英敬・小野正嗣訳、筑摩書房、一九九七年）二五三頁。

（51）Gray, *op.cit.*, p. 21. 邦訳、三〇頁。

（52）Arendt, *op.cit.*, p. 241. 邦訳、一九五頁。

（53）*Ibid.*, p. 240. 邦訳、一九二頁。

（54）Gray, *op.cit.*, p. 65. 邦訳、九二頁。

（55）藤原帰一『デモクラシーの帝国――アメリカ・戦争・現代社会――』（岩波書店［岩波新書］、二〇〇二年）二四頁。

（56）Gray, *op.cit.*, p. 112. 邦訳、一六〇頁。

（57）Simon Dalby, ‘Imperialism, Domination, Culture: The Continued Relevance of Critical Geopolitics’, *Geopolitics*, 13: 3（2008）, pp. 413-436, esp. 431-432.

参考文献

William H. McNeill, *Plagues and Peoples* (Anchor Press, 1976)［マクニール『疫病と世界史』佐々木昭夫訳、中央公論新社［中公文庫］、二〇〇七年］.

紀元前五〇〇年から紀元一二〇〇年まで、人類への感染症の流行が、帝国にどのような影響を与えたのかを明らかにしている。特にペストが一四世紀半ばにヨーロッパの社会に与えた影響について考察するのに有用。

Carl Schmitt, *Der Nomos der Erde im Völkerrecht des Jus Publicum Europaeum* (Duncker & Humblot, 1974)［シュミット『大地のノモス：ヨーロッパ公法という国際法における』新田邦夫訳、慈学社出版、二〇〇七年］.

戦争を限定された範囲に制限したり、国家の承認や承継などヨーロッパ各国の存続にとってヨーロッパ国際法がどのような役割を果たしてきたのかについて論じられている。

Hannah Arendt, *Imperialism, The Origins of Totalitarianism, part.2* (Harcourt Brace Jovanovich, 1968)［アーレント『全体主義の起原2——帝国主義——』大島通義・大島かおり訳、みすず書房、一九七二年］.

一九世紀から二〇世紀にかけて隆盛した帝国主義がなぜ最終的に失敗に終わったのかについて考察している。また帝国主義とナショナリズム、人種主義、反ユダヤ主義の関係についても論じられている。

John Gray, *Black Mass: Apocalyptic Religion and the Death of Utopia* (Penguin, 2007)［グレイ『ユートピア政治の終焉：グローバル・デモクラシーという神話』松野弘監訳、岩波書店、二〇一一年］.

聖書にある黙示録的神話が、ユートピア思想（啓蒙主義、ジャコバン主義、共産主義、全体主義、ネオコンや新自由主義、イスラム過激派など）の中に生き続けており、その限界を確認した上で諸価値の和解可能性を論じている。

自由貿易

青木裕子

はじめに

自由貿易（free trade）とは、生産者や商人が国家の介入や干渉を排して自由に行う貿易のことである。アダム・スミス（Adam Smith, 1723-1790）の『国富論』（一七七六年）から今日にいたるまで、自由貿易が望ましいとする主張は、教義としては概ね支持されてきた。しかし一方で、国内の産業を保護し育成するために国家が対外貿易に干渉し、輸入制限や関税の賦課などを行う保護貿易が望ましいとする主張も、様々な形を採りながら大きな影響力を持ち続けてきた。つまり、自由貿易論は原理的には支持されてきたが、世間に対して十分に説得力があったかと言えばそうではなく、現実の政策運営においては保護貿易論が大きな力を維持してきたのである。タウシッグ（Frank William Taussig, 1859-1940）は、「自由貿易の教義は、政治の場においては拒絶されてきたが、知識人の領域では当然の評価を得ている」[1]と述べたが、このことは冷戦終了以降、経済的自由主義が趨勢となっている今日においてもあてはまる。

経済的自由主義の思想の基点は、一般的にはスミスの「見えざる手」の思想にあると考えられており、また、経済的自由主義を具現化するものの一つとして、あるいは最も強烈に具現化するものとして完全な自由貿易が論じられてきた。経済的自由主義の発生と発展は、自由貿易を好ましいとする思想の発生と発展と不可分であった。したがって自由貿易の思想を考察することは、経済的自由主義について考察することでもある。
本章では、自由貿易に対する賛成と反対の思想について、古代ギリシアから現代まで概観する。そして、数々の反論に直面してきたにも関わらず、自由貿易が望ましいとする主張がある種の普遍性を持っている理由について考えたい。

一　古典古代

古代ギリシア・ローマにおいては、陸上交通よりも、エーゲ海と地中海を中心とした海上交通の方が便利だったことから、外国との貿易が盛んに行われた。しかし、交易を含む商業全般に対する古代ギリシア・ローマの一般的な見方は、否定的なものだった。私益よりも公益を優先させることが、ポリス市民が市民たる所以であった古代ギリシアでは、商業それ自体は軽蔑されていた。実際に、貿易を含む商業活動は、ポリス市民ではなく、在留外国人などの非市民が行っていた。ポリス市民と商業は、道徳的な理由から分離し、商業活動がポリスの重要な問題とされることもなかった。

古代ギリシアの哲学者プラトン（Platon, B.C. 427-B.C. 347）やアリストテレス（Aristoteles, B.C. 384-B.C. 322）は、個人の富の蓄積や私的利益の追求が、ポリスを腐敗させることを論じた。アリストテレスの商業に対する懐疑は、第一に、貨幣それ自体に対する警戒心と、貨幣を媒介として行われる非物々交換に対する警戒心から生じていた。アリストテレスによると、蓄積される貨幣の量には限界がなく、非物々交換による財の取得はすべて、交換の本質とは相容れない「他の人間を犠牲にして」営まれる自然に反した行為である。しかも、このように道徳的に危険な貨幣を媒介とした交換の起源は、輸出入にあった。このことから、アリストテレスは外国との貿易に対して強い懸念を表明した。第二に、外国に対する基本的な警戒心があった。ポリスの安全と経済、そして道徳を守るためにも、見知らぬ外国人と接触は避けた方がよいと考えたアリストテレスは、交易を最小化し自給自足を最大化することが望ましく、交易を規制すべきと主張したのである。古代ローマにおいても、商業と交易に対するこのような見方は継承された。特に、財貨をある価格で買い、それをいっさい変更せずに、より高い価格で小売りする貿易商や商人は、最も下賤な者とみなされた。商人は軽蔑すべき職業であり、元老院議員が商業に携わることは法律で禁じられていた(2)。

しかしながら、古代ギリシア・ローマの人々が、交易によって自国では生産できないものを手に入れ、他国との交流を育み、異文化から恩恵を受けてきたこと、そして、このような交易の利点を認識していたこともまた事実である。このことに関連して帝政ローマのギリシア人著述家プルタークは、海が人々を結びつけ、交易により足りないものが補われ、協同と友情が育まれることを説いている。すなわち、ギリシアがインドからはワインを、フェニキアからは活字を輸入し、ギリシア自身は穀物を輸出したことによって、人類は、酒なし、穀物なし、無学文盲から救われたのであり、交易がなければ、人類は野蛮で赤貧の状態であったと説明したのである(3)。

海というものを好意的に捉えた上で交易の利点を認めるプルタークの考え方は、神が資源と財貨を賢明にも不平等に世界にばらまいたために、地域間の通商が促進され、友好関係と平和が築かれると説いた人々によって発展していく。セネカ（Lucius Annaeus Seneca, B. C. 1-A. D. 65）、アレキサンドリアのフィロン（Philon Alexandrinus, B. C. 20/30-A. D. 40/45）、リバニウス（Libanius, 314-393?）、バシリウス（Basilius Caesariensis, 330?-379）、その弟子のヨハネ・クリソストモス（John Chrysostom, 347-407）、そしてその弟子のテオドレトス（Theodoret of Cyrus, 393?-457?）である。ヴァイナー（Jacob Viner, 1892-1970）によると、リバニウスに見られる四つのエッセンス、――経済資源が世界に不平等に配分されていること、交易によって人類が恩恵を受けていること、普遍的な兄弟愛を信じるコスモポリタニズム思想、そして、交易とそれが可能にする平和な協調は神のはからいであること――が、最長命の「普遍的な経済の教義」を構成し、弟子たちに受け継がれていった(4)。この教義こそが、次第に一切の介入や規制なしに交易が自由に行われることを説く自由貿易思想に発展していくことになる。

以上のように、交易を繁栄・共存共栄の好機として見るか、安全と経済の脅威として見るかは、今日にいたるまで展開されている自由貿易論と保護貿易論の対立における本質的な部分をなしているのである。

二　中世

初期キリスト教の神学に先述の普遍的な経済の教義が見られたのにも関わらず、中世の間も、商業を軽蔑する一般的な傾向は変わらなかった。一五世紀初期に、アウグスティヌス（Aurelius Augustinus, 354-430）は、「キリスト教徒は身を正して、交易に従事してはならない」と人々に諫め、交易に従事する商人が道徳的で正直であるとしても、「彼らが活発な商人であるが故に（……）彼らは神の栄光に与らない」、と述べた(5)。

しかしながら、キリスト教徒は、非キリスト教徒の古代ギリシア・ローマ人とは違う立場から商業や交易を非難した。古代ギリシア・ローマ人は、ポリスあるいは共和国の市民としての徳と誇り、そして、自国の安全と文化を脅かすものとして商業活動を非難したが、キリスト教徒は、専らキリスト教の宗教的価値や道徳的価値に反するものとして商業活動を非難したのである。キリスト教では、額に汗する労働に対する報酬は認められた。しかし、何も生産しない貿易商や商人の、利益のために財貨を交換するだけの行為を認めなかった。

中世の間、商業活動への疑念と軽蔑は続いたが、スコラ学派の下で次第にリベラルになっていった。スコラ学は、教会・修道院の学校（スコラ）の学者・教師たちによって一一世紀以降に確立した学問である。そしてスコラ学派は、教父から継承したキリスト教神学と、アリストテレスを中心とする古代ギリシア哲学とをいかに調和させるか、あるいはそれらをいかに区別して理解するかを中心課題とした。スコラ学派を代表するトマス・アクイナス（Thomas Aquinas, 1225-1274）は、交易と商人を軽蔑するキリスト教の教義を緩和した。『神学大全』でアクイナスは社会に有用な経済活動として、財貨の貯蔵、必要物資の輸入、財貨の余剰地域から不足地域への輸送の三つを挙げた。そして、金銭的利得について論じる中で、交易には、「ある種の堕落」が伴われるが、交易それ自体は罪深く背徳的だということにはならないと主張したのである。アクイナスは、アリストテレスの考え、すなわち、食料は海外から輸入するよりも国内自給の方が望ましく、また、外国人との接触はなるべく避けた方がよいという考えに同意していた。そして、「貿易に従事する者には、多くの悪徳の道が開かれる」旨を述べた。しかし一方で、「貿易を都市から完全に締め出すべきではない。なぜなら生活必需品に溢れているために他地域の物資を必要としない地域はない」上、過剰な物資を他地域に移してはならないとする理由もないため、貿易商人は必要であると論じたのである。アクイナスは、スコラ派の思想を貿易賛成に方向づけたのである。スコラ派の教義は、一五世紀までには貿易の「ある種の堕落」論から脱却し、商業には腐敗の可能性があるが、それを倫理的に中立的に見るよう変わった。つまり、商業それ自体は悪ではなく、不法でもないが、それが行われる事情や動機によって邪悪なものになる可能性があるという見方に緩和されたのである(6)。

三　近代以降

重商主義と自由貿易思想の出現

ホント（Istvan Hont, 1947–）は次のように述べている。「貴族や紳士の国が貿易へと向かい、通商に特化していた自由国や都市の伝統的役割を剝奪したとき、新たな時代が始まった。我々は今なお、世界経済の大規模で超国家的な動向に容赦なく結びつけられた、異なる様々な社会の政治に適用可能な『人類の利益となる統治の正しい規制』を捜し求めているのである(7)」。

商業と貿易が国家の重要な問題として肯定されるようになったのは、一五世紀末に重商主義政策が採られるようになってからである。新しい時代がここから始まり、人間の自由と富とを結びつける思想も生まれていく(8)。イングランドでは一三世紀から選ばれた商人が国外の特定の地域で貿易に従事できる特権を国王から授けられていた。そして、重商主義を象徴したのは、特権を与えられ権勢を振るった独占的貿易会社などの国策会社だった。金銀、貨幣を獲得し貿易黒字を増やすことが、すなわち国を富ますことであると考えた人々は、政府が積極的に国内産業を保護育成し、同時に貿易上の便宜を図って輸出を増やし輸入は抑えるべきと主張し、特に一七世紀のイギリスでは大量の英語の小冊子が発行された。初期の執筆者はトマス・スミス（Sir Thomas Smith, 1513–1577）、マン（Thomas Mun, 1571–1641）、ミルズ（Thomas Milles, 1550?–1627?）などの商人や政府の役人で、彼らは「重商主義者」と呼ばれるようになった。

重商主義者は、主として独占的貿易会社の利益を代弁していたが、商取引に対して非常に積極的だったため、次第に政府に対して輸出禁止令の撤廃や規制緩和などを求め、封建的・中世的な規制の名残から商業活動が解き放たれることを望むようになった。商人にとって自由で安定した国内環境と、法の下で所有権が保障されることを求めた彼らは、政治的自由が尊重されている国ほど貿易が盛んであること、このような自由が通商をさらに発展させることを指摘し、移民や宗教の問題にも自由な立場をとる傾向にあった。自由貿易論は、商人たちが金銀・貨幣をより多く稼ぐために参入の自由を求めたことから生まれたという意味で、重商主義の内部から生じたのである。実際、「自由貿易」という言葉それ自体が初めて明確に用いられたのも、独占貿易について議論された一六世紀のイングランドの議会においてであった。一六五〇年には、「(特許) 会社や組合の貿易よりも参入がヨリ容易で自由な貿易に、道を開くことが必要か否か」を調査する委員会が開催された(9)。

したがって、重商主義の枠組みで一六、一七世紀に用いられた「自由貿易」という言葉は、東インド会社のような特許貿易会社の特権の廃止または改革を求めるスローガンで、今日用いられているような国家介入の反対語ではなく、独占の反対語だった。排他的なギルドの規制や、独占的な権利や特権などの政府の認可によって、商人が貿易に参入する自由が妨げられていない、規制がない通商活動のことを指していたのである。その目的は、中世的な管理から貿易を解放することであり、輸入関税の廃止やその類のものではなかったのである。また、個人の自由と自然権の思想——つまり、通商それ自体に自然的自由があり、売り手は買い手に買うことを強いることはできないし、買い手は売り手に売ることを強要できないという自然法に根ざした考え——が、反独占の立場と一致した(10)。

「商人に自由に儲けさせよ」という議論は高まっていったが、当初は重商主義の枠組みの中で行われていた。また、自由貿易に関する主張は、その時々に起こっている問題に対する処方箋としての時論にとどまっていた。しかしながら、いわば重商主義内部の独占に対する批判から、自由貿易論が生じたことは意義深いことであった。

一六九〇年代に集中して刊行されたバーボン(Nicholas Barbon, 1640-1698)、ノース(Sir Dudley North, 1641-1691)、チャイルド

(Josiah Child, 1st Baronet, 1630–1699)、ダヴナント（Charles Davenant, 1656–1714）等の小冊子には、スミスが体系的に論じた自由貿易論のエッセンスがあった。バーボンとノースは、多くの小冊子の著者が自由貿易の恩恵を説きながらも、状況によっては貿易の規制を支持する矛盾を指摘した。バーボンは次のように述べた。

> すべての外国の商品は、国内の商品と交換することで流入してくる。従って、いかなるものであっても外国商品を規制・禁止することは国内の商品の生産・輸出を妨げることになる。（……）もし何らかの商品を規制・禁止することが貿易商人にとって有利に働き、国内で生産されたその商品の消費量が増えるとしても、国家にとっては損失となるだろう[11]。

しかし、他方でバーボンは、「外国の商品が国内の生産と消費を妨げるならば、（……）高額の税を課すことによって解決できる。そうすれば、国内の商品よりその外国の商品の価格は高くなり、それらの消費を妨害することができる」と述べ、もし世界中の国が輸入の規制と禁止を撤廃すれば、すべての国は破滅すると主張した[12]。このように、自由貿易を望ましいとしながらも主張が一貫しなかったバーボンと比べて、ノースの自由貿易論はより確信的だった。ノースは次のように述べている。

> 全世界は、交易に関しては一国家または一国民のようなものであり、諸国家は個々人のようなものである。一国家との交易の喪失は、単に個別的に考えた場合の喪失だけに止まらず、全世界の交易がそれだけ削減され失われるのである。なぜなら、世界の交易はすべて結合しているからである。どんな交易でも社会にとって不利な交易はあるはずがない。なぜなら、もしある交易が不利なことが判れば、人々はこれを放棄するし、交易業者が繁栄するところでは、彼らがその一部をなす社会もまた繁栄するからである。（……）それぞれの民族は決して国家の干渉によって豊かになれず、貿易と富とをもたらすのは、平和、産業、自由でありそれ以外のなにものでもない[13]。

また、ノースは、「交易とは余剰物の交換に他ならない」と述べた上で、「一つの町においてある特定の人々が他の人々よりも富裕となり、繁栄に向かうのと同じように、交易によって隣国の必要を満たしつつ、自国が必要とするものを国外からの供給に仰ぐ国民もまた富み栄えるものであることが知られるであろう」と述べ、自由貿易が世界にもたらす共存共栄と平和の効果を強調した[14]。チャイルドも、『新交易論』（一六九三年）で、「交易の制限はすべて無益である。……個々人をして自分の面倒を自分でみさせよ。そうすればかれらは会社がない交易においてそうしているのと同じように、いま会社がある交易においても、疑いもなく自分で自分の面倒をみるであろう[15]」と述べている。このように小冊子の執筆者たちによって、貿易への政府の介入・干渉を否定する自由貿易論が展開され始めたのである

その後一八世紀初頭に、政府が貿易に介入・干渉することを初めて体系的に理論的に否定したのはマーティン（Henry Martyn, 1665-1721）だった。スミスに先んじること七五年、マーティンは、競争がもたらす経済への効果についてスミスと比肩するほど鋭い分析を行った[16]。マーティンは、東インド貿易をすべての商人に開放することを求めた。彼は、競争原理に基づいて、商人が利益を求めて自由に行動すれば、貿易はより低コストで行われると論じたのである。しかしアーウィンによると、マーティンの功績の中で最も独創性があったのは、国際貿易に分業の原理を適用したことであった[17]。分業の効果については、古くはプラトンやクセノフォンが指摘してきたが、国際貿易の文脈に直接結びつけて論じた者はいなかった。マーティンの功績は、経済の基本的な概念、機会費用や、効用、効率、生産性などに着眼し、国際貿易の理論を新しいレベルに発展させたことにある。マーティンにおいては、貿易はノースが論じた「余分なものの交換」以上のものだった。つまり、輸入品が国内製品と直接競争しても、貿易により生じる競争が、経済効率を高める上で有効に機能し、貿易により国内の労働生産性は上昇し、同じ量の資源でより多くの商品を獲得できるのである。その後も自由貿易を擁護する著述家が次々と現れたが、スミスが『国富論』を出版するまでマーティンを超える者はいなかった[18]。

ヒュームの貿易収支論

一八世紀になっても重商主義は力を持ち続けていた。しかしながら、輸出入高の正確なデータの収集が困難であるため、誤った情報が貿易の状況について誤った結論を導くのではないかという声が上がるようになり、貿易差額が一国の経済に与える影響につ

いて議論されるようになった。そのような状況下で、ヒューム（David Hume, 1771-1776）が貿易差額論の誤りを指摘したことにより、重商主義は致命的な打撃を受けた。ヒュームは「貿易差額について」で、商業に精通した国民でさえ、依然として貿易差額に対して強い警戒心を持ち、自分の国の金銀がすべて流出しつつあるのではないかという不安に苛まれているが、そのような不安は根拠のないものであると述べ、「国民と勤労」の二つの優位を確保しているならば、貨幣の喪失を恐れることはないと主張した。[19]

ヒュームの説明では、勤労こそが価値あるものであった。勤労による生産活動の活発化こそが社会発展の基礎であり、貨幣の増大は勤労の結果に過ぎない。より多くの貨幣を獲得することが経済的に意味を持つのは、貨幣によって真の富である商品や労働を獲得する時である。ヒュームは、貨幣量の変動は、財貨の価格と貨幣価値に影響を与えるが、産出量や雇用量には影響を及ぼさないことについて、「グレート・ブリテン内の全貨幣の五分の四が一夜の内に消滅し、貨幣に関してはわが国がヘンリー諸王やエドワード諸王の時代［一一〇〇年から一五五三年］と同じ状態」になった場合と、その逆に貨幣価値が「一夜にして五倍になった」場合について説明した。ヒュームによると、貨幣の量が急激に減少すれば、国内の物価水準も急落する。外国との貿易は、財貨の価格は他の国よりも相対的に安くなるから有利になる。輸出が増加して輸入は減少するので貨幣が流入し、国内の物価が上昇する。以前の水準にまで物価が上昇した時、貨幣の流入は止まり、均衡が回復する。貨幣が突然増加した場合には、逆のケースが生まれることになる。このため、貨幣が豊富であるということは国家にとって重要な意味をもたないことになる。ヒュームは、貨幣の量に応じて国内の物価水準が変動するという、単純な貨幣数量説を前提にした議論を行ったのである。[20]

このように、国内の生産活動に応じて必要な貨幣量が決まると考えたヒュームは、政府は国民と産業活動に留意してさえいれば、貨幣の絶対量を問題にする必要はないと論じたのである。[21] ヒュームは、貿易収支によって生じる貨幣数量の増加や減少は、単に名目的な物価を上昇させるだけで、実体経済には何の影響ももたらさないという「貨幣の機械的数量説」を説いた。これは、後にいわゆる「正金移動（貿易差額の金銀による支払い）の自動調節メカニズム」として展開され、重商主義思想に対する強烈な批判的理論を形成し、スミスに受け継がれたのである。[22]

アダム・スミスの自由貿易論

スミスは、重商主義の貿易差額論と政府による貿易への介入と干渉を徹底的に批判し、それに代わる国富増大の方法を提示した。貿易は労働生産性（効率性）の絶対優位にもとづいて行われると説き、富の源泉は貿易黒字ではなく、「国際分業」、「特化」にあると論じたのである。

スミスは、国富を増大させるためには、人間の利己心にもとづく自然の衝動を活用すべきであると主張した。そして、人間が利己心にもとづいて行動しても社会の秩序は保たれることをニュートン（Isaac Newton, 1642-1727）の天文学体系に類例を求めたスミスは、惑星が各々の軌道上で運動していても惑星間に自然の調和が存在することを社会にも適用した。[23] スミスによると、人間は異なる動機にもとづいて活動するが、各々の活動は作用し合って社会全体に調和のとれた結果をもたらす。しかも個々人が自分の利益を求めて行動しているだけであっても、結果的には社会全体の利益が実現される。スミスの有名な「見えざる手」の思想である。[24]

スミスの重商主義批判、自由貿易論は「見えざる手」の思想にもとづいている。[25] スミスによると重商主義政策の目的は、「国内消費用の外国品の輸入をできるだけ少なくし、国内産業の生産物の輸出をできるだけ増やすこと」である。そして、貿易差額を増加させるという目的を達成するための「二大方策」――輸入規制策と輸出奨励策――には、六つの種類がある。輸入規制策は二種類あり、①国内でも生産できる財の輸入規制、②貿易差額が自国に不利と思われる諸国から輸入される殆どあらゆる種類の財の輸入規制、である。輸出奨励策には、四種類あり、③戻し税、④奨励金、⑤外国との有利な通商条約、⑥植民地建設、である。そして、スミスはこの各々の政策が、国民の「真の富と所得」に与える影響について検討した。[26]

スミスは、まず①について検討し、輸入品に対する重税や禁止は、競争を減退させ、国内市場における国内生産者の独占が生じることにより、価格の上昇と、怠惰と誤った管理が生じると述べている。その一方で、スミスは、輸入品と競合する国内商品を関税によって保護することが、国内生産を増大させることを認めた。[27] しかし、それが「社会の勤労活動全般を増大させる傾向にあるのか、あるいは勤労活動全般に最も有利な方向を与える傾向があるのかどうかは、明らかではない」と述べた上で、自由貿易が望ましい理由を次のように説明した。

もし、ある外国が、ある商品をわれわれ自身が作るよりも安く供給できるならば、われわれは、彼らに比べて多少とも優っているようなわれわれの勤労の生産物の一部をもって、その商品を当の国から買う方がよい。（……）要は、どういう勤労活動をすれば最大の利益が得られるかを、自分で見つけ出すように放置することである。したがって、自国でつくるよりも安く買える品物の生産に勤労活動が向けられる場合には、それが最も有利な勤労活動の方法でないことは確かである。（……）この種の商品は、国内で作るよりも外国から買うほうが安いのである。だから、この商品は、事物自然の成り行きにまかされた場合に、これと同額の資本が別種の産業に向かい、そこで生産する別種の商品のほんの一部をもって、つまりそれらの商品の価格のほんの一部をもって、買えるはずである。従って、この国の勤労活動は、こうして有利な事業からそらされて、不利な事業に向けられ、その年の生産物の交換価値は、立法者の意図通りに増加するどころか、かえってこうした規制のために必然的に減少するに違いない。(28)

スミスは、自由貿易が社会の資源配分にとって最適で、保護関税がこの配分を妨害し国民所得を減少させると主張する。(29) さらにスミスは、外国貿易をする国はすべて、「二つの利益」を得ることを説明した。第一に、自国の余剰物に価値が与えられることである。第二に、市場が拡大することによって、すべての国の労働の生産力が改善され、生産物が増加し、その社会の真の所得と富が増加することである。この主張は、スミスの分業論にもとづいている。スミスは『国富論』第一編で、分業が労働の生産力を増進させる最大の原因であることを強調したが、分業は国際貿易において特に有益であると論じた。何故なら、「分業は市場の大きさによって制限される」ため、自由貿易によって市場の規模が拡大すれば、より洗練された分業が可能になるからである。これに加えて、自由貿易によって、各国は新しい生産方法についての知識や新しいビジネスの習慣などを互いに取り入れることができる。国際貿易がもたらす世界全体の分業は、国内の労働と資本の生産性の効率を上昇させ、人類を幸福にすることができる。当時、自由貿易に対する批判はなお根強かったが、分業論にもとづいて自由貿易論を展開したスミスは、市場原理による生産要素の最適配分を主張してこれを退けたのである。(30)

またスミスは、貿易差額への政府の介入を批判し、他国に港を開放している度合いが高い国ほど豊かになるのであって、貿易差額は問題にならないと述べた[31]。しかしながら、保護貿易が容認される場合が二つだけある。第一には、「ある特定の産業が国防のために必要な場合」で、それは、「国防は富裕よりもはるかに重要」であるという単純な理由からである。第二には、国内産品に対する国内の課税を相殺するためならば外国製品への等額の課税は容認されるとした。その理由は、「ただ、自然にそこに向かうはずのものが、税のために不自然な方向に転じるのを阻止し、内外産業間の競争を、課税後にも、それ以前とできるだけ同じ条件にしておくことになろう」からである[32]。

さらにスミスは、輸入規制や禁止が行われる場合に気をつけなくてはならないことの一つとして、復讐すなわち報復措置を挙げている。スミスは、「どの国民も、こういう仕方で報復するのである」とつけ加えている。報復に経済的な合理性はなく、非経済的な動機で行われる。しかし、報復措置は結果として、世界全体の富を減らしてしまう。このことからスミスは、自由貿易政策は他国の政策とは無関係に、独立して採用されるべきと主張したのである[33]。

そしてスミスは、貿易政策に関する議論を締めくくるにあたって、重商主義政策が国富の損失の原因となったことについて述べ、重商主義政策が、国内の製造業を改善することによってではなく、隣国の製造業を不振に陥らせて競争をなくそうとするものであることを指摘した。その上で、スミスは生産活動の最も重要な目的が「消費」であることは「完全に自明」であるのに、重商主義政策の下で引き起こされる価格高騰によって、国内消費者の利益は生産者の利益の犠牲になっていることを批判した[34]。

このような消費者を重視する明確な議論にもとづき、スミスは交易における自然的自由について論じる。

したがって、特恵あるいは制限を行う一切の制度がこうして完全に撤廃されれば、明白で単純な自然的自由の体系が自ずと確立される。そうなれば、各人は正義の法をおかさない限りは、完全に自由に、自分がやりたいようにして自分の利益を追求し、自分の勤労と資本をもって、他の誰とでも、他のどの階級とでも、競争することができる。そうなると、国の主権者は、私人の勤労を監督して社会の利益に最も適合する事業に向かわせるという義務から、完全に免れることになる。この義務は、もし遂行しようとするならば、常に必ずや限りない妄想に陥るのであって、しかも人の知恵と知識のかぎりをつくしても、これを正しく遂行することは不可能なのである[35]。

アーウィンによると、このような自由貿易が望ましいとするスミスの明快な理由づけはそれ以前の著述家にも散見されたが、スミスほど体系的に説明した人はおらず、スミスによって重商主義は実質的なダメージを受け、自由貿易論は一九世紀の古典派経済学へと受け継がれていった[36]。

絶対優位説から比較優位説へ

一九世紀初頭には、スミスの功績を下地として、自由貿易をテーマにした著作が数多く発表された。自由貿易論は、財の生産の「優位性」という点について展開された。この「優位性」の議論をさらに大きく一歩進め、今日の国際貿易理論の基礎をつくったのがリカード（David Ricardo, 1772-1823）である。リカードは、『経済学および課税の原理』（一八一七年）の中で、貿易はどの国が最も効率的に財を生産できるかという「絶対優位」によってではなく、「比較優位」によって決定されると論じた。

スミスは、貿易が生産費の絶対優位にもとづいて行われるとした。つまり、各国は、安く生産できる商品を交換した方が得だということである。しかし、ここに残された疑問は、すべての製品を生産する能力が他国よりも上の国がある場合はどうなるのかということだった。換言すれば、他国から輸入するより廉価で自国内で生産できるなら、輸入などする必要はないことになり、また、すべての財を生産する能力で劣っている国は滅んでしまうことになる。リカードは、この疑問に答え、そのような場合でも両国は貿易によって利益を得ることができることを説明した。

リカードは、各国において相対価格が安い商品の交換をすれば、互いに貿易利益を得られることを明らかにした。これが比較生産費説である。リカードは、世界にポルトガルとイギリスのみが存在し、両国がワインと織物のみを生産している場合を想定し、どういう場合に両国間が貿易で利益を得るかを示した[37]。

リカードは、比較優位説によって自由貿易論の金字塔を打ち立てた。その後の自由貿易の理論は、比較優位説を発展させたものであると言っても過言ではない。

古典派経済学の自由貿易論の集大成とみることができるJ・S・ミルの『経済学原理』（一八四八年）には、「高次の利益と見なさなければならぬ、（貿易の）間接の効果」について、市場が広がれば広がるほど、貿易から得る利益が大きくなることが述べられている。さらにミルは、自由貿易の「知的・道徳的効果」は経済的利益よりもはるかに大きいと述べ、外国との接触、交流によって得られる様々な恩恵、他国の進歩によって自国も進歩することから生まれる協調と平和、戦争を無益なものとする通商効果が生まれる効果について論じた。(38)

ミルにおいて集大成されたように、一九世紀の前半の古典派経済学者たちはスミスに同意して、自由貿易を経済的利益のみならず、それ以上に有意義な知的・文化的な効果、そして世界平和をもたらすものとして支持した。キンドルバーガー（Charles P. Kindleberger, 1910-2003）は、「一八五〇年代における自由貿易運動は、ヨーロッパが全体として、経済的利益よりはイデオロギー的考慮によって動かされたのではないかという可能性を示唆している」と述べた。(39) 自由貿易論に多くの国を豊かにし、世界を平和にする究極の理想が含まれていることが、思想として、あるいは国際経済の基本原理として支持された要因と言えるだろう。

しかしながら、自由貿易論は手放しで称賛されたわけではない。次項では自由貿易論に対して上がった反論について考えたい。

四　現代の論争

産業の「優位性」に着目した比較優位論に基づく自由貿易論の大きな弱点は、自由貿易政策の下で損益を被る人々について考慮せず、所得分配が変動することを無視し、全体の利益の増大に焦点を当てて展開された点だった。この点が、現実の政策としては自由貿易が否定される理由だった。例えば、二〇世紀最大の経済学者と言われるケインズ（John Maynard Keynes, 1883-1946）は、一九二九年の世界大恐慌から始まった三〇年代の未曾有の大不況に直面し、合理的な政策立案者として関税政策の採用を主張し自由貿易を否定した。比較優位論に基づく自由貿易論は、恐慌という深刻な現実の前に修正を迫られたのである。

また、一八四八年に出版されてから約半世紀にわたって標準的な教科書として強い影響力をもったミルの『経済学原理』の中で、同時代人の批判とその後長きにわたって論争を招いたのが、現在で言うところの「幼稚産業」の保護を擁護した箇所だった(40)。新しい産業を育成するために政府の保護が必要だという幼稚産業保護論の起源は、一六世紀のイギリスのエリザベス朝時代にあり、重商主義の時代と重なる。今日で言う幼稚産業保護論とは、次のようなものである。産業発展段階が遅れた国の産業は、自由貿易にさらされると、海外の企業との競争に敗れてしまう。その結果、国内に産業が育成されにくい。しかし、こうした産業も初期段階で十分な競争力がなくても、ある一定期間保護の下で生産経験を積めば、その後は自由貿易の下でも海外の企業と十分に競争できるようになる、というものである。一時的な産業保護を正当化する論理があるのである。幼稚産業保護の議論は、今日に至るまで変貌を遂げながら通商政策の理論の中で大きな位置を占めている(41)。

一九世紀には産業後発国の愛国者たち、ドイツのリスト（Friedrich List, 1789-1846）、アメリカのケアリー（Henry Charles Carey, 1793-1879）が、ミルと同様な主張を行った。彼らは、イギリスが自由貿易を唱えるのは、先発であるが故に生産性が高く国際競争力のある自国産業に市場を確保するためではないか、と主張した(42)。先発産業が利益を得るならば比較優位の議論は見直さなければならないのではないかというミルやリストに見られた考えは、国同士の根本的な違いがあるところに国際貿易が生まれるという古典派以来の伝統的な見方を見直そうとする一九八〇年代の動きにも見られた。それは、自由貿易の伝統的な見方を完全に否定するものではないが、歴史的な状況から生み出された国としての優位性も、国際貿易には反映されるのだということ、そしてその優位性が一度確立されてしまえば、ずっと続くか、成長していくことを主張するものであった。つまり、優位性を確保できないまま自由貿易に参入しても、他国との格差は開くばかりで、国際市場は寡占市場になってしまう。しかも、比較優位がある国の本質的な強みというよりは、歴史的な状況に左右されているものならば、政府が創り出すべく、長続きする産業を育成する方がよいということである。この議論は、「戦略的貿易政策」として知られるものである(43)。

クルーグマン（Paul Krugman, 1953-）は、戦略的貿易政策を考えるにあたり、「一八一七年にリカードの『経済学原理』が出版されて以来、今日ほど自由貿易に対する懐疑が高まっている時はない」と述べ、伝統的な自由貿易論がより真剣に再検討されるべきだと主張した。「自由貿易は過去のものになったのではないが、その純粋さを不可逆的に失った」と述べた。[44] このような産業保護の考え方は、基本的にはミルやリストの時代と同じであると言える。[45]

しかしながら、今日において自由貿易をめぐる問題は、一九世紀とは比べようもないほど複雑になっている。冷戦終結後、自由貿易思想を一つの基礎としたグローバルな市場経済への移行こそが、世界全体の経済をさらに発展させると思われたが、自由貿易と共に市場経済の柱とされた自由な資本移動は、様々な問題を生じさせている。大量の資本移動が日常化している世界で起きる経済危機は、世界中を混乱させる。「世界で最も急進的な自由貿易論者」と称されることもあるほど自由貿易を提唱し続けてきたバグワティ（Jagdish Bhagwati, 1934-）は、資本移動の自由化には懐疑的で、グローバリゼーションに警鐘を鳴らした。バグワティの著書の「訳者あとがき」によると、バグワティは自由貿易論者だが、いわゆる「ハイパー・グローバリスト」ではない。バグワティは次のように述べた。「グローバリゼーションについて言えば、公共の領域における移行の問題は、貿易の自由化と資本勘定の自由化（すなわち資本移動の自由化）に関連している。このうち資本勘定の自由化に慎重さと周到な準備が必要であることは、今日では明白な事実となっている」。[46]

バグワティが主張したように、グローバル化が進むにつれ、自由貿易を実現するために考えなくてはならない問題は複雑になってきたが、このような傾向は経済的自由主義が世界経済を導いている中で今後強くなることは間違いない。政策レベルでの自由貿易をめぐる論争に終わりはないのである。

おわりに

以上見てきたように、自由貿易は経済的利益以上の利益を生み出すと考えられてきた。また自由貿易は、完璧な政策ではないにしても、望ましい、可能であるならば実現すべき政策と考えられてきた。しかしながら自由貿易は、一国全体にとっては多くの場合利益になるが、個別の産業については自由貿易によって伸びるものと苦境に陥るものが生じること、また、世界全体にとっては利益になっても世界で格差が生じることが、いつの時代にも最大の問題となってきた。自由貿易の利害得失は、その立場や視点によって変わってくる。例えば今日のわが国についてみれば、自由貿易は自動車産業など輸出能力のあるものには有利だが、一方で対応に大きな努力を要求される産業も存在する。自由貿易政策をとるか否かは、理論から離れた関心事になるのである。

また、古典派の自由貿易論の最大の問題点は、所得分配に及ぼす影響を重視しなかったことであり、そのために根強い保護貿易論を抑えられず、政治的には保護貿易論が支配的だったと言えよう。自由貿易論は、工業化を早く始めた国にとっては都合がよいが、後発工業国は、自由競争では決して先発国に追いつくことはできない。従って、後発工業国は、工業化を達成するために、国家の介入政策や産業保護政策をとる必要があるというのが、歴史的に見た保護貿易論者の主な論拠であった。

しかし、貿易相手国が保護貿易政策を採っていようと、自由貿易政策を採っていようと、各国が最も大きな比較優位を持つ財・サービスの生産に特化すれば、富を極大化できるという比較優位説は、経済的自由主義の中心的教義になってきたと言えるだろう。古典派の自由貿易論には欠陥があったものの、第二次世界大戦後、自由貿易を促進することを目的としたGATT（General Agreement on Tariffs and Trade、関税及び貿易に関する一般協定）、WTO（the World Trade Organization、世界貿易機関）、EPA（Economic Partnership Agreement、経済連携協定）、TPP（Trans-Pacific Strategic Economic Partnership Agreement、環太平洋戦略的経済連携協定）などは、古典派の自由貿易論を拠り所にして経済の自由化を目指していると言っても過言ではない。自由貿易論の強みは、自由競争こそ経済に最大の効率をもたらすという基本的な主張にある。そして、それが自由、協調、共存共栄、平和をもたらすであろうという理想主義的な自由主義も魅力的で、人々にアピールし続けている。また、自由貿易思想は市場メカニズムの礼賛へと姿を変えたのは、社会主義的計画経済が地位を失った冷戦終結以降、市場における自由競争以外に自然に経済の効率を達成する手段が見当たらなくなったことによるものと思われる。

マーシャル（Alfred Marshall, 1842-1924）が、自由貿易が非常に有益な手段であるのは、自由貿易が「人間の工夫ではなく、工夫が一切ない」ものであるためであり、「自由貿易の単純さと自然さは、様々な科学的な方策で関税を操作することによって得られる、違った形の小さな利点よりも、はるかに重要である」(47)と述べているように、自由貿易は、一つの思想、あるいは原理であると言える。ここで原理というのは、その原理から大きく外れれば、悪い結果が生じるという意味においてである。そして、各論としての保護貿易論は、原理にはなり得ない。なぜなら世界全体が保護主義的な政策をとれば、世界市場は縮小あるいは消滅し、国際的な政治危機は増大し、世界の平和も脅かすものであろうからである。自由貿易は、今後も原理であり続けると思われる。

注

（1）引用元は、Douglas A. Irwin, *Against the Tide: An Intellectual History of Free Trade*（Princeton University Press, 1998）〔『自由貿易理論史——潮流に抗して——』小島清監修、麻田四郎訳、文眞堂、一九九九年、三頁〕. 原典は、Frank W. Taussig, "The Present Position of the Doctrine of Free Trade," *Publications of the American Economic Association*, 3d ser. 6（February 1905）: 29-65, p. 65.

（2）アリストテレス『政治学』（牛田徳子訳、京都大学学術出版会、二〇〇一年、三五頁）。また、次を参照のこと。青木裕子「所有」（古賀敬太編『政治概念の歴史的展開　第五巻』晃洋書房、二〇一三年）二一四頁。ジョン・エーレンベルク『市民社会論——歴史的・批判的考察——』（吉田傑俊訳、青木書店、二〇〇一年）三八頁。

（3）Irwin, *Op.Cit.*, 邦訳一四頁。Plutarch "Is Water or Fire More Useful?," *Moralia*, Vol. XII（Loeb Classical Library, 1957, pp. 287-307）, p. 299.

（4）Irwin, *Op.Cit.*, 邦訳一九頁。原典は、Jacob Viner, *The Role of the Providence in the Social Order*（Princeton University Press, 1976）, pp. 27-54.

（5）Irwin, *Op.Cit.*, 邦訳二二頁。

（6）Irwin, *Op.Cit.*, 邦訳二三—二五頁。

（7）Istvan Hont, *Jealousy of Trade: International Competition and the Nation-State in Historical Perspective*（Belknap Press, 2010）〔『貿易の嫉妬——国際競争と国民国家の歴史的展望——』田中秀夫監訳、昭和堂、二〇〇九年、一九八—一九九頁〕.

（8）Hont, *Op.Cit.*, 邦訳一五一頁。

（9）Irwin, *Op.Cit.*, 邦訳三四頁、六〇頁。田中真晴編著『自由主義経済思想の比較研究』（名古屋大学出版会、一九九七年）九頁。

（10） Roger Backhouse, *Economists and the Economy: the Evolution of Economic Ideas 1600 to the Present Day*（Basil Blackwell, 1988）［『経済の歴史と理論の発展：経済学の誕生から現代まで』八木甫訳、HBJ出版局、一九九二年、一一二頁］.

（11） Nicholas Barbon, *A Discourse of Trade*（London, Printed by Tbo. Milbourn for the Author, 1690）［A Reprint of Economic Tracts, Edited by Jacob H. Hollander, The Johns Hopkins Press, 1905］p. 71［ニコラス・バーボン、ダドリー・ノース、チャールズ・ダヴナント『交易論／東インド貿易論　初期イギリス経済学古典選集二』（久保芳和・田添京二・渡辺源次郎訳、東京大学出版会、一九六六年）三五頁］.

（12） *Ibid.*, p. 78, 邦訳三七頁。

（13） Sir Dudley North, *Discourses upon Trade*（London, Printed for Tbo. Basset, at the George in Fleet-Street, 1691）［A Reprint of Economic Tracts, Edited by Jacob H. Hollander, the Johns Hopkins Press, 1907］p. viii［バーボン、ノース、ダヴナント前掲書、一三頁］.

（14） *Ibid.*, p. 2,［邦訳一六頁］. ノースが匿名で出版した *Discourses upon Trade* は、John Ramsay McCulloch, *Select Collection of Early English Tracts on Commerce: from the Original of Mun, Roberts, North and Others*（Political Economy Club, 1856）に収められた。ノースの同書の翻訳者久保芳和の解説によると、ノースについてJ・S・ミルやカール・マルクスは、当時の最も傑出した経済理論家の一人であると高く評価している。また、ノースの理論は画期的でヒュームやスミスに先んじていたが、出版後一五〇年以上も後に再発見されたために経済理論の生誕の書にならなかった（バーボン、ノース、ダヴナント前掲書、二〇九、二一九、二二〇頁）。

（15） ジョザイア・チャイルド『新交易論』（杉山忠平訳、東京大学出版会、一九六六年）一四六、一四九頁。

（16） Irwin, *Op.Cit.*, 邦訳七八頁。Andrea Maneschi "The Tercentenary of Henry Martyn's Considerations Upon The East-India Trade," *Journal of the History of Economic Thought*（Volume 24, Issue 2, 2002, pp. 233-249）p. 233. Hont, *Op.Cit.*, 邦訳一八五—一九四頁。マーティンが一七〇一年に匿名で出版した "Considerations upon the East India Trade" は、McCulloch 前掲書に収められた。

（17） Hont, *Op.Cit.*, 邦訳一九〇頁。

（18） 注目すべき著作として、国際支払いについての議論を行った Isaac Gervaise, *The System or Theory of the trade of the world*, 1720、貿易収支の議論を行った Jacob Vanderlint, *Money Answers all things*, 1734、イギリス開港論の Matthew Decker, *an Essay on the Causes of the Decline of the Foreign Trade, consequently of the value of the lands in Britain, and on the means to restore both*, 1744 などが挙げられる。

(19) デイヴィッド・ヒューム『政治論集』(田中秀夫監訳、京都大学学術出版会、二〇一〇年)七二―七三頁。
(20) 同書、七五頁。
(21) 同書、九三頁。
(22) しかし、一方で、ヒュームは、「一夜にして」起こると仮定された貨幣量の増加や減少が、実際には貨幣の漸次的流出入の時間的経過の中でのみ起こること、そして、それに比例した物価に変化をきたす過程において生産活動を促進もしくは阻害し、雇用を増減する効果についても分析している。これは、ハイエク(Friedrich August von Hayek, 1899-1992)が景気循環論の中で評価した「連続的影響説」である。この分析によれば、生産活動の増大のためには貨幣量の漸次的増大が要求され、反対にその減少は避けられるべきことになる。しかし、連続的影響説は、理論的には貿易差額論を支持するものとなる。ヒュームの連続的影響説については次の文献を参照のこと。坂本達哉『ヒュームの文明社会――勤労・知識・自由――』(創文社、一九九五年)二二五―二三九頁、二五五―二五六頁。F・A・ハイエク『貨幣理論と景気循環――価格と生産――』(古賀勝次郎訳、春秋社、一九八八年)一四六―一四七頁。
(23) Adam Smith, *Essays on Philosophical Subjects* (Liberty Fund, 1982) pp. 33-105 [「天文学史」『哲学論文集』(只腰親和訳、名古屋大学出版会、一九九三年)]. ニュートン的方法でスミスが人間社会の一般法則を発見したことについては次の文献を参照のこと。根岸隆『経済学の歴史』(東洋経済新報社、一九八三年)。遠藤和朗『ヒュームとスミス――道徳哲学と経済学――』(多賀出版、一九九七年)。
(24) アダム・スミス『国富論(二)』(水田洋・杉山忠平訳、岩波書店[岩波文庫]、二〇〇〇年)三〇三頁。アダム・スミス『道徳感情論』(水田洋訳、筑摩書房、一九七三年)三九九頁。
(25) スミスが一七六〇年代にグラスゴウ大学で行った講義に、『国富論』第四編の元になった自由貿易思想を見出すことができる。スミスは、貿易に従事したすべての国が商品の交換から利益を得ていることについて、繰り返し述べた。「異なる諸国民の間の一切の嫉妬及びこの種の偏見は、商業にとってきわめて有害であり、社会の富裕を制限する」。そして、自由貿易を支持して、次のように結論づけた。「ブリテンをあらゆる手段によって一つの自由港たらしむべきであり、外国貿易に対してはいかなる種類の妨害もあってはならず、もし何か他の方法で政府の諸費用を支払い得るならば、全ての物品税、関税、消費税を廃止すべきであり、そして全ての国民全てのものに関して自由交易と交換の自由が許されるべきである」。アダム・スミス『グラスゴウ大学講義』(高島善哉・水田洋訳、日本評論社、一九八九年)三八五、三九〇頁。
(26) スミス前掲書、『国富論(二)』二九五―二九七頁。

(27) 同書、二九九頁。「国内市場のこの独占が、それを享受する特定の産業をしばしば大いに奨励し、独占がない場合に比べてはるかに大量の社会の労働と資本を、その産業に向けさせることが多い、というのは疑いない」同書、同頁。
(28) 同書、三〇五―三〇六頁。
(29) 「自分の資本をどういう種類の国内産業に用いればよいか、そして、生産物が最大の価値をもちそうなものはどういう国内産業であるかを、個々人誰しも、自分自身の立場に応じて、どんな政治家や立法者がやるよりもはるかに的確に判断することができる、ということは明らかである」同書、三〇四頁。
(30) 同書、二八九―二九〇、三〇一―三〇三頁。
(31) 同書、三七八頁。
(32) 同書、三一六、三二〇頁。
(33) 同書、三二五―三二六頁。
(34) アダム・スミス『国富論（三）』（水田洋・杉山忠平訳、岩波書店［岩波文庫］、二〇〇〇年）二九六頁。
(35) 同書、三三九頁。
(36) Irwin, *Op.Cit.*, 邦訳一一一頁。ここでアーウィンは、例外としてマーティンをスミス以前に体系的な自由貿易論を展開した著述家として挙げている。また、バグワティは『国富論』と同年に出版されたエチエンヌ・ボノ・ド・コンディヤック（Étienne Bonnot de Condillac, 1715-1780）の『通商と政府（*Le Commerce et le gouvernment considérés relativement l'un à l'autre*）』は自由貿易についてはるかに洗練された議論を展開していると述べている。Jagdish Bhagwati, *Free Trade Today* (Princeton University Press, 2002)［『自由貿易への道――グローバル化時代の貿易システムを求めて――』北村行伸・妹尾美起訳、ダイヤモンド社、二〇〇四年、三頁］.
(37) リカードの設例に従うと、ポルトガルにおいて、織物とワインを一単位ずつつくるのに要する労働時間が、それぞれ九〇時間、八〇時間で、イギリスでは同一〇〇時間、一二〇時間であるとする。ポルトガルでは一単位の織物をつくっている間に、ワインが八〇分の九〇（一・一三）できる。そして、イギリスでは同一二〇分の一〇〇（〇・八九）しかできない。つまり、両国が織物に特化しようと考えたとき、織物一単位の生産につきあきらめるワインの量（機会費用）は、ポルトガルの方が少ない。従って、ポルトガルはワインにおいて比較優位である。逆に、ポルトガルではワインを一単位つくっている間に、織物が九〇分の八〇（〇・八九）しかできない。イギリスでは同一〇〇分の一二〇

（一・二）できる。従って、イギリスは、織物において比較優位を持つ。ポルトガルはワインを輸出し、イギリスが織物を輸出する。ポルトガルがワインを一単位イギリスへ輸出し、イギリスがそれに相当する織物をポルトガルに輸出すると、ポルトガルには、一・二の織物が入ってくる。結局ポルトガルは九〇の労働で一単位しか手に入らなかった織物を八〇の労働（織物換算〇・八九）で一・二手に入れることができる。イギリスは、一〇〇の労働で〇・八三しか入らなかったワインを一・二五手に入れることができる。このように、両国は共に利益を得るというのが、比較優位説である。外国貿易のこの利益は、自由貿易で結ばれる諸国民が共有するため、人類の幸福に寄与すると考えるのがリカードである。Paul R. Krugman and Maurice Obsfeld, *International Economics: Theory and Policy*, third edition（Harper Collins College Publishers, 1994）〔『国際経済——理論と政策（一）国際貿易——』石井菜穂子・竹中平蔵・松井均・浦田秀次郎・千田亮吉訳、新世社、一九九六年、一五—四四頁〕.

（38）ジョン・ステュワート・ミル『経済学原理（五巻）』（末永茂喜訳、岩波書店〔岩波文庫〕、一九五九年）二七五—二七七頁。ミルは、通商の知的・道徳的効果について次のように述べている。「通商のこのような経済的利益を、その重要性においてはるかに凌駕するものに、その知的・道徳的効果がある。現在のように人類の発展の度の低い状態においては、人間をして、自分たちとは類似していない人々と接触させ、自分たちが慣れている思考および行動の様式とは違った思考および行動の様式と接触させるということは、ほとんどその価値を過大に評価することができないことである。かつての日には戦争がそうであったが、今日では、通商がこの接触の主要な源泉となっている。（……）彼らにとっては、自分自身の考え方や習慣を、自分たちとは違った環境にある人々の経験や実例と絶えず比較することが絶対に必要なことである。また技術や方法も他の諸国民から借りてくる必要がある。（……）他国から借りる必要のない国などないである。（……）以前には、愛国者というものは、世界が自分の国であると感じるほど教養が高い場合の他は、自分の国以外のすべての国が、力が弱く、貧しく、政治が乱れていることを望んだものであった。いまや彼は、他の国々の富と進歩の中に、自分自身の国の富と進歩の源泉を認めている。また本来戦争と相対立する個人的利益を強化拡大することによって、非常な勢いをもって戦争を陳腐なものたらしめつつあるものも、通商である。そして国際貿易の大規模な拡張と急速な増加とは、世界の平和の主要なる保障手段であることにより、人類の思想と諸制度と性格との不断の進歩に対する、偉大な永久的保証である、と言っても、それは誇張にならないであろう」同書、二七六—二七七頁。

（39）Charles Kindleberger, *The World in Depression 1929-1939*（University of California Press, 1973）〔『大不況下の世界 1929-1939』石崎昭彦・木村一朗訳、東京大学出版会、一九八二年、二七八頁〕.

（40） Irwin, *Op.Cit.*, 邦訳一五八頁。アーウィンによると、ミルは批判にさらされた後、幼稚産業を保護するために関税をかけるという主張は撤回したが、産業政策による保護は認めた。

（41） 伊藤元重「保護主義の系譜」『国際政治経済システム1』（有斐閣、一九九七年）二八九―二九四頁。

（42） リストは、スミスやその他の自由貿易論者が、人類が未だ到達していない国際協調の段階を想定して世界全体にとって何が最良かを分析していると非難し、また、古典派経済学者を国家というものの現実を直視していない「世界主義学派」として厳しく批判した。フリードリッヒ・リスト『経済学の国民的体系』（小林昇訳、岩波書店、一九七〇年）一九〇、二三七頁。また、次を参照のこと。Irwin, *Op.Cit.*, 邦訳一六八―一七三頁。

（43） Krugman and Obsfeld, *Op.Cit.*, 邦訳三三四―三四四頁。例えば新しい旅客機を生産する開発費用は莫大であるため、世界市場で利益を上げることのできる企業はほんの数社しかない。アメリカが航空機づくりで先んじれば、世界最大の飛行機輸出国としての地位は揺るぎないものになる。アメリカが航空機を輸出している理由を説明するならば、アメリカの持つ基本的な性質は関係ない。アメリカが、この産業で他より出足が早かっただけである。この議論は、保護主義を理論づけるものでもある。

（44） Paul R. Krugman, "Is Free Trade Passe?," *The Journal of Economic Perspectives*（Vol. 1, No. 2, Autumn, 1987, pp. 131-144）pp. 131-132.

（45） ミルは次のように述べている。「保護主義の学説は一般理論としては撃破されてしまったが、いくつかの特殊な場合においては、緊急の問題となったときには確かに単なる労働の節約よりも大きな利害関係を含んでいるところの諸考慮のなかに、即ち国民の生活及び国防の利害関係を含んでいるところの諸考慮のなかに、支柱を見出している」。Mill, *Op.Cit.*, 邦訳二四五頁。

（46） Jagdish Bhagwati, *In Defense of Globalization*（Oxford University Press, 2004）〔『グローバリゼーションを擁護する』鈴木主税・桃井緑美子訳、日本経済新聞社、二〇〇五年、四五五、三八六頁〕.

（47） 引用元は、Irwin, *Op.Cit.*, 邦訳二九五頁。原典は、Alfred Marshall, "Memorandum on Fiscal Policy of International Trade," *Official Papers by Alfred Marshall*（edited by J. M. Keynes, Macmillan, 1926）1903, p. 394.

参考文献

ニコラス・バーボン、ダドリー・ノース、チャールズ・ダヴナント『交易論／東インド貿易論　初期イギリス経済学古典選集二』（久保芳和・田添京二・渡辺源次郎訳、東京大学出版会、一九六六年）。

アダム・スミス以前に、重商主義の枠組みの中で自由貿易がどのように論じられたかを知る上で重要な小冊子を邦訳した、貴重な書物である。訳者による解説も勉強になる。

Douglas A. Irwin, *Against the Tide: An Intellectual History of Free Trade*（Princeton University Press, 1998）［『自由貿易理論史——潮流に抗して——』小島清監修、麻田四郎訳、文眞堂、一九九九年］.

自由貿易の理論と思想を、古代から現代まで歴史的にたどった大著で、自由貿易の概念を学ぶ人にとっては必読書と言える。自由貿易に対して次々と反対意見が現れても、自由貿易思想が普遍性を持ち続ける理由を説得的に描き出している。

Jagdish Bhagwati, *Protectionism*（MIT Press, 1988）［『保護主義——貿易摩擦の震源——』渡辺敏訳、サイマル出版会、一九八九年］.

バグワティは自由貿易を支持する立場だが、理論としては自明な自由貿易であっても、現実の政策形成の場では保護主義が強く、自由貿易を実現することの難しさを論じている。自由貿易論者バグワティの代表作である。

アダム・スミス『国富論（全四巻）』（水田洋・杉山忠平訳、岩波書店［岩波文庫］、二〇〇〇年）。

『国富論』は自由貿易論の金字塔とされる書物である。アダム・スミスの自由貿易論は、一八世紀イギリスの状況を背景に重商主義批判から生まれたとはいえ、理論や思想として普遍性を帯び読み継がれている。

Istvan Hont, *Jealousy of Trade: International Competition and the Nation-State in Historical Perspective*（Belknap Press, 2010）［『貿易の嫉妬——国際競争と国民国家の歴史的展望——』田中秀夫監訳、昭和堂、二〇〇九年］.

国家理性論という政治思想の枠組みを手がかりに、経済ナショナリズムの思想史的展開を描いた著作である。近代以降、経済成長を遂げるための競い合いが国家的命題となる中で、イギリスで展開された自由貿易論が達した、商業の激しい競い合いと相互主義は両立し得るという結論についてのホントの入念な考察が勉強になる。

勢力均衡

岸野浩一

はじめに

勢力均衡とは何か。主権国家からなる世界において、勢力均衡（balance of power）は国際関係に秩序を齎す原理であり、国際政治学の極めて重要な概念である。また、政治と外交のみならず組織や人間関係をめぐる議論において、バランス・オブ・パワーあるいはパワー・バランスの語は頻繁に多用され、政治の専門語でありながら日常語としても通用している。このことは、同概念が「強き者の思い通りにさせないために、他の者たちが対抗する」という、簡素で単純な意味内容をもっているためである。だが同時にまた、勢力均衡にはより多様な意味が含まれている。勢力均衡を主題とする研究は、この概念が含意するところの多彩さに注目してきた[1]。勢力均衡は、本来相容れないはずの勢力の「優位」や「優勢」をも意味しうるものであり[2]、ここに勢力均衡の多義性の極致がみられる。

勢力均衡は、歴史的には特殊近代的概念であると考えられてきた。ルネサンス期イタリアで国際関係における均衡が初めて表現されるようになり、三十年戦争を経て中世の階層秩序が崩壊したのち、近代の主権国家体系を支える概念として、とりわけ一八世紀以後に確立した。このように叙述されることが、今日の国際関係ないし国際政治のテキストにおいては一般的である。それゆえ、国際関係における勢力均衡の概念は、古代に由来するものではないとされる[3]。とりわけヨーロッパで発達した勢力均衡概念は、

「覇権への対抗」との意味を超えるものであって、「一つの社会を形成するヨーロッパ諸国家」の観念に関わるものであるともいわれる。(4) そのため、勢力均衡についての既存の研究は、近代以降のヨーロッパにおける勢力均衡の議論に関心が集中してきた。(5)

しかし、「覇権への対抗」を意味する語としての勢力均衡は、現代の日常空間で表現される「強者への対抗」としての勢力均衡と重なり合うものであり、「他が反対できないほどに強大な力（覇権）が成立することへの対抗」としての同概念の歴史を掘り起こすことは無価値ではない。単純な「覇権への対抗」の意味と対比される、多義的な意味はいかなる過程を経て形成されてきたのだろうか。そして、勢力均衡の概念史を考察することで何が読み取られうるのか。これらの問いを念頭におき、古典古代と遡り、「覇権（とその成立）への対抗」を最小の定義とする勢力均衡概念が、いかに歴史的に展開されてきたのかをみることにしよう。

一　古典古代

勢力均衡の概念は古代に存在したのか

「勢力均衡の観念（idea）が完全に近代の政策に起因するものなのか、あるいはその勢力均衡という言葉（phrase）だけが近代に発明されたものなのか」。(6) 近代における勢力均衡の代表的論者の一人であるデイヴィッド・ヒューム（David Hume, 1711-1776）は、右のように問い、古代からの勢力均衡の歴史を検証しようと試みた。彼が問うたように、古代と中世において「勢力均衡」に該当する語は現存する主要な文書からは見つからず、このことは勢力均衡の概念史の探究を困難にさせる。だが、「覇権への対抗」を最小定義とする勢力均衡の「観念」は、ヒュームが析出したように、古典古代の文献に見出すことができる。

歴史叙述のなかの勢力均衡

「覇権への対抗」としての勢力均衡は、古代ギリシア・ローマの歴史叙述において確認される。トゥキュディデス（Thucydides, B.C. 460-395）は『歴史』において、紀元前五世紀にヘラス（古代ギリシア世界）で起きた「ペロポンネソス戦争」の展開を詳述している。同戦争は、アテナイを盟主とする「デロス同盟」とスパルタを盟主とする「ペロポンネソス同盟」とが衝突し戦闘を繰り広げたものである。戦争の原因にかかわる叙述に、勢力均衡の観念が現れる。トゥキュディデスは、アテナイ人とスパルタ（ラケダイモン）人の間で大戦争が起こった「最も真実な原因」について、「アテナイ人が強大となってラケダイモン人に恐怖を与え、戦争へと強制したのだと私は考える[7]」と論じている。また、戦争勃発の発端であるケルキュラ紛争の叙述では、アテナイの側からも一種の均衡観念が読み取れる。彼の叙述によると、古代ギリシアのコリントスとその植民都市ケルキュラが争うなか、強大な海軍を擁するケルキュラがスパルタと同盟を結ぶコリントスに取り込まれてしまうことを、アテナイは危惧したとされる。「むしろ両国を能う限り衝突させて、コリントスその他の海軍力を弱体化させた上で、もしも必要とあれば、戦争に突入しようと望んだ[8]」アテナイは、来るスパルタ側との戦いを見据えて、「コリントスへの対抗」のためにケルキュラへ援軍を出したのである。その結果、スパルタは、締結されていた休戦条約がアテナイにより破られたと判断し、戦争へ突入することになる。開戦が不可避であるとスパルタの市民が票決したのは、「ギリシアの大部分がアテナイの支配下にあるのを見て、その勢力がさらに強大化するのを恐れたためであった[9]」。スパルタを戦争へと突き動かした動機として、覇権化するアテナイへの対抗があったのである。

古代ローマ史を描くポリュビオス（Polybius, B.C. 204-125）の『歴史』においては、より明確な「覇権への対抗」の描写がある。古代のローマとカルタゴが対立し戦争が続いていた当時、シキリア島を支配していたシラクサのヒエロン王（ヒエロ二世、Hiero II, B.C. 308-215）は、「カルタゴの要請に応えるためにあらゆる努力を惜しまなかった[10]」。なぜなら、シラクサにとって「カルタゴの存続は、シキリア島における支配権を維持するうえでも、ローマとの友好を保つうえでも国益にかなうことであり、強国ローマが労せずして野望を達成することは、なんとしても防がねばならない、そんな賢明で冷静な計算がヒエロンにはあった。今の事態を拱手傍観し、その結果として、自明の正義を申し立てることさえできないほどに強大な覇権の誕生に手を貸すわけにはいかなかった[11]」からである。そして、ヒエロン王のもとでシラクサは繁栄を享受したとされる[12]。カルタゴを支援したヒエロン王の行動原理は、まさにローマという「覇権への対抗」とそれによる自国の独立維持にあったといえよう。

政策原理としての勢力均衡

古典古代において、対外政策の原理ないし原則として勢力均衡を説いた人物として、デモステネス（Dēmosthenēs, B.C. 384-322）が挙げられる。彼の演説「メガロポリス市民のために」は、均衡のシステムとして古代ギリシア国際関係を自覚的に理解していたことが確認される「恐らく唯一の例外」であるとも評されている。(13)

ペロポンネソス戦争後・紀元前四世紀のヘラスでは、大国アテナイとスパルタとテバイの勢力が角逐していたが、同世紀中頃に起きた同盟市戦争と第三次神聖戦争によってアテナイとテバイはそれぞれ疲弊することになった。こうした情勢の下、スパルタは、テバイからの支援が途絶えた小国メガロポリスへの軍事行動を計画する。スパルタは、アテナイやテバイを含むペロポンネソス諸国の旧状回復を提案するとともに、自らの同盟国となっていたアテナイへ使節を送って、軍事行動への支援を要請した。スパルタの侵攻に恐れを抱いたメガロポリスもまた同じときに、アテナイへ使節を送り支援を求めた。両国から要請を受けたアテナイでは、スパルタとメガロポリスのいずれを支持するかをめぐって議論が行われた。(14)アテナイ市民であったデモステネスの演説「メガロポリス市民のために」（前三五三または前三五二年）は、その最中に展開されたものである。彼は同演説で、過剰なスパルタの強大化とテバイの弱体化こそがアテナイにとっての最大の懸案事項であり、強力な大国間の勢力を均衡させることが必要であると説く。「回避すべく検討しなければならないことは、われわれが気づかないうちに、テバイ人が［こちらの］都合以上に弱体化し、その度合いを超えてラケダイモン人〔スパルタ人のこと〕が強大になることです(15)」と彼は述べる。そのうえで、アテナイが真剣に目指す目標は、テバイとスパルタが「われわれに対して不正行為をいっさい企てることができなくなること」にあり、それによってアテナイは「最大の安全保障を手に入れること」になると主張する。(16)あらゆる災禍は「例外を認めることなく正義に適った行動をとるのを嫌がること」から始まるとして、(17)彼は、「メガロポリス市民を見捨てるべきではない、いや、それ以外にも、一般的に言ってどんな弱小国も強国に引き渡してはならない(18)」と提言するのである。デモステネスの演説は、歴史叙述における描写とは異なり、特定の一勢力への対抗としてではなく一貫した政策の一般原則として「覇権への対抗」の必要を説いたものである。

しかしながら、デモステネスの提案は実際には採用されず、アテナイは当時の対外不介入政策を維持し中立を守ったとされる。(19)

デモステネスが説いたヘラス世界の勢力均衡は、当時のアテナイにおいて政策を指導する原則として浸透していなかったのである。国際関係の領域以外では、例えばヒポクラテス（Hippocrates, B.C. 460-370）の「四体液の均衡」説[20]のように、異なる要素の間で一つの要素が優勢にならないようにする「均衡」によって、システム全体が調和するとの考えは既にあった。だが、一つのポリスが優勢にならないようにする「均衡」が古代ギリシアのシステム全体の調和のために必要であるとの原理的な発想は、デモステネスの演説の一部に辛うじて見出されるのみなのである。

二　中世・初期近代

一者による支配の展望

神聖ローマ皇帝とローマ教皇が支配する階層的秩序に基づく中世キリスト教の世界では、観念としての勢力均衡も表舞台から姿を消す。主要な中世政治思想においては、「覇権への対抗」としての均衡や複数の要素間でのシステムとしての均衡ではなく、それらの対極の、一者による支配が望ましいと考えられていた。

トマス・アクイナス（Thomas Aquinas, 1225-1274）は、統一された力の強さを評価する。「統一された力は、分散されたり分割された力よりも、結果を得るに、より有効である。というのも、多数の人々が一つに結合すれば、単独で個別に自己の役割を果たすだけの一人ひとりの人間では到底動かせない重荷を一気に引き寄せることができるからである[21]」。だが、統一された力の問題点も指摘される。「善に向かって働く力がもっと有効に善をなすためには、より強い結合が望まれるのと同じように、悪を働く力は分散しているときよりも一つになっているときのほうが、いっそう有害である[22]」。そのため彼は、アリストテレスと同様、「一人の王による支配が最善であるように、一人の僭主による支配は最悪である[23]」、「一人の支配が最悪の支配である僭主制へと変化することも起こりうるがゆえに、民衆が僭主の手中に陥らないような手立てが周到にとられるべきである[24]」と論ずるのである。

ダンテ（Dante Alighieri, 1265-1321）は『帝政論』（一四世紀初頭頃）で、神が創造した「全体としての人類に普遍な究極の目的[25]」

として世界平和を想定する（『帝政論』第一篇）。そしてその目的のために、必ず一つの制御あるいは支配するものがなければならないとして、「世界の安寧のために、一つの「帝政」あるいは「帝国」があらねばならない」[26]と論じる。何れも決して他に従属しない二人の王の間には争いが起こりうるが、争いを収めるためには両者の王たる第三者つまり「帝王」が必要である。そのため、「「帝政」は世界に対して必要である」とされる。[27]世界平和のためには、対立する諸勢力の争いを収める最終的な裁定者を頂点とする「世界帝国」が必要だと論じられたのである。[28]

中世の文化における「力」と「均衡」

言語化された中世思想が主として右記のごときであったとしても、中世の人々の文化は別の思想や思考様式を暗示している。皇帝と教皇の相対的地位や両者の力の均衡（両者は上位・下位・対等のいずれの関係にあるのか）についての明確な表現は、現存する当時の文章には存在しないと考えられる。だが、一五世紀以後の木版画は、皇帝と教皇が船上で互いに関わりあうかたちで立つ姿などを描いており、権力や地位などの観点での両者の本質的な結びつきについて、何らかの考えを人々が持っていた可能性を示している。[29]

また、中世末期のイタリアで発達した複式簿記における「均衡」（*bilancio*）は、[30]損益つまり利害の計算を伴う、均衡の概念・思考様式である。複式簿記における「均衡」概念の確立と普及は、「均衡」の思考法や表現法が広く多用される言語空間を形作った可能性がある。これは勢力均衡の概念史を追ううえで見逃してはならない点である。そして、ルネサンス期のイタリアにおいて、国際関係を論じる際にいよいよ「均衡」の概念が登場する。

初期近代における勢力均衡

マキャヴェリ（Niccolò Machiavelli, 1469–1527）は『君主論』において、一時期のイタリア半島情勢を勢力均衡と表現する。[31]さらに彼は、新たに獲得した領土保全のために、周辺の弱小勢力と手を結んで強大勢力を弱体化させることの必要を説き、地域的な

「覇権への対抗」論を示す。「言語、風俗、習慣を異にする地域に居をかまえる君主は、近隣の弱小君主の指導者や保護者となる一方、その地域の強大な君主を弱体化するように心を用い」なければならないのである（『君主論』三章）[32]。

国際関係における勢力均衡を明確に表現した最初期の人物こそ、グィチャルディーニ（Francesco Guicciardini, 1483-1540）である。彼は『イタリア史』で、一五世紀イタリアにおけるフィレンツェ共和国の事実上の最高指導者ロレンツォ・デ・メディチの外交に「均衡」への配慮を見出す。

フィレンツェより大きな国がその権力を増大するようになれば、彼自身にとっても、フィレンツェ共和国にとっても、大きな危険となるのを知っていたので、ロレンツォは注意深く、イタリアの状況が一方の側にのみ有利にならないよう、均衡が保たれるように努めた[33]。

また、勢力均衡はフィレンツェ以外の国の統治者らにも理解されていたことが指摘される。一四五五年、ヴェネツィアの権力拡大を阻止することを主要な目的として、フィレンツェ・ナポリ・ミラノの統治者たちは相互防衛の同盟を結んだ。この同盟は、ヴェネツィアによるイタリア全体の支配を防いだとされるが、グィチャルディーニは次のように叙述する。

同盟国を心からの信頼すべき友情で結びつけることはなかったのである。なぜなら、彼らは嫉妬と競争心に駆られ、絶えずお互いの動きを監視し合い、そのいずれかがその力、あるいは名声を拡大させようとすると、必ずその計画を阻止するからである。しかし、結果として平和が不安定になることはなかった。むしろ、それぞれが以前にもまして、新しい突発事の原因となるような火の粉を即座にもみ消そうと努めたからである[34]。

ヴェネツィアという覇権への対抗として右記三カ国が同盟したとき、その同盟国間でも相互に力の「均衡」が図られていたとされるのである。この描写は、「覇権への対抗」を基礎としながらも、各国が互いに「力の抑制」を目指していた、システムとしての勢力均衡を示している。デモステネスはアテナイにおける通時的原理として勢力均衡の政策を求めたが、グィチャルディーニはイタリアの対ヴェネツィア同盟諸国という複数の国々に共通する共時的原理として勢力均衡を描き出したのである。

三　近代以降

均衡の世界

一七世紀の科学革命において、ケプラーの惑星運動の法則からニュートンによる万有引力の法則まで、自然世界の原理をなす中心概念として「均衡」が提起され、これと並行して勢力均衡の本質をめぐる思索が深められていく。(35) また同革命以後、「勢力均衡」のみならず「所有の均衡」「党派の均衡」「貿易の均衡」など、社会における議論で広く均衡概念が多用されるようになった。(36) 近代ヨーロッパにおいて、複数の要素が互いに引き合う「均衡」の世界像が生起し定着したのである。

スペイン継承戦争講和時のユトレヒト条約（一七一三年）で勢力均衡が国際関係の秩序原理として言明された後、一八世紀には勢力均衡の語への言及が爆発的に増大する。同時代では特に、ダンテが肯定的に評価した世界帝政ないし「世界君主制」の構想はカール五世やルイ一四世の野心的試みを受けて批判対象となり、同構想への対抗が勢力均衡の意味するところとなる。

フランスのフェヌロン（François Fénelon, 1651-1715）の「世界君主制への明白な野心をもつ外国勢力への対抗として、攻撃的および防衛的な同盟を形成することの必要性について(37)」はその題が示すように、世界君主制への対抗を求める論説である。「自国および隣接するすべての国々の人々の自由を脅かしうる、勢力の増大を阻止することは、各国の権利であり義務である(38)」として、同論は「覇権への対抗」としての勢力均衡を一般原則化する。さらに彼は、「近隣諸国の間で一種の均等や均衡を維持するよう気にかけることは、共通の平安を守ることである。この点で、通商によって互いに結びついたそのような諸国は、いわば一つの大きな集団や一種の共同体を構成するのである(39)」と記し、均衡とともに諸国の一体性を語る。また、ヨーロッパにおける勢力配分の状況を客観的に、彼は四つのケースに分類する。(40) そのうえで、「ある勢力が近隣の勢力と殆ど等しい状態にあり、両勢力が野心をもたず誠意をもってある種の均衡を維持することにより、平和を維持する」という第四の場合が、最も賢明で幸福な状態だとする。ここで、勢力均衡の意味は単純な「覇権への対抗」から複数国の尽力による「勢力の均等性」に転化するのである。

イギリスのヒュームは、既にみたポリュビオス『歴史』の記述を引用し、そこに「近代における政治の目的が明確な言葉で示されている」[41]と述べる。そして、「人類は、新たにカール皇帝ただ一人の下への諸王国・公国の統合による、世界君主制の危険に脅かされることとなった」[42]として、世界君主制なる覇権に対抗する戦争において、ヒュームはブリテンが第一線に立ち続けていることを評価するが[43]、同時に過剰な熱情の穏和が必要だと訴える[44]。過度な対外関与はいずれその対極であるヨーロッパの運命への無関心へと行き着き、結果として勢力均衡政策を放棄することになりうるためである[45]。ヒュームはフェヌロンと異なり、諸国の一体性や勢力配分の分類については議論せず、勢力均衡の歴史やブリテン（イギリス）の政策に論を集中させている。両者の相違は、立場や議論対象などの違いに起因するものでもあろうが、とりわけ近代型の勢力均衡概念の二つの伝統における差異を映し出すものである。

陸と海の伝統

近代の勢力均衡概念には、「大陸」（大陸ヨーロッパ）と「海洋国家」（イギリス）の二つの伝統があることが指摘されている[46]。前者は客観主義的、後者は主意主義的であり[47]、勢力配分の客観的な分類を行うフェヌロンは前者に、イギリスの政策がどうあるべきかを問うヒュームは後者に位置付けられる。大陸の伝統では、いかにして勢力間の均等性を保つかが議論の対象となり、領土分割による補償や国内への干渉がその手段となりうることを、カーレ（Ludwig Martin Kahle, 1712–1775）やユスティ（Johann Heinrich Gottlob von Justi, 1705–1771）らが示している。海洋国家の伝統では、厳密な均等性は重要視されず、弱い側に加勢して均衡を主体的に実現する「バランサー」の政策が中心的な均衡手段となる。これは、海の自由と権益を確保しようとするイギリスの政策とも通じたものであった。

二つの伝統を架橋するゲンツ（Friedrich von Gentz, 1764–1832）は、「勢力均衡は、物質的なものの類似性の帰結に基づくものであるという、多くの誤解が生じてきた」、「勢力均衡における諸国連携の基本は、勢力の最も完璧な均等性や均等化を目的とすることであるとか、またその基本は、「政治的に結びついたある地域の多様な諸国が、相互に規模・人口・富・資源などの点で最も精確に測量・比較され誤差がないものであるべきだ」ということを要求していると考える人々がいる」、「こうした誤った前提は、……間違いを誘う[48]」と述べて、勢力均衡は均等性によらないことを論じている。そして彼は、不均等性は寧ろ「体系全体の必須条件であり基礎である」とみなされるべきとして[49]、中小国を犠牲とした領土分割などを手段とはしない、各国が主体的にバランサーとして機能する勢力均衡の構図につながる議論を展開した。

フェヌロンが語った諸国の一体性は、大陸の伝統に位置付けられる論者が共通して述べているものである。ヴォルテール（Voltaire, 1694-1778）は『ルイ十四世の世紀』で「ヨーロッパのキリスト教諸国は、（ロシアを除けば）もう余程前から厖大な一国家の観を呈している」、「特筆に価することだが、申し合わせたように賢明な策に出て、なるべく互の勢力が均衡を保つようにし、戦争の最中でさえ片時も均衡を怠ら」なかったと論じる[50]。また、スイスのヴァッテル（Emer de Vattel, 1714-1767）は、『諸国民の法』の著名な段落で次のように論じている。

ヨーロッパは、世界のこの部分に存在する国々の諸関係と異なる諸利益とによって密接に結びついた、一つの政治体系、一つの統合された政治体を形成する。それは、かつてのような、他国の運命について各国が殆ど関心を払うことがなく、また自国に直接関係しない事がらについて注意を払うこともほとんどなかった、分離された諸部分からなる混乱した寄集めではない。あらゆる出来事に対する各主権国の継続的な注意、公使の常駐、永続する交渉が、今のヨーロッパを一種の共和国にするのであって、そのメンバーは、互いに独立しているが、すべて共通利益の紐帯によって繋がっており、秩序と自由の維持のために一体となっているのである。ここから、政治的均衡あるいは勢力均衡という有名なしくみが生じた。それは、いかなる勢力も絶対に優勢になることはできず、また他国に法律を強制することができないような、事物の配列として理解されるものである[51]。

ヴァッテルを評価するバーク（Edmund Burke, 1729-1797）は、「勢力均衡は、常にあらゆる勢力によって、ヨーロッパにおける周知の基本法（common law）としてみなされてきた[52]」と記している。一八世紀のヨーロッパにおいて、勢力均衡は「一つの共同体」としての性格を帯びた国際関係の基礎を表現する一概念となったのである。

連合構想と勢力均衡

一八世紀の勢力均衡はしかし、均衡手段として戦争を内包しており、平和を保障するものではなかった。勢力均衡は、「抵抗の体系」であるがゆえに「混乱・衝撃・破裂の体系」であるなどとして批判された。[53] カント（Immanuel Kant, 1724-1804）も「理論と実践」において、「いわゆるヨーロッパ列強間の力の均衡に基づく恒久的な全般的平和のごときは、スウィフトの家屋さながらで一個の妄想にすぎない」として、「この家屋は、一建築家が何もかも平衡の法則通りに立てたものであるが、たまたま雀が一羽その屋根に止まっただけでたちまち崩壊したというのである[54]」と書いている。

サン＝ピエール『永久平和論』とルソー（Jean-Jacques Rousseau, 1712-1778）によるその抜粋および批判に続く、カントの『永遠平和のために』は、勢力均衡ではなく諸国の連合構想によって平和を実現しようとするものである。だが、その第一補説では、「自然は諸民族の混合を妨げ、かれらを分離しておくために、二つの手段を、すなわち言語のちがいと宗教のちがいとを用いている。これらのちがいは、たがいに憎しみあう傾向と、戦争への口実とを伴ってはいるが、それでも文化が向上し、諸原理にかんするいっそう広範囲な合致へと人間が次第に近づくことによって、平和についての同意へと導くのであって、この平和は、かの専制主義のように（自由の墓地の上に）あらゆる力を弱めることによってではなく、きわめて生き生きとした競争による力の均衡によってもたらされ、確保されるのである[55]」と述べられている。カントは、現に在る大国間の勢力均衡が平和を直接に生じさせることはありえないとしつつも、平和へ向かう過程において勢力均衡の概念が果たしうる役割を示唆しているのである。

四　現代の論争

均衡に反する「勢力均衡」

二度の世界大戦を経たのちに発達した国際関係論において、勢力均衡の理論と歴史が問い直されることとなった。

マーティン・ワイト（Martin Wight, 1913-1972）は、国際関係思想を大きく「現実主義」「合理主義」「革命主義」の三つの伝統に分類し、それぞれの伝統における勢力均衡の概念を説明した[56]。ワイトによると、革命主義者は「勢力均衡」を批判または否定しているとされ、合理主義者と現実主義者はそれぞれ異なる意味を均衡概念に与えているとされる。合理主義者にとって、勢力均衡は「パワーの均等な配分」および「パワーは均等に分配されるべきであるという原則」である[57]。しかし、勢力の測定方法がないこと、公平かつ独立した測定者が不在であること、力の配分が不安定で変化しやすいものであることから、均等配分は非現実的である[58]。そのため、現実主義者は、勢力均衡を均等配分ではなく「変化」を意味するものとして理解する。ここから「勢力均衡はこちら側が力の不利な配分を避けるために力のゆとりを必要とする、という原則になる」、「ここで「均衡」は、銀行預金残高（a bank balance）の意味を持ってくる。つまり、資産と借方が等しいことではなくて、資産の余剰、資金のゆとりを指す[59]」ようになるのである。中世の簿記より発展した「均衡」の意味が、かくして表面化する。

ハンス・モーゲンソー（Hans Joachim Morgenthau, 1904-1980）は、均衡概念の来歴と基本的な均衡のパターンについて論じ、勢力均衡の方法と構造を分析する[60]。そのうえで彼は、勢力均衡の評価に論を進め、「バランス・オブ・パワーの不確実性・非現実性・不十分性」を炙り出す。勢力均衡は、力の配分についての測定と計算に基づくものであるが、それは不確実なものである[61]。そのため、国家は計算が誤っている可能性を考えて「みずからのための力の優位」を目指さなければならなくなる。こうして各国は「みずからが犯すかもしれない過失の最大量と釣り合う、最大の安全性の余地を得たいと望むことになる」のであり[62]、均衡は非現実的となる。そして、「バランスを求めるみせかけの欲求と、実際に優位を狙うこととの間のコントラスト[63]」から、国家が政策を正当化するためのイデオロギーとして勢力均衡を利用することが可能となる。それゆえ、勢力均衡は国際システムを安定化させる原理として不十分であり[64]、他の要素、特に一八世紀などに見られた「道義的コンセンサス」が「力への無限の欲求」を抑制していたことを[65]、モーゲンソーは指摘する。ワイトと同じく、勢力均衡が「力の優位」という均衡とは反対の意味へ至る論理を明らかにしたモーゲンソーは、しかしながら、そうした意味の反転が起こることなく勢力均衡が規範の合意に基づいて機能することを強調したのである。

恐怖の均衡

軍事技術の変容が戦争の費用とその害悪を増大させた結果、勢力均衡の手段も変化した。一八世紀には戦争は勢力均衡の手段であったが、一九世紀には外交がその手段として重視されるようになり、二〇世紀では大量破壊兵器の増大により遂に戦争そのものへの忌避と恐怖によって、均衡が図られるようになった[66]。核兵器による「恐怖の均衡」として表現される二〇世紀の勢力均衡は、核戦略ないし核抑止論において理論構築された[67]。その理論家には、ヘンリー・A・キッシンジャー(Henry Alfred Kissinger, 1923-)やモートン・カプラン(Morton A. Kaplan, 1921-)など、冷戦期において同時代のアメリカ政治外交について考察した論者らが含まれる。

「恐怖の均衡」の極限は、「相互確証破壊」(Mutual Assured Destruction; MAD)である。これは、対立する核保有国のうち一方が核攻撃を行えば、他方が核兵器による報復を確実に行い、結果的に「双方が壊滅する」ようにしておくことで、核保有国双方が核の恐怖によって均衡を保とうとする核抑止戦略である。だが、これは終わりなき軍拡競争を招く論理でもあった。アメリカとソビエトの両勢力が対立し世界が二極化した冷戦期には、とりわけ、核兵器による恐怖の均衡が模索され議論されたのである。

世界のなかの勢力均衡

冷戦期にはまた、ケネス・ウォルツ(Kenneth Neal Waltz 1924-2013)の『国際政治の理論』を嚆矢として、国際関係の構造が勢力均衡を齎すとする構造的リアリズムの議論が展開された。ヘドリー・ブル（Hedley Bull, 1932-1985）の『アナーキカル・ソサエティ』(68)とそれを主軸とする英国学派の国際関係理論では、近代ヨーロッパから現代に連なる「国際社会」を支える制度の一つとして、主権・外交・国際法などと並んで勢力均衡が取り上げられている。両者は全く異質な研究であるが、世界全体のなかに勢力均衡を位置付けようとしている点では類似している。

しかし、前者は歴史や社会の視点が欠如しているとして、後者はヨーロッパ中心的な視点であるとして批判されうる。今日では、様々な地域とその歴史における勢力均衡のあり方を、世界史的な視点から確認しようとする研究がある。(69)また、ヨーロッパに限定せず、ユーラシア・中東・東アジア・南アジア・ラテンアメリカなどの各地域を対象として、現代の様々な地域システムへの勢力均衡理論の一般化を目指す研究も出始めている。(70)冷戦終結後、アジアを含む非ヨーロッパ地域において大国が再出現し、世界の一体化と多極化が同時進行する現在、それぞれの地域における歴史と文化に立脚した「勢力均衡」の概念化とともに、世界政治経済の一体化や技術革新に応じた「勢力均衡」概念の再構成とその精緻化が、今後も追究・展開されていくことが予想される。

おわりに

勢力均衡の概念を、本章の議論に即して、均衡主体の〈単独性／複数性〉軸と均衡状態の〈不均等／均等性〉軸で四つの象限に再整理し（左図）、その実践における含意を考察する。〈単独性／複数性〉軸は、均衡のために費用ないし犠牲を払う主体（国や勢力）が単独か、あるいは複数かとの点での分類である。〈不均等／均等性〉軸は、均衡が力の配分の均等性を志向しない「覇権への対抗」を意味するのか、あるいは勢力の「均等性」を意味するのかとの点での分類である。第I象限には古代の歴史叙述とデモステネスおよびヒュームにおける対外政策の理念、第II象限はグィチャルディーニやゲンツらの概念、第III象限は（一国の）領土分割や国内への干渉による均衡概念が、そして第IV象限にはフェヌロンや核抑止（相互確証破壊）の概念が、それぞれ代表的なものとして該当する。

勢力均衡概念の分析

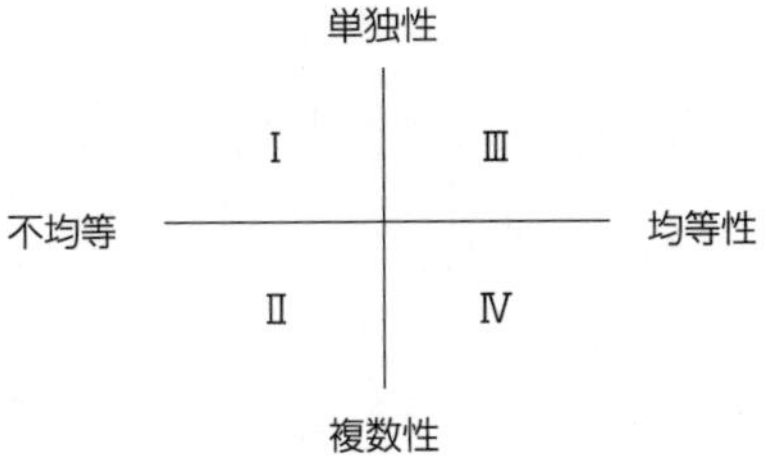

「均等性」としての概念（ⅢとⅣ）には、ワイトの批判が妥当する。だが、その批判は、均等配分を重視しない「不均等」としての概念（ⅠとⅡ）に直接的には妥当しない。「不均等」かつ「単独性」の概念（Ⅰ）は、「複数性」（Ⅱ）の場合に比べると、均衡の実現性が問題となる。例えば、デモステネスの提案が採用されなかったことなどに、一国が単独で勢力均衡のための政策を実行する場合の難度が示されていよう。「不均等」かつ「複数性」の概念（Ⅱ）は、複数国間のシステムとして勢力均衡を理念化するものであるが、この場合には均衡の持続性が問題となる。複数国間で均衡の原理が継続的に採用され、そのための費用が応分負担され続けることは、史実が示すように困難を伴うからである。そこで、モーゲンソーの指摘する道義的コンセンサスや、英国学派が理論化する国際社会の制度が、現代においてもなお希求されうる、「覇権への対抗」としての多国間の均衡体系を持続的に実現する要素として有望視されるのである。

注

（1）マーティン・ワイトは、以下の九もの意味に及ぶことを示している（Herbert Butterfield and Martin Wight (eds.), *Diplomatic Investigations: Essays in the Theory of International Politics* (London: G. Allen & Unwin, 1966), p. 151〔『国際関係理論の探究――英国学派のパラダイム――』（佐藤誠ほか訳、日本経済評論社、二〇一〇年）一七一頁〕）。①力の均等（even）配分、②力が「均等配分されるべきである」とする原則、③既存の（および起りうるあらゆる）力の配分、④弱小国を犠牲にした大国の均等な拡大化の原則、⑤勢力が不均等に配分されてしまう危険性を回避するために「自らの側に力の余裕をもつべき」とする原則、⑥（「保持する」という動詞に準拠する場合）力の均等配分の維持における特別な役回り、⑦（同上）既存の力の配分における特別な有利性、⑧優勢（predominance）、⑨力の均等配分を脅す国際政治に固有の傾向性。また同様に、ハースは勢力均衡の語のうちに八つの意味を見出している。Ernst B. Haas, “The Balance of Power: Prescription, Concept, or Propaganda,” *World Politics*, Vol. 5, No. 4, 1953.

（2）初瀬龍平「勢力均衡の理論と検証」（日本国際政治学会編『国際政治』七四号、有斐閣、一九八三年）一六頁。

（3） Martin Wight, “The Balance of Power and International Order,” Alan James (ed.), *The Bases of International Order: Essays in Honour of C. A. W. Manning* (London: Oxford University Press, 1973), p. 96.

（4） Michael Sheehan, *The Balance Of Power: History & Theory* (London: Routledge, 1996), p. 201.

（5） 近現代ヨーロッパの勢力均衡論を詳しく考察した主要な研究として、例えば次の文献が挙げられる。Inis L Claude, *Power and International Relations* (New York: Random House, 1962). F. H. Hinsley, *Power and the Pursuit of Peace: Theory and Practice in the History of Relations between States* (Cambridge: Cambridge University Press, 1962). Edward Vose Gulick, *Europe's Classical Balance Of Power* (New York: W. W. Norton & Company, Inc, 1967). Evan Luard, *The Balance of Power: The System of International Relations, 1648-1815* (Hampshire: Palgrave Macmillan, 1992).

（6） David Hume, “Of the Balance of Power,” *Essays Moral, Political, Literary* (Indianapolis: Liberty Fund, 1987), p. 332.

（7） トゥキュディデス『歴史 1』（藤縄謙三訳、京都大学学術出版会、二〇〇〇年）第一巻二三―6、二五頁。

（8） 同書、第一巻四四―2、四六頁。

（9） 同書、第一巻八八、八五頁。

（10） ポリュビオス『歴史 1』（城江良和訳、京都大学学術出版会、二〇〇四年）第一巻八三―2、一二一頁。

（11） 同書、第一巻八三―3―4、一二一―一二二頁。

（12） 同書、一二三頁、訳注（1）を参照。

（13） Wight, “The Balance of Power and International Order,” p. 86.

（14） 杉山晃太郎「作品解説『メガロポリス市民のために』」（デモステネス『弁論集 1』京都大学学術出版会、二〇〇六年）六四〇―六四九頁。

（15） デモステネス「メガロポリス市民のために」（デモステネス『弁論集 1』杉山晃太郎訳）三八四―三八五頁。なお、引用文中の［ ］内は訳者による補足であり、〔 〕内は岸野による追加説明である。

（16） 同書、三八五―三八六頁。

（17） 同書、三九四頁。

（18） 同書、三九八頁。

(19) 杉山晃太郎「作品解説『メガロポリス市民のために』」六五一頁。
(20) M. S. Anderson, *The Rise of Modern Diplomacy, 1450–1919* (New York: Longman, 1993), p. 149.
(21) トマス・アクィナス『君主の統治について——謹んでキプロス王に捧げる——』（柴田平三郎訳、岩波書店、二〇〇九年）二八—二九頁。
(22) 同書、二九頁。
(23) 同書、二八頁。
(24) 同書、四〇—四一頁。
(25) ダンテ『帝政論・書翰集（ダンテ全集 第八巻）』（中山昌樹訳、日本図書センター、一九九五年）一〇頁。なお引用にあたり、旧仮名遣いは現代仮名遣いに改めた。
(26) 同書、二〇頁。
(27) 同書、二八—二九頁。
(28) ただし、ダンテと前後する時代において、一元的な世界国家が望ましいとする観念のみが存在していたわけではない。この点については、安武真隆「imperium vs respublica?——一七—一八世紀フランスにおける帝国、世界君主政、勢力均衡——」『思想』一〇二〇号（岩波書店、二〇〇九年）一九二—一九三頁を参照。
(29) Alfred Vagts, "The Balance of Power: Growth of an Idea," *World Politics*, Vol. 1, No. 1, 1948, pp. 89–90.
(30) Vagts, *op. cit.*, p. 93. G. N. Clark, *Science and Social Welfare in the Age of Newton* (Oxford: The Clarendon Press, 1937), p. 119.
(31) ニッコロ・マキアヴェッリ『君主論』（佐々木毅訳、講談社、二〇〇四年）一六六頁。
(32) 同書、三九頁。
(33) F・グイッチァルディーニ『イタリア史 1』（末吉孝州訳、太陽出版、二〇〇一年）三九頁。
(34) 同書、四一—四二頁。
(35) F・パーキンソン『国際関係の思想』（初瀬龍平・松尾雅嗣訳、岩波書店、一九九一年）四四—四五頁。
(36) Clark, *op. cit.*, p. 119.
(37) François de Salignac de la Mothe Fénelon, "On the Necessity of Forming Alliances, Both Offensive and Defensive, Against a Foreign

Power which manifestly aspires to Universal Monarchy," Moorhead Wright, *Theory and Practice of the Balance of Power, 1486-1914* (London: Dent, 1975).

(38) Ibid., p. 40.

(39) Ibid., p. 41.

(40) Ibid., p. 43.

(41) Hume, *op. cit.*, p. 337.

(42) Ibid., p. 338.

(43) Ibid.

(44) Ibid., pp. 338-339.

(45) Ibid., p. 340.

(46) パーキンソン、前掲書、四五—五一頁。

(47) 同書、四八頁。

(48) Gentz, "The True Concept of a Balance of Power," Wright, *op. cit.*, p. 94.

(49) Ibid., p. 97.

(50) ヴォルテール『ルイ十四世の世紀（一）』（丸山熊雄訳、岩波書店、一九五八年）一四頁。

(51) Emer de Vattel, *The Law of Nations, Or, Principles of the Law of Nature, Applied to the Conduct and Affairs of Nations and Sovereigns, with Three Early Essays on the Origin and Nature of Natural Law and on Luxury* (Indianapolis: Liberty Fund, 2008), Book III, Ch. 3, § 47, p. 496.

(52) Edmund Burke, "A Third Letter to a Member of the Present Parliament, On the Proposals For Peace With the Regicide Directory of France By the Late Right Honourable Edmund Burke," *Select Works of Edmund Burke, Vol. 3: Letters on a Regicide Peace* (Indianapolis: Liberty Fund, 1999), p. 246.

(53) Felix Gilbert, "The New Diplomacy" of the Eighteenth Century," *World Politics*, Vol. 4, No. 1, 1951, p. 8.

(54) カント「理論と実践」(『啓蒙とは何か(他四篇)』篠田英雄訳、岩波書店、一九七四年)一八六頁。
(55) カント『永遠平和のために』(宇都宮芳明訳、岩波書店、二〇〇九年(改版))七二―七三頁。
(56) マーティン・ワイト『国際理論――三つの伝統――』(佐藤誠ほか訳、日本経済評論社、二〇〇七年)二三〇―二四一頁。
(57) 同書、二三〇―二三一頁。
(58) 同書、二二五頁。
(59) 同書、二二七頁。
(60) モーゲンソー『国際政治――権力と平和――(中)』(原彬久監訳、岩波書店、二〇一三年)第四部。
(61) 同書、九一―一〇一頁。
(62) 同書、一〇二頁。
(63) 同書、一一五頁。
(64) 同書、一二五頁。
(65) 同書、一二八頁。
(66) Sheehan, *op. cit.*, pp. 178-179.
(67) 勢力均衡と核抑止論については特に、ヘドリー・ブル『国際社会論――アナーキカル・ソサイエティ――』(臼杵英一訳、岩波書店、二〇〇〇年)一四四―一五四頁、および Sheehan, *op. cit.*, pp. 176-181 を参照。
(68) ブル、前掲書。
(69) Stuart J. Kaufman, Richard Little and William C. Wohlforth (eds.), *The Balance of Power in World History* (Basingstoke: Palgrave Macmillan, 2007).
(70) T. V. Paul, James J. Wirtz, and Michel Fortmann (eds.), *Balance of Power: Theory and Practice in the 21st Century*, Stanford, (California: Stanford University Press, 2004).

参考文献

Michael Sheehan, *The Balance Of Power: History & Theory* (Routledge, 1996).
勢力均衡の歴史と理論について、既存の主要な研究をふまえて総合的に論じた概説書。勢力均衡の定義から、一八・一九・二〇世紀における その歴史的展開まで、明瞭かつ詳細に説明している。

Ernst B. Haas, "The Balance of Power: Prescription, Concept, or Propaganda," *World Politics*, Vol. 5, No. 4, 1953.
勢力均衡概念の多義性を明確化した著名な論考。勢力均衡をその語の意味から八つに分類し、また同語を使用する者の意図から、それが「叙述」「プロパガンダ」「分析概念」「規範」などに分かれることを示す。

H・バターフィールド、M・ワイト編『国際関係理論の探究——英国学派のパラダイム——』(佐藤誠ほか訳、日本経済評論社、二〇一〇年)。
国際関係を理解するために哲学的・歴史的アプローチを採る「英国学派」の代表的文献。本書所収の論文で、バターフィールドは勢力均衡概念の歴史を追い、ワイトはその意味内容を類型化している。

モーゲンソー『国際政治——権力と平和——(中)』(原彬久監訳、岩波書店、二〇一三年)。
国際関係における権力政治に注目した、誰もが知る国際政治学の古典的テキスト。当該翻訳の文庫化された中巻では、勢力均衡の歴史と原理を丹念に分析したうえで、二〇世紀世界の均衡構造を論じている。

初瀬龍平「勢力均衡の理論と検証」『国際政治』七四号(一九八三年)。
現代の勢力均衡理論についての包括的な研究論文。勢力均衡の概念を整理したうえで、二〇世紀後半の理論と論者を取り上げて比較検証し、核時代における勢力均衡の意味と限界について考察している。

高坂正堯『古典外交の成熟と崩壊』(中央公論社、一九七八年)。
近代ヨーロッパにおける勢力均衡の思想と歴史を鮮やかに描き出した、日本語による数少ない名著。一八世紀の勢力均衡概念の背景に「多様性」の思想があったことなどを明らかにしている。

国際語

寺島俊穂

はじめに

国際関係を考えるうえで、ことばの問題はきわめて重要である。というのも、人はふつう自分が住んでいる土地のことばを話すのだが、いったん国境を越えると、十分に意思疎通できないという状態は、現代でも変わっていないからである。ことばによって人々が分断され、言語を軸にして民族や国家にまとめられている側面があるが、市民同士が直接交流し、国際世論の形成をとおして世界政治にも影響を及ぼしうる現代世界において、「ことばの壁」は克服すべき問題の一つとなっている。

旧約聖書の「創世記」のなかの「バベルの塔」の神話によると、はじめ世界中の人々は同じことばで話していたが、天にまで届く塔のある都市を建設しようとした人々の傲慢さに対する罰として人間のことばは相互に通じなくなった(1)という。そのため、ヨーロッパでは、人類の祖語は一つであるとして、言語の起源が探求されるとともに、ことばの違いによる人類の断絶を克服するために普遍言語をつくろうとする試みがなされてきた。しかし、現代では、種の多様性が尊重されねばならないように、言語の多様性は、人類の多様性を維持し保証する条件として、むしろポジティヴに捉えられるようになってきた。世界中に存在する言語の数は六〇〇〇—七〇〇〇だとされるが、ことばのエコロジーも必要だという視点である。言語はそれぞれ一つの体系であり、文化を蓄積させており、過去と対話しながら、多様な文化が織り成す複合体として人類文化が発展してきた歴史は、維持する必要があるし、今後も維持すべきだと考えられるからである。

とはいえ、異なった言語集団が相互に意思疎通できないことは、不自由であり、それが科学やビジネスの進展を阻害することは明らかである。そこで、共通語が必要とされ、中世ではラテン語、現在では英語が国際的な媒介言語として最もよく用いられている。一方で、特定の民族語を国際共通語とすることは、言語差別、言語的不平等を固定化してしまうことになるので[2]、決して望ましいことではないと考え、対等な立場でコミュニケーションできる言語を構築し普及させようという試みもなされてきた。

したがって、国際語（英：international language、仏：langue internationale、エス：internacia lingvo）とは、①国家、民族を異にする人々のあいだで共通語として国際的に用いられる言語、②母語（第一言語）とは別に、国際的なコミュニケーションのための媒介言語となることを目指してつくられた計画言語、と定義することができる[3]。①の意味での国際語とは事実上《デ・ファクト》の国際語である。中世のラテン語、近代におけるフランス語、現代における英語が、この意味での国際語である。英語が国際語となる以前の一七―一八世紀のヨーロッパでは、ドイツやロシアなど非ラテン系の国々でもフランス語が国際語として用いられたように、国際語は政治的、経済的、文化的影響力によって決まり、歴史的な変遷がある。国際語と関連する概念として、共通語がある。②の意味での国際語は、世界の単一言語化を目指す世界語とは違い、民族語・国家語の存続を前提にして、国際媒介言語（橋渡し言語）として異言語話者間のコミュニケーションを可能にするために考案されたものである。その意味で、国際共通語（世界共通語）、国際補助語、国際共用語などとも呼ばれている。もっとも、世界中の人々が共通に使うことばという意味での世界共通語（世界語）という表現は、①にも②にも用いられる。

現代では、科学技術やビジネスなどの共通語としては、英語が圧倒的に使われており、英語が世界語や地球語になった[4]という言い方もされるが、世界中の人々が日常的に英語を使っているわけではない。通訳がつく政治家や通訳を雇えるビジネスマンは別にして、ふつうの市民が国境を越えて対等に議論できることが、来るべき地球民主主義の課題になると思われるので、多言語的な環境のなかで民衆の交流言語はどうあるべきかという観点から、国際語の理念と歴史を問いなおしていきたい。

一　古代

ギリシアの共通語

古代ギリシアにおいて多数のポリス（都市国家）があり、ポリス間には戦争もあったが、交易も行われていた。ギリシア語自体は非常に多くの方言に分化していたが、アッティカ方言（アテナイを中心として用いられていた）が全ギリシアの共通語（コイネー）として発達し、アレクサンドロス大王（Alexandros, B.C. 356–323）支配下においてその治下の公用語となった。その帝国が滅びたのちもギリシア語は数世紀にわたって東地中海南北沿岸、オリエント世界、黒海沿岸一帯の共通語として残った[5]。帝国の東邦においては、ギリシア語が唯一の共通語であり、小アジアの住民にとってエジプト人とギリシア語で話すことが、ごく自然なことであった[6]。

一方で、古代ギリシアでは異民族のことを「バルバロイ」（*βάρβαροι* = *βάρβαρος* の複数形）と呼んでいたが、これはギリシア人以外の話すことばが「バルバル」といったような音にしか聞こえなかったからである。アテナイにおいては、ロゴス（ことば、理性）による文明が築かれ、暴力を用いず、ことばによって共同の問題を解決していたが、これはあくまでポリス内のことであり、「ことばが通じないこと」をもとに人間を区別する慣行がすでに存在していたことが窺われるし、バルバロイという用語は、英語の「野蛮人」（barbarian）の語源となったように、自民族中心の意識の表れと見ることもできよう。

アリストテレス（Aristoteles, B.C. 384–322）は、『政治学』（1253a）のなかで人間を「政治的動物」（ゾーン・ポリティコン）として定義し、「ことばをもつ動物」（ゾーン・ロゴン・エコン）という第二の定義によって補ったが、それはアリストテレスがことばに人間と動物との種差を認めていたからである[7]。ポリスのなかでは、ことばによって、すなわち、説得と討論によって政治が営まれていたが、そのためには相互に理解し合えることが前提となり、方言による違いはあっても、言語の違いは同一のポリスのなかでは想定されていなかったようである。まったく理解できないことばを話す人々とは、ギリシア語を共通語とすることによって意思疎通を図っていた。

グレコ・ラテンの言語的共同支配

一方、紀元前八世紀半ばに建国されたローマは、次第に強大になり、紀元前一四六年にはコリントスの都を焼き、ギリシアを支配するに至ったが、ギリシアをラテン語化することはできなかった。逆に、ローマ人は、ギリシア文化を学ぶ必要があった。キケロ（Marcus Tullius Cicero, B.C. 106–43）は、アテナイで学ぶ自分の息子に、ギリシア語とラテン語という二つのことばを等しく使える力を身につけること、ギリシア文化を十分に摂取することをすすめている。(8)

キケロの時代は、ローマの最盛期であったが、キケロがギリシア哲学から多くを学んだように、ローマ人はギリシア文化から学び、エリートたちはギリシア語とラテン語を話し、雄弁術の教師はギリシア語で教え、多くの著作はギリシア語で書かれた。ローマの東邦では、ギリシア語が優位であり、ローマの政令はラテン語とギリシア語で公布されたように、ローマ帝国は二言語国家であった。東西ローマ帝国への分裂後は、東ローマ帝国（ビザンツ帝国）では、ギリシア語が唯一の共通語となり、それは一五世紀の帝国滅亡まで続いたが、ギリシア語は、ラテン語のように広がりをもつ国際語にはならなかった。(9)

二　中　世

国際語としてのラテン語

西ヨーロッパでは、ローマ帝国の時代から、支配階級は共通語としてのラテン語を話し、民衆はラテン語の強い影響を受けた土着語を話すという二重構造が続いたが、この二重構造は西ローマ帝国が滅びたのちも、西ヨーロッパで続いた。というものも、フランス語、スペイン語、ポルトガル語、イタリア語、ルーマニア語などロマンス諸語は、まだ文章語として確立しておらず、学ぶべき文化的遺産もなかったからである。(10)

学問する者は、文化的遺産をもったラテン語を学ぶしかなかった。また、キリスト教会が超国家的に勢力をもっていたが、キリスト教会の公用語がラテン語であり、中世の学問は聖職者が行い、聖職者はラテン語を学ばねばならなかった。外交や交易のためにも共通語を必要としたが、交渉や契約文書・外交文書はラテン語で書かれた[11]。たしかに、ラテン語は学問や外交の共通語として国際語になったが、注意すべきなのは、民衆がラテン語を習得していたのではないということである。

中世においてラテン語は、民衆の言語ではなくなったが、聖職者や研究者のあいだでは話されていたわけであり、学問に適した言語でもあった。中世のラテン語は十分に生きた言語であり、「人々はラテン語で商取引をしたり、雑談をしたり、冗談を言ったり、喧嘩をしたり、捨てぜりふを吐いたりすることもできた」し、ラテン語は西洋において最も広く使われた文語であり、「最も役に立つ国際語」であった[12]。

ラテン語からみた国際語の条件

重要なのは、たんにラテン語で書かれた文化的遺産があるだけではなく、ラテン語で新しい文献を持続的につくりだしていくことができた点である。これは、基本的にはローマ人が大帝国をつくったことと、ローマ帝国以外の地でもカトリック教会が勢力を拡大していたという下部構造があったからできたことである。「言語とは無関係な政治的軍事的理由があってラテン語が広い地域に広まったのである」が、ラテン語自体に国際語となるにふさわしい条件がそなわっていたとも考えられる[13]。

現代の言語学は言語相対主義の立場をとり、言語に優越をつけないことになっているが、母語の異なる人々に共通に用いられる言語の場合は、すべての言語に移し変えやすい言語であることが望ましく、ラテン語の場合、一字一音であり、発音と文字が単純でわかりやすい点は、国際語として適していたのではないかと思われる。また、ラテン語には、接尾辞や接頭辞、複合することによって新語を造りやすいという利点もあった。「いわば、ラテン語は自己増殖能力を備えた永久機械で、外部からの補給なしで増えつづけることが可能なの[14]」である。もっとも、ラテン語は、格変化など文法が複雑であり、話しことばとして民衆に使われなくなり、時代の変化に適応して語彙を富ましてきたわけではないから、国際語として復活することは不可能に近いことである。

とはいえ、中世のラテン語とその後の事実上の国際語とのあいだには大きな違いがある。ラテン語は、五世紀の西ローマ帝国の崩壊後も書きことばとして発展したが、日常言語としてはロマンス諸語に分化した。もっとも、ラテン語は教会の公用語であり、聖職者はラテン語で意思疎通を図っていた。また、学問の分野ではラテン語で著作が一七世紀ごろまで執筆されていた。ラテン語は民衆の話しことばではなかったから、誰にせよ俗語、すなわち、住んでいる土地の言語のほかにラテン語を学ばねばならなかった点が、英語やフランス語など特定の民族語を国際語として使う場合との決定的な違いである。

ラテン語が国際語となったことが示唆するのは、①ラテン語は基本的には、書きことばとして学ばれ、文献をとおして習得した者同士がラテン語で話し合うことはあっても、日常的に使われる言語ではなかったからこそ、何世紀にもわたって基本構造が変化せずに維持され、媒介言語として機能しえたこと、②ラテン語は、母語のほかに学び、誰しも努力して身につけていくことばであったことである。これら二点は、国際語のあるべきかたちを考えるうえで無視できない要素だと思われる。

三　近代以降

国際語の変遷

中世末期からラテン語の国際支配が揺らぎ始め、一七―一八世紀においてフランス語がドイツ、ロシア、ポーランド、スカンジナヴィア諸国、ハンガリーなど非ラテン系圏で覇権を握り始めた。ラテン語が衰退したのには、①ルネサンスの時期に古典時代のラテン語に戻ろうとしたため高尚なものになってしまったラテン語は、新興階級の実用や新しい文化の要求に対応しにくいものとなり、近代的な世界から切り離されてしまったこと、②印刷術の発明によって、印刷業者や著述業者はできるだけ多くの読者を手に入れようとして俗語、すなわち民族語によって出版するようになったこと、③宗教改革が「カトリックの言語」であるラテン語に打撃を与え、民衆は民族語に訳された聖書にじかに触れることができるようになったこと、などの理由があげられる(15)。

ラテン語が衰退し始めると、ラテン語に取って代わって一五世紀末からフランス語が台頭してきた。これは、もちろん相対的にフランスの国力が大きかったとしても、政治的・軍事的な力を背景にした言語帝国主義によるのではなく、文化的優越性によるものであった。一七世紀には、フランス語がドイツ、イギリス、オランダ、北欧三国とポーランドを席巻した。各地にフランス語の学校が設立され、外国人同士のあいだでのフランス語での文通、フランス語の新聞雑誌の創刊、数多くのフランス語の出版物と翻訳がフランス語を母語としない地域で行われた。一八世紀には、フランス語は「王侯貴族のことば」として機能し、パリを訪れることは、いわばメッカへの巡礼になった。特にロシアはそうであり、スウェーデン、デンマーク、ポーランド、ハンガリー、ルーマニアの各国でもフランス語は普及した。ドイツでもフランス語学習熱は根強く、多数のフランス語単語がドイツ語に採り入れられた。フランス語は、国際語としてのピークに達したが、これも上流階級だけの現象で、宮廷間の共通語でしかなかった[16]。

一九世紀になると各国はナショナリズムの傾向が強まり、自国語の使用への主張が強くなるとともに、イギリスの世界帝国としての覇権とアメリカ合衆国の台頭により、フランス語の衰退、英語優位の兆しが現れた。一九―二〇世紀にかけて国際語はフランス語から英語に変わっていった。英語は、それ以前から広がっていたが、それは、アメリカ合衆国の建国によって英語が新大陸にも広がっていったからでもあるが、初期近代からのイギリスの科学的・思想的先進性によるところも大きい。英語は、一七世紀以降の植民の時代から世界各地で使われるようになったため、国家権力によって文字が変えられたり、正書法が変えられたりすることがなく、慣用を重視した発展がなされたこと、英語自体がフランス語やラテン語の影響を受けて発展してきたというクレオール性があった。英語は慣用的表現が多く発音が不規則だが、国際語として広く使われるようになったのは、英語を第一言語として使用する国の政治力、軍事力、経済力、および科学技術の先進性による。第一次世界大戦後、イギリスの国力は衰えるが、これに代わってアメリカが経済力、軍事力、政治力をつけるとともに、科学技術の発展を牽引し、英語の主要基盤としての役割を担い始める。第二次世界大戦後は、アメリカが超大国として自由主義的資本主義国に君臨することにより、英語支配の構造が強まっていった。

哲学言語・普遍言語の探求

近代においては、事実上の国際語とは別に、人為的に言語をつくって異言語話者間のコミュニケーションを実現しようという試みが顕著になされるようになった。計画言語の創案は古代からあったが、一七世紀以降が多いのは、ラテン語の覇権的な影響力が薄れたからである。これまでに創案された言語案は一〇〇〇を超えると推定され、数の上では一七世紀も多かったが、一九世紀後半から二〇世紀前半にピークがあった。一七世紀につくられた計画言語は「哲学言語」と呼ばれる先験言語（アプリオリ言語：既成の民族言語をまったく参照にせず、数字やアルファベットなど普遍コードを活用して構築された言語）であり、一九世紀後半以降につくられた計画言語の多くは「国際共通語」と言われる後験言語（アポステリオリ言語：既成の言語から材をとって構築された言語）である。(17)

フランシス・ベーコン、デカルト、ライプニッツ、コンディアック、コンドルセら哲学者が普遍言語を追求したのは、数学のような合理的な体系で構成される言語が構築できたら、人類文明の発展に寄与することになると考えたからである。一六世紀から一七世紀にかけて合理主義や経験論の発展の下で普遍言語（完全言語）が追求されたが、その多くは構想や言語案にとどまっていた。デカルト（René Descartes, 1596–1650）は、一六二九年一一月二〇日にメルセンヌ神父宛ての手紙で、普遍言語の考案は、「人間のあらゆる思考を枚挙し、それらを順序づける」真の「哲学」に依拠しなければ不可能であり、そのような哲学を確立したあとで一つの普遍言語の構築が期待でき、その言語は「学び、発音し、書くのにとても容易であり、その肝要な点は、あらゆる事物を、誤ることがほとんどありえないほど判明に表示して、判断の助けとなりうるようなものです」と述べている。(18)デカルトの発想が重要なのは、①規則性、②習得の容易さ、③明晰性、という国際語の条件を明らかにしているからである。もっとも、デカルトにとって、普遍言語は「先験的な哲学的体系であり、決して既存の自然言語やその構造とは結びつかない」(19)ものであった。デカルトは、このように規則的で合理的な言語としての普遍言語に関心をもったが、実用可能な言語として構築できるとは考えていなかったようである。(20)

しかし、実際に普遍言語を構築しようとした思想家もいた。ライプニッツ（Gottfried Wilhelm Leibniz, 1646–1716）がその代表的存在であり、彼は二つの方向で普遍言語を探求した。ライプニッツは、一六六六年に発表した論文「結合法論」以来、文字と記号とを組み合わせ、論理を代数学的に表すことができれば、哲学の諸問題も数学と同じ方法で解決できるはずだという考えを展開していった。(21)諸概念をそれ以上に細分化できない基本要素に還元したうえで、それぞれに単純な記号を当てはめ、その記号を論理的に結合して意味ある文を生成するという構想である。それは、数字で表すことによって、演算と同じ方法で、新しい概念を生成させたり、発展させたりすることができるはずだ、という考えからである。ライプニッツは、この考えを完成させることはできなかったが、コンピュータ言語につながっていく構想であった。他方で、ライプニッツは、コミュニケーション可能な人工言語を考案しようとして、ラテン語を整備することによって、哲学言語のための論理的な文法構造を生み出そうと様々な試みをしたが、これも完成させることはできなかった。しかし、ライプニッツがラテン語における屈折変化を不要なものとして避けるべきだとした点は、のちの後験言語案につながる考え方であり、注目される[22]。

一八世紀になっても普遍言語への関心が衰えることはなかった。フランスの啓蒙主義者たちは理性による人類の進歩を目指していたので、民族語に見られる不規則性は克服すべきものと認識されたのである。コンドルセ（Condorcet, 1743-1794）のように未来に向かって人間性の完成を目指した思想家は、普遍言語の問題を重視した。コンドルセは、『人間精神進歩史』（一七九三年執筆）のなかで普遍言語を「記号によって、実在する事物なり、はっきり定まった事物の集合――それは単純にして普遍的な観念によって構成せられるので常に同一であり、何人の悟性のうちにも同じように構成することができる――なりを表現するものであり、さらにまた、これらの観念間の一般的関係なり、人間精神の作用なり、各科学または技術の過程に独自な作用なりを表現するものである[23]」と規定している。コンドルセは、実際に普遍言語を構築しようとしたわけではないが、真理に近づく方法として普遍言語が必要だと考えたのであり、このような認識は人間の完成可能性の思想に裏打ちされていた。

とはいえ、普遍言語が完成しなかったのは、ライプニッツの場合に明らかなように、言語の記号性にこだわったからである。たしかに、民族語（歴史的言語）の欠点として、長い時間をかけて発展してきたために、語彙はどうしても多義的になり、文脈で判断しないと意味を確定できないことがあるが、逆に、意味が連想しづらい記号体系では、人間が考えたり話したりできる言語にはならないのである。話者の共同体が成立するには、規則的な文法と造語法によって基本単語から派生語を簡単に造り出し、覚えやすい構造を具えていなければならない。もっとも、「思考の数学化」に基づく普遍言語探求の歴史は、論理の数理化を経て二〇世紀におけるコンピュータ言語の発展につながっていくように[24]、文字言語としての人工言語の可能性を開いた。一九世紀には数字と同じように普遍的コードである音階を使った音楽言語の創案・普及もなされ、それでもある程度の意思疎通は可能だった[25]が、複雑な観念や思考を伝えることはできないという限界があった。様々な試みがなされ、現在でもなされているが、異言語集団間のコミュニケーションの必要が高まるにつれて、後験的な国際語の考案によって日常言語と同じレベルでの国際的な相互理解を図ろうという試みが主流になった。

国際語の思想と運動

一九世紀後半から二〇世紀前半にかけて、国際語としてのフランス語の衰退が起こり、国際語の地位をめぐってフランス語、英語、ドイツ語、ロシア語など大国の言語が拮抗する状況が生まれた。そのような状況のなかで一九世紀後半にヴォラピュク（Volapük は「世界語」という意味）やエスペラント（Esperanto は「希望する人」という意味）という人工国際語が発表されると、注目を集めた。というのも、この時期は、国民国家の形成発展期であり、言語問題が解決すべき問題として認識されていたからである。言い換えれば、一九世紀後半になると、地球的な規模での接触が頻繁になり、「ことばの壁」が切実に感じられるようになる一方で、ヨーロッパ諸国が独立に伴い、大国の言語に依存せず自国語を整備していた。そのような状況のなかで、新しく生まれた言語のあいだの橋渡し言語、すなわち、各国語を媒介する共通語を求める声が高まり、「これまでのできあいの、いわば確立されたことばをたよりにするのではなく、もっと対等の意識にめざめた、新しい国際共用語」への期待が広がっていた[26]。国民国家の発展期にあって、科学技術の発展も、政治経済の発展もしのぎを削り、一極集中の構造が崩れていた時期である。つまり、勢力均衡によって平和が維持されている時代状況のなかで、特定の国の言語に特権的な地位を与えることはできない状況があったのである。一八六〇年頃から「国境を越えて交信が頻繁になるにしたがって、言語の障壁が有効な交信を妨げていることが明白になった。英語が世界中で広く使われるようになるのはまだ先のことで、さしあたってこの障壁を打破する解決策は人工言語にあると思われた[27]」のである。

国際語が考案されただけでなく、運動として普及したのは、人類の相互依存・相互理解を促進することによって平和を実現しようという意識が高まっていたからである[28]。とりわけエスペラントは、ユダヤ人として差別と迫害に苦しんだザメンホフ（Lazaro

Ludoviko Zamenhof, 1859-1917）が民族間の相互理解のための「中立的な基盤」となることを願ってつくった言語であり、国境を越えた友情と連帯を築こうという理想主義を伴った言語運動として展開していくことになった。これまでに国際語運動を形成しえた言語としては、一八七九年に発表されたヴォラピュク、一八八七年に発表されたエスペラント、一九〇七年にエスペラントを改造してつくられたイド（Ido）、一九五一年に国際補助語協会（International Auxiliary Language Association: IALA）が発表したインテルリングア（Interlingua）などがあるが、このうち持続的に発展してきたのはエスペラントだけである。[29]

では、なぜエスペラントだけが発展しえたのかと言えば、エスペラントの創始者ザメンホフの民主的性格、時代背景、言語構造によるところが大きいと思われる。エスペラントは、その創始者ザメンホフが徹底して民主的に振るまった点が、ほかの計画言語の創始者とは違っていた。ヴォラピュクの創始者シュライヤー（Johann Martin Schleyer, 1831-1912）が作者としての権利を主張したのとは対照的に、ザメンホフがエスペラントに関する「あらゆる個人的権利を放棄する」[30]と宣言し、言語の発展を使用者大衆に委ねたことが、エスペラントの発展に大いに役立った。「エスペラント運動におけるザメンホフの個人的な権威の意義はほとんど否定しえない」[31]と言われるように、創始者の民主主義的な権威と、言語の基本構造を「不可侵」にしたことが[32]、言語の発展に安定性を与えたのである。

エスペラントによって文学作品を生み出せるだけでなく、国境を越えたコミュニケーションが容易になることは、エスペラント運動の初期の段階から確認されてきた。エスペラントは、国際語や国際交流に関心をもつ人々に学ばれるだけでなく、社会運動のなかでも活用され、同志的連帯のための言語としても用いられてきた。特に両大戦間において、労働者運動が国際連帯のためにエスペラントを用いたことが、エスペラントへの社会的注目を呼び起こした。重要なのは、エスペラントが国境を越えた友情や連帯を形成してきただけではなく、様々な社会運動で活用され、平和や環境、差別や人権など社会問題に関する市民レベルでの情報交換・意見交換にも重要な役割を果たしてきたことである。[33]

しかし、ナチス体制下では、エスペラントは「ユダヤ人と共産主義者の言語」として禁止され、エスペラント運動は迫害された。[34]ほかの排外主義的な体制の下でも、エスペランチストが迫害されたのは、国外と文通するだけでも危険視されたからである。スターリニズムの下でもエスペランチストは「外国と連絡のある市民」というカテゴリーに入れられ、殺害された者も数多くいた。[35] 国家主義的、全体主義的になっていく政治状況のなかでは、国家を突き抜けようとする内在的論理をもつエスペラントは、「危険な言語」とみなされたのである。

第二次世界大戦後は、アメリカとソ連を二極とする東西対立が激化し、冷戦を背景に超大国の言語が覇権言語となるなかで、米ソに対する反発が強かった東欧諸国、中国、イランなどで、エスペラントが広まった。東欧諸国の場合は、ソ連によるロシア語の押しつけに対する反発として、中国やイランの場合はアメリカの覇権的支配に対する反発として普及したという側面もある。計画言語の盛衰は、こういった国際政治の状況と無関係なわけではないのである。

四　現代における論争

国際語の理念と現実

社会言語学の発展によって、自然言語と言われてきた民族語においても人為性、すなわち人工的な要素は認められるのであり、社会言語学者のデトレフ・ブランケが「自然言語と人工言語を対峙させることは、言語一般の本質把握、わけても計画言語の理解を困難にする」[36] と述べているように、国際交流のために人為的に構築された言語を計画言語と呼ぶようになってきた。事実上の国際語として広く機能してきたのは、大国の言語、すなわち覇権言語であるが、一方で、理念的には国際語は計画言語（人工語）であるべきと考えられてきたのであり、エスペラントのような計画言語が民族言語よりも国際コミュニケーション手段として優れている理由の一つとして、時代や地域による言語分化が起こりづらいことがあげられる。民族語は変化し続けるという特質があるが、エスペラントは、「その他の生きている言語と同様に、使われている間にゆっくりと変わっていくかもしれないが、そういう変更は根本的改革ではなく部分的発展だというべきだろう」[37] と言われる。というのも、「国際コミュニケーションの手段として各言語共同体の枠組みを超えて使用することを目指す言語にとって、時代と地域による言語変化は致命的な欠陥となりかねない。いつ、どこでも同じように流通するのが国際語の理想だからである[38]」。

もっとも、英語やフランス語も変化が少なく、政治権力によって変えられてこなかったのは、これらの言語が近代以降、国際的に用いられてきたことと関係している。一国で言語を変えてしまうと、国際語としての地位を失うことになるからである。つまり、国際的なコミュニケーションの役に立つ言語であり続けるためには、特定の民族を超えて使いやすくしておく必要があり、使用者の慣用を重視する発展の道をとってきたのである。現代において、イギリス英語とアメリカ英語のあいだには微妙な違いはあるが、コミュニケーションは十分可能である。それは一九世紀以来の通信、運輸の発達によって同じ言語圏の人々のあいだでの交流が頻繁に行われてきたためである。出版物や映画、テレビなどが言語使用を分化させずに保つ要因にもなっている[39]。しかし、母語集団が言語使用の規範を形成しており、第二言語として学ぶ人々は母語使用者の用例に倣って使用せざるをえないというのが実情である。

国際語が理念的には計画言語であるべきだと考えられるのは、田中克彦が示唆するように、①計画言語は、基本的には誰しも母語のほかに学ぶことばだから、特定の民族を有利にすることはない。「たとえば、もし英語を世界共通言語に指定したとすれば、こどもの時からそれに慣れ親しんだ人を絶対的に有利にし、そうでない人たちは、そのことばを使えないだけで決定的に不利になる[40]」、②誰にとっても学びやすく、表現力が豊かで、使いやすい言語が望ましい、という二つの理由による。学びやすい言語であるためには、文法が規則的で、語彙が覚えやすくなければならない。

哲学言語や普遍言語と呼ばれるものは言語案にとどまっていたし、ヴォラピュクは②の条件に適合せず、エスペラントは、これまで発表された計画言語のなかではこの二つの条件を最もよく満たしていたと考えられる。ロシアの詩人、エロシェンコ（Vasiliy Yakovlevich Eroshenko, 1880–1952）が、目が見えないにもかかわらず、エスペラントをきわめて短期間で習得し[41]、普及・活用したように、エスペラントは話しことばとしても十分に機能してきた。もちろん、エスペラント以外の可能性がないということではなく、イドやインテルリングワも話しことばとして機能し、小規模の話者共同体を形成した[42]。しかし、エスペラントとほかの計画言語との大きな違いは、例えば、イドが委員会によって言語が変えられてきたのに対し、エスペラントの場合、言語の基本構造は変えられずに維持され、用語法や単語は、使用者の言語感覚を尊重するとともに、多くの人が使うことによって定着したものが残っていくという、言語民主主義的な慣行が確立したことと、実用していくなかで言語を発展させていく道をとったことにある。

とはいえ、エスペラントに対しては、語彙の多くをヨーロッパの諸言語からとっているので、ヨーロッパ的であるという批判と、歴史的言語とは違って固有の文化をもたないという批判が根強く存在する。前者の批判については、ある程度当たっているとも言えるが、既存の言語から材をとるとしたら、ある種の選択を行わざるをえないことは誰しも否定できないであろうし、逆に、エスペラントは、文法の規則性・論理性という核心部分では、ヨーロッパのラテン語系の言語のように屈折語的ではないという反論もなされている。(43)後者については、計画言語でも世代を超えて使われるなら文化が生まれ、特定の言語文化に依存しない国際文化が形成されていくのであり、実際に、エスペラントの場合も長年にわたる実用のなかで、民族性を超えた文化を形成してきたと言える。

英語支配をめぐって

現在、グローバル化のなかで加速されているのは、移民社会化であり、国際交流である。国内においても多言語社会が到来し、民主主義を多言語社会という前提の上で考えなおしていく必要に迫られている。

グローバル化のなかで英語支配が進んでいるが、金融や経済、科学や情報、軍事での米英の先進性が英語支配を下支えしているのであり、この傾向は続きそうだという判断があるから、非英語圏の人々は最も汎用性のある英語を選択しているのだと言えよう。「英語が国際語であるのは、英語の有する言語共同体が大きいからではなく、むしろ、英語が、軍事、経済、技術、科学上、高度に発達した世界勢力のことばだからである」(44)。別の言い方をすれば、かつてのラテン語やフランス語が果たした役割を、現在、英語が果たしているにすぎず、英語が科学やビジネスのことばになることにより、英語支配が促進されているのだが、科学やビジネスの場合、できるだけ早く成果を伝えたり、商談を成り立たせたりすることが重要であり、現実的に対処せざるをえないことは、否定できない。

冷戦終結後の一九九〇年代からは、グローバル化が飛躍的に進み、市場化が進み、言語選択においてはインターネットの普及もあいまって英語の覇権言語化が進んでいるが、このような状況に対して、ロバート・フィリプソンは、英語の他文化抑圧的機能を言語帝国主義として批判している。[45] 津田幸男の英語支配批判も、英語の文化帝国主義的側面に対する批判が中心である。[46] しかし、英語帝国主義といっても、かつて日本が植民地とした台湾や朝鮮半島で日本語を強制したように、アメリカが英語を押しつけているわけではなく、非英語国民の多くがみずから進んで英語を学んでいるのであり、英語は少数者が自己主張する際の有効な手段にもなっているので、言語帝国主義には当たらないという反論もなされている。[47]

こういった言説に対しては、少数者が英語を学ぶのには、「〈自発性〉をよそおった支配・強制の構造」が隠されているのであり、また、英語で発信できるのは被抑圧者のすべてではなくエリートになりうる環境や能力をもった人々にすぎない、と批判される。[48] もちろん、ある専門分野で熟練しようとするなら、その分野で最も多く使われている言語を習得することは合理的なことだが、市民団体の会議や国際団体における議論の場でも、英語が当然のように使われ、英語使用を義務づけられるとしたら、問題であろう。公正さが問われる政治社会においては、民主的なコミュニケーションが求められるべきであり、現実を無批判に受け入れる現実主義的な対処の仕方は、不公平な現状の固定化につながるのではないか、ということである。

グローバル化の下で強固になった英語支配に対抗するには、言語権や言語民主主義の理念に注目し、国際コミュニケーションにおける言語的不平等や言語差別を批判していく必要があるだろう。言語権とは、集団的には少数言語集団が母語を使い続ける権利であり、個人としては使用言語を選択しうる権利である。言語民主主義とは、言語帝国主義や言語ナショナリズムと対立する概念であり、民主的なコミュニケーションの権利を求め、公的な場では通訳を介してでも母語で話す権利を保障するとともに、国際コミュニケーションの場では計画言語によるコミュニケーションの可能性を追求することを意味している。[49] 地球的な規模で民衆が交流し合うことが可能になった現在、地球社会の多言語的環境を維持するためにも、公正なコミュニケーションのあり方を求めていくべきである。[50]

おわりに

未来志向的に考えて、地球民主主義が成り立つとしたら、多民族・多言語の地球社会においてであることに留意しなければならない。というのも、グローバル化の下での市場化が英語支配に拍車をかけてきたが、国連では、二〇一四年現在、英語、フランス語、ロシア語、中国語、スペイン語、アラビア語が公用語となっており、現在二八カ国で構成されるEUでは多言語主義を採用し、二四言語が公用語になっているので、市場原理だけで国際語が決まっていくとは考えにくいからである。

新渡戸稲造（一八六二―一九三三）は、国際連盟の事務次長として一九二一年七月にプラハで開かれた第一三回世界エスペラント大会に参加して、労働者がエスペラントを交流言語として活用し、意見交換している様子を見て、感銘を受け、国際連盟に提出した報告書にそのことを記した。新渡戸は、エスペラントが「国際民主主義の原動力」になることを期待し、学校教育へのエスペラント採用の可能性についての検討を、国際連盟に要請したのである。(51)

新渡戸の生きた時代から一世紀近くが経過し、地球社会は現実のものとなり、人々が国家や団体を代表してではなく、個人として自由に交流する機会が格段と多くなってきた。ふつうの市民が国家や民族の枠を超えて環境、平和、人権に関わる諸問題について自由に意見交換できる世界公共圏の形成が、地球民主主義の前提になると思われるが、その際重要なのは、国境を越えて交流するための言語をどうするのかという問題である。国際語の歴史と理念から言えるのは、英語支配がいつまで続くかは、その背景となっている英語国の経済力や軍事力が低下していくかどうかと、(52)言語権や言語民主主義という理念が広く受け入れられるかどうかにかかっているということである。それゆえ、長期的な見通しのなかで、公正で民主的な国際コミュニケーションのあり方を探求するとともに、世界中の人々が対等な立場で情報交換・意見交換できるような国際言語秩序を構築していくべきであろう。

注

（1）「創世記」第一一章（『聖書』〔旧約聖書の部〕新共同訳、日本聖書協会、一九八八年）一三―一四頁参照。西洋世界において聖書の影響は大きく、アダムが神から授かったことばだとされる、人類の祖語の探求は、完全言語（普遍言語）の探求につながった（ウンベルト・エーコ『完全言語の探求』上村忠男・廣石正和訳、平凡社、一九九五年、二九―五一頁参照）。

（2）英語支配がもたらす「コミュニケーションの不平等と差別」については、津田幸男『英語支配とことばの平等』（慶應義塾大学出版会、二〇〇六年）二九―四七頁、本多勝一『「英語」という〝差別〟「原発」という〝犯罪〟』〔貧困なる精神24集〕（金曜日、二〇一一年）一一―五五頁参照。

（3）「エス」はエスペラントの略。媒介言語、リンガ・フランカ（通商語、共通語）が一定地域内で使われる言語も含む概念であるのに対し、国際語は世界中で使われる言語を意味する。計画言語（人工国際語）は、クレオール（混成言語）や事実上の国際語（英語、フランス語など）とは違って、第一言語話者が基本的にはいないので、国際コミュニケーションの「平等化」の機能をもつ、と考えられる。

（4）例えば、デイヴィッド・クリスタル『地球語としての英語』（國弘正雄訳、みすず書房、一九九九年）七―三七頁参照。

（5）二木紘三『国際語の歴史と思想』（毎日新聞社、一九八一年）一三頁参照。

（6）ピエール・ビュルネー『国際語概説』（和田祐一訳、白水社〔文庫クセジュ〕、一九六四年）一三頁参照。

（7）アリストテレス『政治学』（牛田徳子訳、京都大学学術出版会、二〇〇一年）九―一〇頁参照。

（8）キケロー「義務について」『キケロー選集9　哲学II』（高橋宏幸訳、岩波書店、一九九九年）一二七―一二八頁参照。

（9）『国際語の歴史と思想』一四―一六頁参照。

（10）同書、一六頁参照。

（11）同書、一七頁参照。

（12）『国際語概説』一七頁参照。

（13）小林標『ラテン語の世界――ローマが残した無限の遺産――』（中央公論新社〔中公新書〕、二〇〇六年）二一一―二一二頁参照。

（14）同書、一一四頁。

（15）『国際語概説』一七頁参照。

（16）同書、一八―二三頁参照。
（17）タニヒロユキ「計画言語の類型論」（木村護郎クリストフ、渡辺克義編『媒介言語論を学ぶ人のために』世界思想社、二〇〇九年所収）二七七―二七八頁参照。
（18）デカルト『デカルト全書簡集　第一巻（一六一九―一六三七年）』（山田弘明ほか訳、知泉書館、二〇一二年）八九頁。
（19）E. Drezen, *Historio de la Mondolingvo: tri jarcentoj da serĉado*, la unuan Esperanto-eldonon de la verko tradukis, prilaboris kaj redaktis N. Hohlov kaj N. Nekrasov, 3a eldono〔第三版〕(Pirato, 1967), p. 28.
（20）ジェイムズ・ノウルソン『英仏普遍言語計画――デカルト、ライプニッツにはじまる――』（浜口稔訳、工作舎、一九九三年）一〇一頁参照。
（21）ゴットフリート・ヴィルヘルム・ライプニッツ「結合法論」（『ライプニッツ著作集　1　論理学』澤口昭聿訳、工作舎、一九八八年所収）一一―五二頁参照。
（22）P. E. Stojan, *Bibliografio de internacia lingvo* (Universala Esperanto-Asocio, 1929), p. 39-41、二木紘三『国際共通語の夢』（筑摩書房、一九九四年）四六―四九頁参照。
（23）コンドルセ『人間精神進歩史　第一部』（渡邊誠訳、岩波書店［岩波文庫］、一九五一年）二八一頁。
（24）『国際共通語の夢』一五四―一七六頁参照。
（25）ジャン・フランソワ・シュドルが一八一七年に発表した世界音楽語ソルレソル（Solresol）でも、「話し、書くこと」はできたが、「七音だけの組み合わせでは、擬似音の頻出はまぬがれず、アクセントの位置を少し変えただけで単語の意味が変わってくるというのでは、よほど訓練を積んだ人でないと使いこなせない」ものだった（同書、五六―五八頁参照）。
（26）田中克彦『ことばとは何か――言語学という冒険――』（筑摩書房［ちくま新書］、二〇〇四年）七三頁参照。
（27）アンドリュー・ラージ『国際共通語の探求――歴史・現状・展望――』（水野義明訳、大村書店、一九九五年）一二七―一二八頁。
（28）ザメンホフが民族間の相互理解による平和実現という願いをもっていたことはよく知られているが、シュライヤーも「ヴォラピュクが人類統一に貢献し、世界平和を促進すると予想した」と言われる（同書、二四〇頁）。
（29）L・L・ザメンホフ「民族と国際語」一九一一年（『国際共通語の思想――エスペラントの創始者ザメンホフ論説集――』水野義明編・訳、

新泉社、一九九七年所収）一二二―一二三頁参照。

（30） L.L.Zamenhof, *Unua etapo de Esperanto: 1878-1895* 〔Iom reviziita plena verkaro de L.L. Zamenhof, originalaro; 1〕(Ludovikito, 1989), p. 82.

（31） Peter G. Forster, *The Esperanto Movement* (Mouton, 1982), p. 146.

（32） *Idid.*, p. 112 参照。ザメンホフは、「一六か条の文法」と「基本語彙集」と「練習文例」を合わせて『エスペラントの基礎』として、一九〇五年に仏・英・独・露・ポーランド語の五カ国語で出版し、その「序文」のなかで「エスペラントの基礎」が「不可侵」とされていることがエスペラントの発展を保証してきたし、「これからも順調・平穏に前進していくための最大の条件」になると述べている（L・L・ザメンホフ「『エスペラントの基礎』への序文」一九〇五年、『国際共通語の思想――エスペラントの創始者ザメンホフ論説集――』所収、一四九頁参照）。

（33） エスペラントは、市民レベルで、原爆の被害を世界中に知らせたり、環境問題・住宅問題などについて国際的な調査や情報交換・意見交換を行ったりすることにも活用されてきた（「日本エスペラント運動史年表」、柴田巌・後藤斉編、峰芳隆監修『日本エスペラント運動人名事典』ひつじ書房、二〇一三年、五六六―五八九頁参照）。

（34） Ulrich Lins, *La danĝera lingvo: studo pri la persekutoj kontraŭ Esperanto* (Bleicher, 1988), p. 91-156 参照。

（35） *Samloko* 〔同箇所〕, p. 388-433 参照。

（36） Detlev Blanke, *Internationale Plansprachen: Eine Einführung* (Akademie-Verlag, 1985), S. 26-27.

（37） 『国際共通語の探求――歴史・現状・展望――』一一三頁。

（38） 奈蔵正之「国際コミュニケーションと言語（2）――「国際言語民主主義」は可能か――」『弘前大学コミュニケーション研究会年報』第二号（二〇〇二年）八七頁。

（39） R・M・W・ディクソン『言語の興亡』（大角翠訳、岩波書店〔岩波新書〕、二〇〇一年）一四七頁参照。

（40） 『ことばとは何か――言語学という冒険――』七一頁。

（41） エロシェンコは、一九一一年に一カ月手ほどきを受けただけで、エスペラントを自由に話せるようになったという（高杉一郎『夜あけ前の歌――盲目詩人エロシェンコの生涯――』岩波書店、一九八二年、五四頁参照）。

（42）Detlev Blanke, "Vom Entwurf zur Sprache," in Klaus Shubert（ed.）, *Planned Languages: From Concept to Reality*（Hogeschool voor Westenschap & Kunst, 2001）, p. 67 参照。

（43）クロード・ピロン『エスペラント語の位置測定――ヨーロッパ語かアジア語か?――』（水野義明訳、名古屋エスペラントセンター、一九八一年）五〇―五一頁参照。ヨーロッパの言語といっても多様なのだから、エスペラントの「ヨーロッパ性」というのは、語彙などの表面レベルから形成された「言語イメージ」という側面が強い（タニヒロユキ「計画言語の諸類型」、二九四頁参照）。

（44）フロリアン・クルマス『言語と国家――言語計画ならびに言語政策の研究――』（山下公子訳、岩波書店、一九八七年）二四〇頁。

（45）ロバート・フィリプソン『言語帝国主義――英語支配と英語教育――』（平田雅博ほか訳、三元社、二〇一三年）六二―八一頁参照。

（46）津田幸男『英語支配の構造――日本人と異文化コミュニケーション――』（第三書館、一九九〇年）二三―五九頁参照。

（47）フィリプソンの英語帝国主義論に対する批判としては、船橋洋一『あえて英語公用語論』（文藝春秋［文春新書］、二〇〇〇年）九四―一〇一頁参照。

（48）かどや・ひでのり「言語権から計画言語へ」（ましこ・ひでのり編『ことば／権力／差別――言語権からみた情報弱者の解放――』三元社、二〇〇六年）一一二―一一三頁参照。

（49）寺島俊穂『エスペラントと平和の条件――相互理解と言語民主主義――』（日本エスペラント図書刊行会、二〇一一年）九―五一頁参照。

（50）「国際語エスペラント運動に関するプラハ宣言」（一九九六年、略称「プラハ宣言」）は、エスペラント運動が「民主的コミュニケーション」を求める運動であることを明記している（http://www.jei.or.jp/hp/materialo/prago_j.htm 二〇一四年三月二〇日閲覧）。

（51）Nitobe Inazo, "Esperanto and the Language Question at the League of Nations,"（August 31, 1921）, in Mark Fettes kaj Suzanne Bolduc（redaktoroj）, *Al lingva demokratio: Aktoj de la Notobe-Simpozio de Internaciaj Organizaĵoj, Prago, 20–23 julio, 1996*（Universala Esperanto-Asocio, 1998）, pp. 62–78 参照。

（52）河原俊昭は、現代のアメリカの覇権も一時的な現象であり、「有力言語同士が拮抗状態になれば、エスペラントのような中立的な言語にチャンスがまわってくる可能性があります」と述べている（「英語が国際共通語になったので、人工国際語であるエスペラントは、現代ではもう意義をなくしたと言われますが、その通りでしょうか?」という問いに対する回答、河原俊昭・山本忠行編『多言語社会がやってきた――世界の言語政策Q&A――』くろしお出版、二〇〇四年、一九一頁）。

参考文献

P. E. Stojan, *Bibliografio de internacia lingvo* (Universala Esperanto-Asocio, 1929).
国際語に関する文献を網羅し、概説している。

ピエール・ビュルネー『国際語概説』(和田祐一訳、白水社［文庫クセジュ］、一九六四年)。
国際語の歴史について概説している。簡潔に、要点を押さえている。

Detlev Blanke, *Internationale Plansprachen: Eine Einführung* (Akademie-Verlag, 1985).
社会言語学の視点から国際計画言語について理論的に考察している。自然言語、人工言語という区別に代えて、民族言語と計画言語という概念区分を提唱した先駆的研究。

Ulrich Lins, *La danĝera lingvo: studo pri la persekutoj kontraŭ Esperanto* (Bleicher, 1988)［『危険な言語――迫害のなかのエスペラント――』栗栖継訳、岩波書店［岩波新書］、一九七五年の原著の増補版］.
エスペラント運動の歴史を詳述している。エスペラント運動がナチス政権下のドイツで迫害されただけでなく、スターリン政権下のソ連でも弾圧された事実を明るみに出している。

津田幸男『英語支配の構造――日本人と異文化コミュニケーション――』(第三書館、一九九一年)。
国際コミュニケーションにおける英語支配批判の代表的著作。

二木紘三『国際共通語の夢』(筑摩書房［ちくまプリマーブックス］、一九九四年)。
国際共通語をつくろうとしてきた試みの歴史を多面的かつ簡潔にまとめている。

L・L・ザメンホフ『国際共通語の思想――エスペラントの創始者ザメンホフ論説集――』(水野義明編・訳、新泉社、一九九七年)。
ザメンホフの論文「国際語思想の本質と将来」(一九〇〇年)などを収録。ザメンホフが一九〇五年から一九一〇年までの世界エスペラント大会で行った演説も収められている。

小林標『ラテン語の世界――ローマが残した無限の遺産――』(中央公論新社［中公新書］、二〇〇六年)。
ラテン語の言語的特質について概説している。

田中克彦『エスペラント――異端の言語――』(岩波書店［岩波新書］、二〇〇七年)。

言語学の立場からエスペラントを考察した書。エスペラントの歴史や思想をとおして、言語の本質に迫っている。

木村護郎クリストフ、渡辺克義編『媒介言語論を学ぶ人のために』（世界思想社、二〇〇九年）。
現代世界における媒介言語の実態を多面的に取り上げ、分析している。

おわりに

グローバル化の進展の中で、主権国家と国家システムの限界が指摘されるようになって久しい。また学問の世界で、主権国家パラダイムの変革が求められるようになってからも十数年が経っている。

もとより狭義の国際政治学は、すぐれて「近代的な」学問であった。それは、国益との関連で外交戦略を論ずる政策学、あるいはヨーロッパの諸国家間の均衡を扱う地政学として一八世紀に台頭した。さらに二〇世紀前半より、イギリスにおいて「平和学」としての要素が付け加わり、戦後に学問の中心がアメリカに渡って体系化、精緻化され、のちに安全保障論、政治経済論などへの分岐が進んで今日の形態になった。

近代的な学問であるという意味では、アリストテレス革命、マキアヴェリ革命、自由主義革命、行動論革命などを経験している「政治学」とは異なり、国際政治学が大きな革命やパラダイムの変革を経験したことは余りない。政治学が概念を再検証するために古代や中世に手掛かりを求め、「古典に返る」動きをしばしばみせるのに対して、国際政治学でそのような動きが起らないのは、その学問の近代的な成り立ちに原因があるのかもしれない。

本書では、近代的なパラダイムを相対化することをも視野に収めて、あえて政治思想や政治理論の専門家を執筆者に多く加え、国際政治の主要概念について、その近代以前の由来、定義、変遷、およびそれにまつわる論争をフォローしてもらった。それもひとえに、国際政治学の近代的性格やその限界を、明るみに出してもらうためであった。

実際に執筆者の多くは、主権、外交、国際法、安全、帝国、秩序などといった代表的概念が現実の変化を捉え切れなくなっている点を指摘しつつ、それらに代わり得るものが何かをも検討している。保護する責任、パブリック・ディプロマシー、人間の安全保障、国際立法、ケイパビリティーなどの最新の概念にも言及がなされていることは、本書の相対的な利点であるといってよいだろう。

国際政治学で革命が起こるとすれば、とくにグローバル・デモクラシー、ジェンダー、環境、開発、異文化コミュニケーションなどのイシューが、新たに学問の中心対象に加えられることになるかもしれない。本書では紙幅の関係でこれらの点に詳しく触れることができなかったが、執筆者たちが、別のプロジェクトでこれらの論点を追究してくれることを期待するほかない。

本書が、政治理論や思想の研究を志すものに対しては、新鮮な国際政治のパースペクティヴを与え、さらに、国際政治の研究を志すものに対しては、歴史的、思想的な深みを与えるものとなることを願って止まない。

二〇一五年一月

押村　高

〈マ・ヤ行〉

〈ラ・ワ行〉

〈サ　行〉

〈タ　行〉

〈ナ　行〉

〈ハ　行〉

人名索引

〈ア　行〉

〈カ　行〉

内《うち》田《だ》　智《さとし》

1983年生まれ
早稲田大学政治経済学術院助手
「国際社会におけるデモクラシーの可能性」，齋藤純一・田村哲樹編著『アクセスデモクラシー論』（日本経済評論社，2012年），「熟議デモクラシー，国境横断的なその制度化の課題と可能性——欧州における討論型世論調査の試みを一例として——」（『年報政治学 2013（2）』木鐸社，2014年）．

前《まえ》田《だ》幸《ゆき》男《お》

1974年生まれ
創価大学法学部准教授・国際基督教大学社会科学研究所研究員
「人の移動に対するEUの規制力」遠藤乾・鈴木一人編『EUの規制力』（日本経済評論社，2012年），佐藤幸男・前田幸男編『世界政治を思想するⅠ・Ⅱ』（国際書院，2010年），翻訳にジョン・G・ラギー『平和を勝ち取る——アメリカはどのように戦後秩序を築いたか——』（小野塚佳光との共訳，岩波書店，2008年）．

青《あお》木《き》裕《ひろ》子《こ》

1969年生まれ
武蔵野大学法学部准教授
『アダム・ファーガスンの国家と市民社会』（勁草書房，2010年），「所有」『政治概念の歴史的展開　第五巻』（晃洋書房，2013年），*Adam Ferguson and the American Revolution* (ed., Kyokuto Shoten, 2015)．

岸《きし》野《の》浩《こう》一《いち》

1986年生まれ
関西学院大学ほか非常勤講師
「英国学派の国際政治理論におけるパワーと経済——E・H・カーとヒュームからの考察——」（『法と政治』63巻2号，2012年），「国際社会における「法の支配」の基礎理論——デイヴィッド・ヒュームの法哲学における正義と社会の論理——」（『法と政治』63巻3号，2012年），「勢力均衡と連邦国家——デイヴィッド・ヒュームの政治哲学における均衡の論理——」（『法と政治』65巻1号，2014年）．

寺《てら》島《じま》俊《とし》穂《お》

1950年生まれ
関西大学法学部教授
『市民的不服従』（風行社，2004年），『ハンナ・アレントの政治理論——人間的な政治を求めて——』（ミネルヴァ書房，2006年），『エスペラントと平和の条件——相互理解と言語民主主義——』（日本エスペラント図書刊行会，2011年），『現代政治とシティズンシップ』（晃洋書房，2013年）．

執筆者紹介（執筆順，＊は編者）

＊押村《おしむら》　高《たかし》　1956年生まれ
青山学院大学国際政治経済学部教授
『モンテスキューの政治理論』（早稲田大学出版部，1996年），『国際正義の論理』（講談社，2008年），『国際政治思想』（勁草書房，2010年），『国家のパラドクス』（法政大学出版局，2013年）ほか．

木村《きむら》俊道《としみち》　1970年生まれ
九州大学大学院法学研究院教授
『顧問官の政治学――フランシス・ベイコンとルネサンス期イングランド――』（木鐸社，2003年），『文明の作法――初期近代イングランドにおける政治と社交――』（ミネルヴァ書房，2010年），『文明と教養の〈政治〉――近代デモクラシー以前の政治思想』（講談社，2013年）．

神島《かみしま》裕子《ゆうこ》　1971年生まれ
立命館大学総合心理学部教授
M. ヌスバウム『正義のフロンティア――障碍者・外国人・動物という境界を越えて――』（翻訳，法政大学出版局，2012年），『マーサ・ヌスバウム――人間性涵養の哲学――』（中央公論新社，2013年），『グローバルな正義』（共著，勁草書房，2014年）．

松森奈津子《まつもりなつこ》　1973年生まれ
静岡県立大学国際関係学部准教授
『野蛮から秩序へ――インディアス問題とサラマンカ学派――』（名古屋大学出版会，2009年），*Civilización y barbarie : los asuntos de Indias y el pensamiento político moderno*（*1492 - 1560*）（Biblioteca Nueva, 2005），『岩波講座政治哲学１　主権と自由』（共著，岩波書店，2014年）．

高橋《たかはし》良輔《りょうすけ》　1974年生まれ
青山学院大学地球社会共生学部教授
『国際政治哲学』（共編著，ナカニシヤ出版，2011年），「リビア介入と国際秩序の変容――例外状況による重層化――」（『社会と倫理』第27号，2012年），『国際政治のモラル・アポリア――戦争／平和と揺らぐ倫理――』（共編著，ナカニシヤ出版，2014年）ほか．

西村《にしむら》邦行《くにゆき》　1980年生まれ
北海道教育大学教育学部准教授
『国際政治学の誕生――Ｅ・Ｈ・カーと近代の隘路――』（昭和堂，2012年），「日本の国際政治学形成における理論の〈輸入〉――Ｅ・Ｈ・カーの初期の受容から――」（『国際政治』175号，2014年）．

政治概念の歴史的展開　第7巻

2015年3月20日　初版第1刷発行
2017年7月25日　初版第2刷発行

＊定価はカバーに
表示してあります

編著者の
了解により
検印省略

編著者　押　村　　高©
発行者　川　東　義　武
印刷者　田　中　雅　博

発行所　株式会社　晃　洋　書　房
〒615-0026 京都市右京区西院北矢掛町7番地
電　話　075(312)0788番(代)
振替口座　01040-6-32280

ISBN978-4-7710-2565-3

印刷　創栄図書印刷(株)
製本　(株)藤沢製本